FBI特工日记

恶 魔 心 理 侧 写

[美] 彼得·克里斯迈特 著

陶尚芸 译

中国法制出版社
CHINA LEGAL PUBLISHING HOUSE

献 辞

首先，我要把此书献给我的家人。你们 30 年来的不离不弃，让我有幸给自己的特工生涯画上一个圆满的句号，并顺利完成此书的创作。每每忆起那些险象环生的日子，我就倍感愧疚。想当年，我总是加班加点，外出办案，让你们备受煎熬。多年以后，我才明白你们的艰辛与不易，尤其是我的前妻玛丽·安，她已于 2013 年 2 月不幸离世。

其次，我要把此书献给广大受害者及其家人和朋友，尤其是那些在性暴力事件中遇难的同胞。我在书中花大量篇幅描述了受害人的悲剧故事和案情。我希望，我们的特工可以更加明察秋毫，在一个人走向杀人犯罪道路之前洞烛其奸，并巧妙地进行处置。为此，我要祈祷这个愿望能够实现。

最后，我还要把此书献给我的爱妻南茜女士，她真是个了不起的女子。

鸣 谢

感谢《林肯星报》的编辑戴夫·邦迪先生，他批准我引用了海伦·威尔逊案的相关研究和绝妙文章。谢谢戴夫、凯瑟琳·赫德尔和《林肯星报》的其他金牌记者，他们总是坚持不懈地进行调查研究，还尽心尽力地把奇案冤案公之于众。

特别感谢弗吉尼亚州昆迪克市FBI特工学院行为科学组的两位老主管——鲍勃·莱斯勒和罗伊·海瑟伍德，如今他俩已经光荣退休了。他们一度点燃了我心中的热情之火，这种火焰在我心中熊熊燃烧了30年。他们的指导和友谊让我没齿难忘。可惜，就在此书第一版上市到第三版付印期间，鲍勃·莱斯勒先生不幸离世，真是造化弄人啊。很少有人真正理解和欣赏鲍勃在打击暴力犯罪方面所做出的贡献。他的贡献无法用言语来衡量。我在本书中屡屡提及他的光荣事迹，并对他致以最崇高的敬意。他才是真正的偶像，我们都非常想念他。

最后，还要感谢众多敬业的警官和特工，他们心甘情愿地奉献出自己的时间和生命。他们的友谊和敬业精神，我将永远铭记在心。为了人民的安全和幸福，他们付出了多少汗水与艰辛，这一点鲜为人知。

免责声明

本书仅代表作者本人的观点，并不代表联邦调查局的观点和立场。本书旨在准确地描绘FBI特工们的生活状态。但也允许一些自由创作的成分，以达到线索清晰、情节生动和故事完整的效果。历史人物用的是真名，普通人物用的是化名，这些化名可能不是代表某一个人，而是强调具有某种特质的一群人。同样，本书中的对话、语录、课堂讲座、询问和审讯中出现的人名，也是这样处理的。我希望这些人物和故事汇聚一堂，构成一个动人心弦、妙趣横生的精彩世界。本书中若出现任何差错，我将全权负责。

目录

1

传说中的独角兽

中世纪的人们对独角兽的了解源自《圣经》的记载和民间传说。在古老的寓言中，这种神奇的动物被描绘成了野驴、山羊或马，有时是三者的结合体。通常，人们认为独角兽是一种马，但不是普通的马，而是头上长角的马——它的前额上有一根螺旋状的巨角直冲向天空。有些故事中还说，独角兽长着山羊胡子和分趾蹄。据说，独角兽是森林中的一种野生动物，是纯洁和优雅的象征，只有纯情少女才可以捕获它。据说，独角兽的角可以解毒，让毒水变成饮用水，喝了还可以治病。人们认为，独角兽的力量超越了一切奇迹。虽然大家众说纷纭，却从来不曾有人亲眼见过独角兽。直到 19 世纪，历史学家、作家、诗人、医生和神学家们还纷纷相信这种生物的存在。很多人甚至认为，独角兽喜欢到处游荡。不过，至今无人可以证明它的存在。于是，独角兽变成了童话故事中的角色。

我在联邦调查局工作期间，每每提及我的职业，人们通常会做出这样的反应："我从来没有见过你们中的任何一个人，除了在电视上"或者"你不可能是联邦调查局的特工。因为特工不会跟别人说自己是特工"。我还听人说过这样的话："我这一辈子都不会指望见到联邦调查局的特工。"甚至还有人说："我听过你们的故事，但我真的不相信你们的存在。"人们最常见的反应是"我们这里怎么可能有联邦调查局的特工呢？"最后这句话都快成流行语了——尤其是我在艾奥瓦州和内布拉斯加州工作的时候。没过多久，我就明白，原来特工和独角兽一样神奇。

我还经常听到有人问："联邦调查局的特工到底是什么样子？"还有人问："你能谈谈你侦查过的最有趣的案子吗？"前一个问题最难回答。事实上，没有标准答案。不过，随着电视剧《联邦调查局》的热播，FBI 特工的形象和举止已经留在了人们的脑海中。但是，特工形象也不是一成不变的。我还经常听到这样的评论："你看上去不像剧中的小埃弗伦·津巴利斯特啊。"

开个玩笑，下面言归正传。

当一些传说渐渐消逝的时候，另外一些传说又开始滋生和蔓延了。

特工的传说始于100多年前的华盛顿特区。虽是传说，却按部就班，没有神话般的灵动感觉。当时，12名特工被分配到了所谓的"调查局"（简称BOI）。这个无足轻重的小组织花了很多年才发展成为今天的庞大机构。

调查局的主抓对象是卖淫案。特工们负责走访和调查妓院，并贯彻执行白奴法案。正因为管辖范围有限，所以调查局才发展缓慢。但它确实发展起来了，而且司法焦点还是卖淫案。当时的腐败现象十分猖獗，甚至调查局第一任局长斯坦利·芬奇也涉嫌此案。人们对这些丑闻已经司空见惯了。几乎没有什么美丽的传说可言。

最后，显而易见，必须进行改革。1924年，卡尔文·库利奇总统任命司法部的年轻律师约翰·埃德加·胡佛为调查局的第六任局长。当他接管调查局的时候，局里大约有650名雇员，其中441名是特工。1935年，胡佛积极申请改名，"调查局"更名为"联邦调查局"（简称FBI）。1972年，胡佛去世。至此，他的48年FBI生涯也宣告终结。胡佛将联邦调查局建成了一个高效打击犯罪的大型机构。他的成就数不胜数，就连国家犯罪实验室和指纹数据库等机关也都是在他的密切关注下建成的。壮举一个接一个，传说就这样诞生了。

但是，众所周知，胡佛在领导风格上有些反复无常。他经常开除联邦调查局特工。如果他认为某个特工没有塑造他想要的形象，那个特工就完蛋了。谁惹他不爽，他就会葬送谁的特工生涯，并将他流放到别的地方。如蒙大拿州的比尤特，往后就是阿拉斯加州。胡佛想成为联邦调查局的代言人，希望他的特工们默默无闻地工作，不要抛头露面。还真有这样的特工，梅尔文·珀维斯就是一个典型的例子。因为敬业、廉洁、勤奋，20世纪30年代，珀维斯成了胡佛手下最高效的特工，在捕捉和解散犯罪团伙方面做出了巨大的贡献。珀维斯曾经巧设陷阱，在芝加哥一举击毙了臭名昭著的“头号公敌”约翰·迪林杰。由于案情被曝光，珀维斯受到了当地乃至全国人民的一致好评。不久，善妒的胡佛就把他赶出了联邦调查局。后来，珀维斯自杀了。很多人觉得，珀维斯的不幸死亡要归咎于胡佛的不公。

1959 年，诞生了一部广受好评的纪实电影，名叫《联邦调查局故事》。在这部电影上映之前，人们对联邦调查局知之甚少。这是一部无懈可击的电影，主演是詹姆斯·斯图尔特。影片从最积极的角度描绘了联邦调查局的形象。联邦调查局控制了整个制片过程，胡佛充当了合作制片人的角色，审核了电影中的每一个画面，并在选择演员阵容方面起到了关键性的作用。胡佛甚至友情客串了一把。剧组的每一个成员，以及后来参与演出的演员，都必须彻底接受联邦调查局的背景调查。胡佛不想让外人参与撰写影片宣传材料，以免损害联邦调查局的声誉。随着 20 世纪 60 年代电视节目的日益普及，胡佛找到了一种深度宣传 FBI 成长的工具。1965 年，电视剧《联邦调查局》在星期日晚上黄金时段首播，并一炮走红。从此，一个名不见经传的演员——小埃弗伦·津巴利斯特——成了联邦调查局的新代言人。津巴利斯特是由胡佛亲自挑选的演员，英姿飒爽的他完美地刻画了胡佛拼命想要传达给美国公众的 FBI 特工形象。津巴利斯特在电影中扮演的角色是路易斯·厄斯金探长，他的冷静和有条不紊的举止成了胡佛想要塑造的特工标准形象。对胡佛来说，一切都是为了形象。他是一个名副其实的宣传机器，他希望美国公众相信 FBI 是不可战胜的。幸运的是，美国公众还真信了。可是，到了 20 世纪 60 年代末，FBI 陷入了争议的旋涡。

胡佛成功地利用了影视剧的火爆，向国会提交了虚假的数据，为联邦调查局揽到了新的案件。FBI 每年都在发展壮大，目前由近 3.5 万名雇员组成，其中大约有 1.5 万人是特工。与其说 FBI 是一个组织，不如说 FBI 是现代社会中的一个机构。至今，胡佛定下的规矩依然有效，只是稍做了更改。在他统治期间，只有他一人可以接受媒体采访。如今，接受采访的任务交给了特工主管，他们管理着全国 56 个外地办事处，以及阿拉斯加、夏威夷，甚至波多黎各办事处。但是，那些一线工作者，也就是特工们，依旧默默无闻。

20 世纪 30 年代，如果您是一名 FBI 特工，但缺乏训练，打枪也不准，那就不要奢望去挑战约翰·迪林格、“娃娃脸”纳尔逊、“漂亮男孩”弗洛伊德之类的恶人了，更不用说“雌雄大盗”邦妮和克莱德了。20 世纪 40 年代，您的全部任务就是努力找出潜藏的间谍。20 世纪 50 年代，您可能要寻找共产党人，因为参议员乔·麦卡锡[①]把这个任务放在了首位。20 世纪 60 年代，黑手党又卷土重来。多年来，这股邪恶势力一直冲击着社会，胡佛局长却没有马上察觉。相反，他全神贯注于其他事情，比如，令人闻风丧胆的 3K 党[②]，年轻的民权活动家马丁·路德·金，后者是胡佛的公开敌人。当然还有激进暴力的学生群体和黑豹党[③]，等等。也许这是美国联邦调查局历史上最动荡的时期。

随着 20 世纪 70 年代的到来，越南战争成为当时最具争议的话题。胡佛先生把反战示威者和其他持不同政见者当成自己的首要打击对象，甚至授权他们进行非法窃听和搜查。20 世纪 80 年代，联邦调查局有了新的局长，侦查重点转向了暴力犯罪和毒品案，这一政策基本延续到了 20 世纪 90 年代。

1979 年，我刚刚进入联邦调查局。当时，如果您问我：“FBI 特工到底是什么样子？”我会说，很简单，这个问题的答案取决于您在 59 个外地办事处中的哪一个办事处工作，或者说，您被分配到了哪个调查组。后来，进入 80 年代，我被分配到了洛杉矶的“有组织犯罪调查组”。这就意味着，我所在的调查组正在和黑手党做斗争。我们的任务就是抓赌博和卖淫，控制色情行业和其他各种犯罪活动。我们进行了几次秘密行动，其中之一就是在圣费尔南多流域建立一个销毁色情物品的站点。有一天，5 个黑手党成员闯入了我们的视线。最终，我们干掉了洛杉矶的整个黑手党家族，真

---

① 译者注：美国共和党人，狂热极端的反共产主义者，他曾指责美国国务院到处是共产党人。

② 译者注：3K 党是美国一个奉行白人至上主义的组织。

③ 译者注：黑豹党是一个美国黑人社团，也是美国有史以来第一个为少数民族和工人阶级解放战斗的组织。

是大快人心。黑手党大多是“低智商罪犯”人选。敲诈勒索 FBI 可不是高智商罪犯的风格。洛杉矶的其他调查组都在致力于银行抢劫案、外国反间谍活动、白领犯罪以及其他五花八门的违法行为。

洛杉矶的银行抢劫案是 20 世纪 80 年代的一场瘟疫，这种情形延续至今。就在洛杉矶的第一个平安夜，我们遇到了 24 起银行抢劫案，当时破了全国最高纪录。这座城市已经被恐怖笼罩很久了。

我在洛杉矶的工作很愉快，不过，工作以外的一切都让我倍感压力。我的一天从早上 5 点就开始了。我一醒来，就马上冲澡、刮胡子，如果运气好的话，出门前可以喝一杯咖啡。接着，我驱车到几英里远的地方，停下来等待我的拼车伙伴。我们要在早上 6 点之前碰面，然后一起从千橡市出发，希望在早上 7 点半之前赶到 35 英里外的工作地。可是，这条路上交通拥堵，我们进入市区的时候，空气里弥漫着呛人的毒雾。在最初的几个星期里，我不知道为什么我的眼睛像被灼烧一样难受。后来，我才意识到，那是毒雾在作怪。下午 5 点，我会匆忙离开办公室，去见我的拼车伙伴，我们希望在晚上 7 点半之前赶回家。那些日子实在太难熬了。不但令人筋疲力尽，还令人胆战心惊。周末，我只好用酒精来麻痹自己。真的需要做些改变了。我都快发疯了。

我在洛杉矶待了两年，有幸参与了一些重大案件的侦查工作。后来，我又幸运地带着家人一起离开了那里。真是命中注定的缘分。那天，我和一个铁哥们儿坐电梯上楼去吃午饭，突然，电梯停在了下一层楼上。我们调查组的两名特工进了电梯。其中一名特工盯着一份来自 FBI 总部的传送名单，自语道：“到底谁愿意去奥马哈办事处呢？”他把文件揉成了一团，扔进了垃圾桶里。我琢磨了一会儿，又把文件找了回来。FBI 总部正在寻找一名特工，需要此人拥有调查有组织犯罪的经验，并自愿去艾奥瓦州伯灵顿市执行一项秘密任务。我考虑了一下，又和家人谈了谈，接着便提出了申请。正如伟大的播音员保罗・哈维所说，“接下来的故事可想而知”。

2

错把特工当逃犯

美国每一座城市都有自己独特的节奏和个性。这就是来自人民和大地的生命脉搏。嵌入艾奥瓦州锡达拉皮兹的生命基因，就是以农业为基础的工作理念。归结为一点：享受四季的美好生活，仿佛每年增添了一个季节。因此，这座城市的昵称是“五季之城”。在第五季里，人们抽出时间来欣赏四季，并享受生命中的惊喜。还有人戏称锡达拉皮兹为“五味之城”，确实，这座城市真的别有一番风味。如果你在方圆几英里内的城郊开车溜达，会嗅到一股独特又美好的气味。那就是玉米加工厂、大豆加工中心、肉类加工厂和大型桂格燕麦片厂的混合气味。如果你去过锡达拉皮兹，这种气味会让你终生难忘。

降雨量是农业的重中之重，对于整个艾奥瓦州，甚至美国中西部所有的农业州都至关重要。在寒冷的冬季，丰富的降雪量可以让土壤更加肥沃。当春天来临的时候，积雪融化，润泽了广阔无垠的田野。有了温暖的阳光和大自然的雨水，田野里的农作物就可以茁壮生长。少数地区还可以享受肥沃的土壤和理想的生长条件，这要归功于艾奥瓦州等美国中西部地区的地理优势。

2008 年初，一场所谓的“五百年一遇的洪水”淹没了锡达拉皮兹的大片土地。当时，明尼苏达州和北艾奥瓦州的大雪融化，造成洪水泛滥，淹没了这座城市的广大区域，包括繁华的商业区和住宅区。只要洪水所到之处，都会泛滥成灾。锡达拉皮兹“市”变成了锡达拉皮兹“湖”。在接下来的几个星期里，全国新闻媒体轮番报道这个倒霉的小城。这场史无前例的巨大自然灾害，真是完全出乎意料。也许不亚于几年前的卡特里娜飓风，不过还好，这场水灾并没有造成极端的伤亡情况。虽然说降雨量是艾奥瓦州农业的关键资源，但是，如果雨水太多，势必会浩浩荡荡地流向南方，汇入密西西比河，进而侵蚀大地，最后造成毁灭性的灾难。6 月 13 日星期五，是锡达拉皮兹市最恐怖的一天，比恐怖大片《黑色星期五》还要恐怖。锡达河的洪水达到了有史以来最高水位，于是，这座繁华小城近 12.5 万人的命运就此改写了。人们常常把艾奥瓦州的锡达拉皮兹与更有名的密歇根州的格兰德拉皮兹（又称大急流城）混淆在一起。然而，锡达拉皮兹市才是美国农业技术链上的一个重要环节。

值得注意的是，这两座城市的相似之处就是它们的繁荣源头。它们都是以农业为核心，农业又将其他产业引入城市。罗克韦尔柯林斯公司是锡达拉皮兹的巨头企业，它为美国国家航空航天局和大多数主要航空公司提供高科技航空电子设备。如果你乘坐的是商业航班，那就要感谢锡达拉皮兹的航空人员为你的安全保驾护航，比如，避免飞机空中相撞事故。

滔滔洪水，气势磅礴，吞没了无数的居民区，真的让人始料未及。洪水如排山倒海般涌向各个闹市商业区和大片公共建筑群，市县级服务机构只好另谋安生之所。锡达拉皮兹市政府坐落在锡达河中央的梅斯岛上，市法院大楼和林恩县治安官办公室也在此之列。想当年，在市属岛上建造市政府，真可谓一大壮举。可如今，这些办公楼几乎全被洪水淹没了，在危难关头并没有化险为夷。锡达拉皮兹小城重建家园的过程显得漫长又艰难。

幸运的是，2008 年我不在锡达拉皮兹。同样幸运的是，几年前我还在那里。我在锡达拉皮兹生活和工作了 11 年，那是我一生中最美好有趣的时光。是的，那就是我在艾奥瓦州的激情岁月！

当时，联邦调查局的 59 个外地办事处遍布在美国 50 个州和波多黎各。在艾奥瓦州东南部完成卧底任务之后，我来到了管辖艾奥瓦州和内布拉斯加州的奥马哈办事处。之后，我又成了锡达拉皮兹市的常驻特工。当时，办公室要配置 3 名特工和 1 名秘书。我于 10 月份到岗，成了第三名特工，当然，我的资历也最浅。这肯定不是件好事，因为我要“领先一步”，包揽所有的麻烦事，比如，对求职人员进行背景调查；处理多年来尘封已久的陈案悬案。如果 2008 年我还在那里，那么，位于市政府大楼二层的我的办公室，可能已经淹没在水下几英尺深处了。

锡达拉皮兹是我在联邦调查局的第二个工作地。不过，我以前在加利福尼亚州凡吐拉市做了近10年的警察。虽然我不是初出茅庐，但在锡达拉皮兹工作的时候，也只有两年的特工经验。

杰瑞·盖革是我们办事处的一名特工，他一直在严格侦查“外国反情报”案件，也就是今天所谓的“恐怖主义”案件。我刚到锡达拉皮兹的时候就听说了此事，当时我万分惊讶。但我最终发现，盖革的大部分工作都是围绕着艾奥瓦大学展开的，这所大学坐落在25英里远的380号州际公路旁。许多外国学生和学者来到艾奥瓦大学以及该地区的其他院校求学或任教。联邦调查局显然有责任监督他们的活动，以及他们的颠覆破坏或盗窃事件，或者其他违法行为。我真不知道我们为什么要关注他们。有人说，他们盗窃我国的创意。我的第一念头就是，**他们打算盗走我国的什么创意呢？杀虫剂配方吗？谁会稀罕那玩意儿呀？**盖革所做的工作似乎非常神秘，我却丝毫不感兴趣。坦率地说，我很高兴有人在做这种工作，就不用我硬着头皮上了。

吉姆·惠伦是一名常驻高级特工。当我到达锡达拉皮兹的时候，他已经在那里待了将近10年。事实上，我在执行卧底任务的时候，他一直是我的“秘密联络人”。惠伦发现我工作努力，报告也做得非常完美和到位，于是，他恳求奥马哈办事处的老大把我补进第三个特工的名额。后来，我完成了当时的任务，这个位置又空下来了。他可能认为，我的能力会胜过FBI学院刚毕业的那些少不更事的“菜鸟特工”。坦白说，他的眼光还不错。

我在艾奥瓦州的时候，常常听到有人问及两个问题。第一个问题是“为什么艾奥瓦有联邦调查局呢”。大多数人坦言，他们甚至不知道我们在锡达拉皮兹有办事处。所以，我需要向他们解释来龙去脉。第二个问题是“我敢打赌，这是来自洛杉矶的一场文化冲击”。这句话，我可能听过100多次了。虽然这像是在陈述事实，但我猜想，这其实是一个问题。因此，对于第二个问题，我的答案非常明智。比如，“我真想看到扫雪机在冰天雪地里的霸屏模式”或者“我真的十分怀念雾霾。事实上，我已经有点上瘾了。每天早上开车去局里之前，我都会走近排气管，闻一会儿汽油味儿，再动身出发”。

我可能已经“领先 50 步”了。我一到达锡达拉皮兹，他们就把吉姆·惠伦的“申请人背景调查”案件重新分配给了我，真是太恐怖了。有些案件至少积压了 6 个月。惠伦不乐意处理，那些案件也不在他的职责之内。因为他比我更资深、更老练，所以，局里期望他去开展更复杂的工作。他照做了，确实也没时间去管那些烦人的陈案了。因此，案件堆积成山，却无人问津，直到我到达那里，才出现了转机。这是一份非常简单的工作，新手特工完全可以处理好，还可以从中学习不少经验。联邦调查局所有的部门都有案子要忙，比如，为了寻找一条线索，我们会去访问某人，或在我们辖区之内进行某种形式的调查。我们的工作是找到线索，把访问或调查报告的信息反馈给“始发局”。例如，洛杉矶 FBI 办公室正在对一名谋求政府职位的申请人做背景调查，而且此人列出了自己的上学经历和原工作单位的名字，以及他在东艾奥瓦的参考资料。洛杉矶 FBI 办公室会发信息或电传给我们，解释相关的线索。然后，我们的任务就是进行必要的调查和访问。完成这些工作之后，我们会在规定的时间内向始发局汇报。这就是我刚到的时候面临的麻烦事。当时，大家袖手旁观，很多案件早已过期。

政府申请人的背景调查工作与案件侦查工作完全不同。惠伦非常讨厌前者。在局里工作一年以上的每个人都是一样的心情。简单地说，感觉就像屁股坐在钉子上一样，是不能承受之痛。但是，约翰·埃德加·胡佛却说：“这是 FBI 最重要的工作。”胡佛去世多年之后，我才进入联邦调查局，但是，作为一名新手特工，还是不愿意处理这种苦差事，却又害怕招来上司的愤怒，因为很多上司都是在胡佛统治期间到岗的特工，如今还在奉行胡佛多年来的一贯原则。我们称他们为“胡佛的化身”。不过，他们也不愿意像年轻特工一样调查申请人的背景。这貌似是一个恶性循环，一旦他们升职，就会很快忘记这种工作多么烦人。艾奥瓦大学就在马路那头，我们需要做大量的此类工作。

例如，如果有个人申请担任 FBI 特工或后备特工，他在锡达拉皮兹、迪比克或艾奥瓦市长大，或者上了我们辖区内的大学，那么，我们的工作就是对此人进行彻底的调查，并寻找其他线索，让其他的特工办事处去跟进。这项工作很简单，但很乏味。而且，由于我们不喜欢电话采访，所以，我们常常需要开车去登门调查。我在洛杉矶 FBI 办公室的第一个任务就是调查申请人的背景，这是我的优势。6个月后，我被安排到了有组织犯罪调查组。因此，当我到达锡达拉皮兹的时候，调查申请人背景的工作与其涉及的各种报告对我来说并不陌生，我可以游刃有余地完成。于是，我旗开得胜。我发现，艾奥瓦大学的规模宏大，因此，艾奥瓦市的案件源源不断。我知道，我的实力给惠伦和奥马哈办事处的主管们留下了深刻的印象。

不过，这不是我的全部工作。我的工作还包括为各类刑事案件寻找线索，并配合全国各地的办事处完成访问和调查工作。逃亡案件就是一个很好的例子。比如，联邦政府要起诉一个人，但这个人没有出庭，那他就是逃犯。联邦调查局给出的罪名是“非法逃逸以避免指控”（简称 UFAP）。我坚持不懈地追踪过很多逃犯，或者从亲戚朋友那里获取些许信息，最终成功地抓捕了那些逃犯。有一次，洛杉矶方面提供了一个在逃犯的线索，说是一个女人卷入了一起严重的酒吧捅人案件。警方已经发出了逮捕令，但未能找到她，于是，他们联系了当地的联邦调查局办公室。接着，联邦调查局发出了 UFAP 逮捕令，洛杉矶在全国范围内布下了天罗地网，这是司空见惯的事。我发现这个女人躲在了她母亲的家里，于是将她捉拿归案。她避重就轻地坦白了自己所做的一切。这一点线索让我两次前往晴空万里的洛杉矶：第一次在她的初步听证会上做证，第二次在她的审判中做证。那是艾奥瓦的冬季，洛杉矶却是暖阳普照。那几天，我一直沐浴在阳光下，多好的时机啊。因此，我要更加努力地挖掘线索和寻找逃犯，因为这会带来更好的结果。

在艾奥瓦州的时候，我第一次发现自己和独角兽一样，都是当地人眼里的稀奇玩意儿。艾奥瓦州乡下的大多数人过着非常单纯的日子，因为他们喜欢简单的生活。暴力犯罪，甚至任何类型的犯罪的阴霾，对他们来说都是浮云。

一个秋天的下午，我四处奔波去寻找不同的线索。突然，我想去艾奥瓦州塔马附近的农场看一看。来到农场，我敲了敲前门，开门的是一位70岁出头的老太太。

“下午好，老人家，”我开门见山地说，“我是联邦调查局的特工彼得·克里斯迈特，我正在寻找一名逃犯，就在这附近出没，也许您见过他。”与此同时，为了证明身份，我打开了自己的证件，她目不转睛地盯着证件上的照片。也难怪，大多数人从来没有见过“FBI特工证”。

我正准备掏出逃犯的照片给她看，她却在聚精会神地研究我的特工证。突然，她抬起头来，说道：“不，从来没有见过他，但他看上去就像个坏透了的家伙，真的。”她盯着看的照片，当然是我的证件照。

我强忍住笑容，不让自己失态。最后，我掏出了逃犯的照片，并出示给她看。遗憾的是，她也没见过这个逃犯。当我离开的时候，眼睛里都笑出了眼泪。这些年来，每每讲述这段故事的时候，我都会赚足了笑声。也许，这是我漫长的特工生涯中最搞笑的一幕。

3

假球迷的真勾当

一天下午，我正在口述一份报告，吉姆·惠伦一屁股坐在了我的办公室里，他的声音显得异常兴奋：“嘿，彼得！你在干什么呢？”

“哦，其实没什么重要的事。只是一份报告而已，”我立马关掉了录音机，抬头看着他，“我还要整理一些其他的东西，我这个星期要外出办案。可能下个星期也回不来。您有何吩咐呢？”

“我知道，你一直在拼命努力，搞定了各个方面的工作，但我最近有了新发现。我接到约翰逊县治安官打来的电话。他想看看我们能不能帮他们处理一个已经着手的案子。好像是有个人举报说，艾奥瓦市有一家酒吧在聚众赌博，整个事件的幕后操控者就是一个名叫丹尼·安德森的家伙。安德森的女朋友也介入了此事，但我连那个女孩的名字都不知道。不过，我相信，你会很快查明真相的。你可以吗？”

“听起来很有趣，”我兴致勃勃地应道。在那些日子里，只要州际赌博案件与有组织犯罪扯上关系，FBI 就会参与进去。事实上，当时所有的赌博案件，即便是本地案件，也都与拉斯韦加斯有关联，因此，有组织的犯罪分子大部分是拉斯韦加斯赌场的幕后老板。在当时的情况下，我们毫无线索可言。不过，我相信我们可以成功破案。

“我对赌博一无所知，你呢？”吉姆问道。

“嗯，我可能了解一点内幕。在洛杉矶有组织犯罪调查组工作的时候，我参与了圣地亚哥、拉斯韦加斯和其他地方的赌博案。让我想想，可能还有费城的赌博案吧。总之，他们是一群暴徒，所以我们被授权窃听。在洛杉矶，我参与了整个案件，却不知道何去何从，幸好有几位老前辈帮我。所以我的回答是，我确实了解一点内幕。”

“那么，你就是这项工作的最佳人选。”吉姆热情洋溢地说道，“你已经做了很多工作，把办公室里的垃圾案件都处理掉了，但是，你必须着手开发一些实质性的案件。明白我的意思吗？”

“非常明白。但我真的没有时间去清理所有的垃圾案件。”

“我完全理解你的意思，你说得对。你已经完成了一项艰苦的工作，但我认为，有些特工善于‘寻找线索’，还有些特工永远也成不了‘破案特工’，也就是说，他们没有执行能力，破不了案子。我想要你去破案。你准备好了吗？你可一定要好好表现哦。”

“听起来很不错。你想让我做什么呢？”

“联系当地的县治安官，看看他想让你和谁做搭档。好搭档可能会成就好事情。”

“好，我会去办的，”我说，“我明天早上第一件事就是打电话给他。不过，我感觉这件事并不着急。我得整理好这些报告之后再下班。今晚我孩子的学校要开家长会，所以我要回家吃点东西。然后，我和妻子会抓紧时间去学校与孩子的老师交谈。”

“家里一切都好吗？”吉姆喜欢关心同事的家庭生活，希望大家一切安好。

“哦，是的。自从我们从加利福尼亚州搬来之后，孩子们确实不适应这里的环境。嗯，不太适应。而且，本地孩子总是取笑他们。恕我直言，那些土生土长的小家伙们貌似在排斥我的孩子。所以，有时候我的内心很纠结。”

“嗯，他们毕竟都是小孩子，我想，一切都会好起来的。”

我们花了几个月的时间与艾奥瓦市区的一名举报人合作办案。我们让他也参与赌博，并故意输给安德森和他的女朋友，最终我拿到了逮捕令和搜查令，逮捕了 10 个人，搜查了几间房子、几个酒吧和梭伦小镇上的一家保险公司。我们的重点搜查对象是安德森的房子，于是，我和几名县治安官的助手以及警官一起向安德森出示了搜查令。当我们敲响安德森的家门时，这家伙正在屋里打电话。他一边讲电话，一边走过来给我们开门。

我让他看了我的证件，得到的反应与上一个故事中的农场老太太完全不同。

“哼，狗屁，”他说，“真不知道你们这群浑蛋什么时候出现。”我命令他把电话交给我，然后我给他戴上了手铐。

我命令搜查小队开始搜查房间。然后，我让安德森坐在餐厅里接受我的审问。电话一直“丁零零”响个不停。那是一个星期六的早晨，正值足球赛季，所以这并不奇怪。每次铃声响起，他都会狡黠地看着我。最后，我让一名警官把他带上了警车。电话铃又响起，我拿起了话筒。

“我是代号 22。我下注密歇根队 500，下注内布拉斯加队 1000，超过科罗拉多队，直线上涨。”

“好的，明白了。”我一边回答，一边愤怒地记下了所有的信息。

“天哪，”电话那头的人说，“你到底是谁？丹尼在哪里？”

“哦，对不起，丹尼的家里有急事（情况基本属实），所以我告诉他，我会暂时代替他接电话（这也是实情）。我是彼得……算是丹尼的朋友吧（事实并非如此）。”

“好吧，彼得。之后我还会有更多的动作。”

“听起来不错。以后再聊。再见。”

在接下来的一个小时里，我查出了大约 5 万美元“下注钱”。电话那头的人是在赌球呢——大学生足球赛。我接的电话太多了，已经不记得任何人的全名了——那个反复自称“布瑞恩”的家伙除外。调查进展得很快，因为丹尼很配合，他的大部分电话都有录音，可能是出于自我保护吧。于是，我们花了几个小时听磁带，最终收集了足够的证据。几个月后，联邦大陪审团起诉了丹尼和另外 9 个人。最后，他们每个人都认罪了。丹尼曾经在联邦监狱荣获两年的全额奖学金。在法庭上抗辩的时候，他告诉法官，他感觉自己就像一个“社区娱乐总监”。法官对这个解释一点都不兴奋，还命令他坦白“奖学金”的具体细节。

接下来的故事可能更有趣。虽然丹尼的犯罪集团没有受到联邦政府的指控，但我们收集了大约 100 人的供词。他们在几年的时间内向该犯罪集团下了很多注。其中最突出的就是前艾奥瓦篮球教练。不知怎的，这个信息被“泄露”给了媒体（我可没有爆料），于是，《锡达拉皮兹公报》和《得梅因纪事报》刊登了一篇长文。后来，那位教练只好承认自己参与了此事。最终，我们向约翰逊县法官递交了大量证据和赌徒名单。但是，法官拒绝起诉，因为那些赌徒只是品行不端，连轻罪都算不上。那一年正赶上选举大会！我们的一名被告人在认罪之后还做了简要的汇报。他坦白了整个活动范围，还指认了更多的赌徒。

我完成了其他 FBI 特工从未完成过的任务，过去是这样，现在也是这样。这就是本案最后的亮点。于是，我“平步青云”，这意味着，我提前两年从 GS10 级特工升为 GS11 级特工。局里还奖励了我一辆全新的警车，这让我们部门的某些高级特工很不爽。可是，祸福相依。我不幸收到了特工主管写来的一封“谴责信”，这让我诚惶诚恐。这封信责怪我没有“如实记录”举报人所用的钱。我把收到的“下注钱”一点一点地发给举报人，而不是一下子给他全款。我认为自己没有做错事，但是，显而易见，我的主管不喜欢我的做法。因此，他给我发了“谴责信”。但在信的结尾，他既批评了我，也表扬了我。我真幸运，这是我收到的唯一一封谴责信。这就是联邦调查局的做事风格！

4

她的男友是人渣

“你希望自己接手的第一个刑事案件掀起轩然大波，并实现‘法庭认罪大满贯’吗？”我坐在自己的办公室里打电话。

“听起来不错。告诉我，你得到什么消息了？”

电话那头是得梅因市联邦检察官助理里克·鲁尼。我还没有见过他，但我知道，他是新调来的，因为他原来是艾奥瓦州波克县联邦检察官助理。我推测，他会找我谈一谈我最近挖掘的新案子。我需要一个热情四射的检察官助理，而且他最近闲得慌，随时可以加入我的团队。

“里克，你认识我吗？”

“只是略有耳闻。”他说。

“哦，你听到的是我的好事还是坏事呢？”

“从目前来看，全是好事。我听这里的几个人提过您的事迹，说您为他们做了一些很棒的工作。”

“哦，话虽如此，我还是要麻烦你一件事。我这里有个案子，这是我目前见识过的很有趣的案子了。本案涉及一个女孩，她在艾奥瓦大学的财政援助办公室工作。她有一个男朋友，那人就是个渣男，他怂恿她盗窃助学金支票，她竟然照做了。然后，他携款逃往芝加哥，让他在芝加哥的一群朋友办了假身份证，在全市各大银行兑现支票。我拿到了每个人的身份证，以及他们在银行兑现支票时的照片，甚至还有更多的证据。听起来很有趣吧，我可以过去找你谈谈吗？”

为了方便联邦法院的工作，艾奥瓦州一分为二，分界线是 80 号州际公路。艾奥瓦南区 1 ~ 80 号和艾奥瓦北区 1 ~ 80 号分属不同的司法部门管辖。幸运的是，艾奥瓦市位于艾奥瓦南区几英里的地方，所以，我所有的案件都可以在得梅因起诉，这里距离锡达拉皮兹大约 130 英里。

“您什么时候过来呢？”鲁尼问道。

“明天怎么样？”

“您明天什么时候到达呢？”

“我应该 10 点左右到你那里。从这里开车需要两个小时。”

“噢，”他停顿了一下，“你知道她大概偷了多少钱吗？犯的是什么罪呢？”

“嗯，让我想想。”我思索了片刻，说道：“据我所知，是 30 万美元多一点点。我认为，他们首先涉嫌偷运赃款和电信诈骗。我相信，如果需要的话，我们可以再多挖一些线索，那样效果会很好。”

“30 万美元太多了，怎么携带啊？您在跟我开玩笑吧。”

“不是现金。她偷了 100 张支票，每张支票平均价值 3000 美元。”

“您 9 点可以到达吗？我们一起出去吃早餐，好不好？餐厅里没有电话铃声打搅，我们可以完成更多事情。貌似我们需要花些时间好好谈谈。”

“是的，也许是一整天。我只想早点儿展开工作。明天见。”

同鲁尼见面固然是好事一桩，但我还有很多其他事情要忙。我总是绞尽脑汁地削减工作量，结果却反而更忙，因为奥马哈办事处会源源不断地发来邮件。离开洛杉矶的时候，我丝毫没有觉察到办事处的特工们有多忙碌。可笑的是，我当时以为他们会出去打高尔夫球，或者想出其他的偷懒办法。事实恰恰相反。我没有花太多时间去了解真相。我一点都不讨厌吉姆·惠伦。他投入了大量的时间去查案办案，他有足够的能力和经验去挖掘大案要案。就像他所说的，他也希望我这么做。我对赌博案的调查成果，可能会起到抛砖引玉的作用。就像鲨鱼闻到血腥味会跟上来一样，我们可能会挖出其他 10 起支票失窃案。我的观点是：**当你可以挖掘到涉及多种罪行的案件时，为什么非要把时间都耗在只有一种罪行的案件上呢？即使它是一个“完美案件”**。“举一反十”固然可贵，但我也知道，尽管我拼命调查，并不是每个案子的结果都能如我所愿。我也不知道将来会遇到多少这样的涉及多种罪行的案件。

5 啤酒配煎蛋的老铁

我 9 点整到达了得梅因市联邦检察官办公室。得梅因市是艾奥瓦州的首府，在调查和起诉得梅因的赌博案件期间，我曾多次开着局里奖给我的耀眼的新车前往那里，可谓轻车熟路了。但我也知道，在两个小时的车程中，就可以卓有成效地完成工作任务。所以，我随身携带了一些文件，一边打开录音机口述调查报告，一边驱车沿着 80 号州际公路前行。一边工作一边开车，让旅程变得更加愉悦。

鲁尼在会客室里接待了我。他是一个身材魁梧的男人，身高大约 6 英尺 6 英寸（1.98 米），体重可能不到 300 磅（270 斤），蓄着黑黑的翘八字胡，估计《荒野大镖客》中的牛仔帅哥马歇尔·马特·狄龙见了他也会羡慕不已。里克·鲁尼先生的声音洪亮，笑声不断，我立刻意识到，与他共事一定会妙趣横生。但我从没想过，我们会成为多年的密友。

“我们坐我的车吧，”我建议道。他设法把腿折叠进了副驾驶座，然后按下把手，尽量把椅背放远一点。“好的，我们要去哪里呢？”

鲁尼曾经就读于得梅因市德雷克大学法学院，所以，他知道各种吃饭的地方。他看上去像个大吃货。“就在这个学校附近，这个地方的早餐绝对是全城最好的早餐。大家都会去那里。你会看到一些学生和老农在那里一边喝蓝带啤酒一边吃早点。早餐过后，学生会匆忙赶回学校，老农会往南边走。”

“啤酒配煎蛋？”我问道。

“一点没错。没有更好的啦。”

我想，**这就是艾奥瓦的独特之处吧**。

我们走进前门时，空气中弥漫着油脂的香气。“我喜欢的地方，”我嘴上这么说，心里却不这么想。我一直在追求新的东西，这将是一次很好的体验。果然，在柜台边有几个年长一点的家伙正在吃早餐，他们的盘子旁边放着几瓶蓝带啤酒。我们在一张桌子前坐下了，一名女服务员为我们点了餐，这位女士顶着个爆炸头，看起来就像20世纪60年代走出来的难民。鲁尼想要一瓶蓝带啤酒，我喝脱脂牛奶就好。我并不反对喝啤酒，但是，吃早点也能喝啤酒吗？

“该去上班了。”鲁尼开始进入谈话的正题了，“你给我带来了什么消息？”

我带了几份支票和其他的一些证明文件。接着，我打开了公文包，掏出这些材料给鲁尼看。“事情的缘由是这样的，”我给他看了一张驾驶证件照，“这个女孩就是罪魁祸首。这个男孩是她的男朋友，也是这个组织的幕后策划者——如果说这是一场精心策划的阴谋。”这个女孩名叫黛安·米勒，她穿着厚重的白衣服，并不是特别漂亮。她的男朋友，特雷尔·约翰逊，身材高大，皮肤黝黑，肌肉发达，长得还行。

“他是大学篮球队员，还是……”鲁尼问道。我对他的疑问并不感到惊讶，因为艾奥瓦市是一个纯白人小镇，如果有人看到一个年轻的黑人男子，就会先入为主地认为，这名男子要么是大学足球队员，要么是大学篮球队员。

“不。他甚至没在那里上过学。”

我拿出几张支票，递给了鲁尼。“这是一些支票副本。黛安的同伙让她在几个小时后偷走一些助学金支票。她会待到很晚，假装在忙工作。我已经审问了黛安，她已经坦白了这件事。”

“她的男朋友呢？”

“他骂我去死吧。”

“意料之中的事。他们的骗局的运作模式是怎样的？”

“黛安的任务是偷走那些支票，貌似要发给那些黑人同伙。这是她自己的原话，我可没这么说。”

“你究竟是怎么知道的？”鲁尼问道，“我在支票上没有看到任何照片。难道有的支票上有他们的照片吗？”

"不。她说，她的男朋友让她去找'像黑人名字的名字'。琼斯、华盛顿、约翰逊、杰克逊，等等。就是这样的名字。"

"哦，好吧，我知道了。他们拿到支票后，发生了什么？"

"一旦特雷尔拿到支票，他就会跳上车，前往芝加哥。"

"特雷尔是芝加哥人吗？"

"是的，"我答道，"那里还有一大堆狐朋狗友，都是从南边来的流氓地痞。我认为，他是声名狼藉的卡布里尼绿色项目的人。"

"意料之中的事，"鲁尼继续查看支票，"他多大了？"

"他 25 岁，她快 30 岁了。"

"天生一对，哈？"

"哦，是的，现代版的《罗密欧与朱丽叶》。他的工作是把支票交给自己的同伙。他们的工作是想办法搞到假身份证，以匹配支票上的名字。显然，这在芝加哥并不难做到。他们把支票兑换成现金后，特雷尔和黛安就会得到一半的利润。"

"他兑换现金了吗？"

"是啊。实际上，数目还相当多呢。每个兑现现金的人，我都有备案。照片、原始支票、副本、身份证——应有尽有。"

"我们有多少潜在的被告人？"鲁尼问道。

"包括黛安和特雷尔，我们现在有 10 个被告人了。"

"还会增加被告人数吗？"

"恐怕不会增加了。我已经去那里和邮政检查员一起审核过了。他们得到了消息，并进行了充分利用。所以，我知道的消息大多源自他们。"

鲁尼喝了一大口啤酒，问道："他们为什么不处理那边的案子呢？"

"有两个原因。第一，此案涉及的金额低于在芝加哥市联邦检察官办公室的参考数据。第二，整个案件起源于艾奥瓦州，所以，他们认为，应该让我们处理这个案子。"

"所以，你已经去过那里了？"

"是的。与检查员们一起共事了差不多一周的时间。他们是一群疯狂的家伙。这是一支卧底小队，当他们在集合厅里会聚一堂的时候，那场面就像是《星球大战》中的酒吧场景。别误会了我的意思，他们是一群很棒的家伙。虽然杂乱，但都是正义之人。”我解释道。

“他们带你去忙碌大街了吗？”

“噢，是的。有一天晚上，我们下班之后去了那里……那里简直太丑啦。”

“他们是怎么想到这个案子的？”鲁尼举起酒瓶，示意服务员再拿一瓶过来。**我感觉自己要呕吐了。幸好还没吐出来。我通常会在巧克力蛋糕上面放一个煎蛋。也许啤酒配煎蛋不比那个更恶心……噢，比那个恶心！**

“他们的一个卧底听说有人正在出售偷来的支票。于是，他们交代这个卧底去买一些支票。”

“为什么？”他问道。

“我认为他大约支付了票面价值的 10%。”

“那么，如果支票价值 3000，他就要付 300，对吧？”

“没错。而大部分支票是 3000 多一点。”

“莘莘学子刻苦努力，就是想获得一个学位，可是，一场劫难让他们的梦想泡汤了，不是吗？”鲁尼听起来不太高兴，也面露愠色。也许早上喝的啤酒现在开始刺激他的神经了。我绝不会一大早就发酒疯……

“当然了。我猜想，他们在大学里真的惹事了。我不知道他们要做什么。”

“我敢打赌，”他说话的时候，我们的早餐已经到了。这些早点看起来很油腻，就像那个地方散发出的气味一样呛人。煎蛋很油腻，如果我把盘子倾斜一点点，煎蛋里的油会流到桌子上。看着就恶心。我把煎蛋放在土豆煎饼上，然后把煎蛋捣成糊状，以免煎蛋流油。

“哦……真是美味极了，”鲁尼说着，对于这份并不美味的早餐，他却露出垂涎三尺的表情，“现在我只需再要一瓶蓝带啤酒了。”于是，他又要了一瓶酒。

我们一边吃一边聊。后来，我发现鲁尼是艾奥瓦大学鹰眼队的超级粉丝。“我土生土长的小镇距离艾奥瓦很近，”他说，“妈妈和爸爸都毕业于艾奥瓦大学，所以我一辈子都是艾奥瓦大学鹰眼队的粉丝。”

我想，**这也许可以解释他为什么对这场不法活动不爽吧。他们早餐喝啤酒吗？**

“你去看过那里的足球比赛吗？”我问道。

“这些年去过几次，但自从最近弗莱教练来到这里之后，我就没去过了。”

“我在办公室的搭档人脉很广，可以买到票。我去看了好几场比赛，非常有趣。”

“票很难买，是不是啊？”

“嗯，是的，但是，如果你告诉我时间，吉姆可能会帮你搞到几张票。我想，这个星期六密歇根队会来城里。想去吗？”

“我很想去！”

“我回办公室后会请他去弄票的。我不知道赛场会设在哪里，但我相信，你可以在体育场里面观看，这是很多人可望而不可即的地方。”

“太好了。对了，你准备什么时候回去呢？我想我们还有工作要做。”鲁尼似乎正在享受他面前的“有毒食品”。

“如果你能挤出时间的话，我可以在这里待上几天。”我答道。

“我的盘子已经空空如也。美好的一周又开始了。我希望有一个良好的开端。我相信这位联邦检察官会喜欢这个案子的。你知道，他是艾奥瓦大学法学院的毕业生。”

“我确实知道。在他被任命之前，我对他做了彻底的背景调查。”

“你在开玩笑吧。”

“没有开玩笑，那只是我的另一个职责。我们会对你们，甚至联邦法官们进行背景调查。事实上，你的老板肯定是个很疯狂的家伙。我记得我做采访的时候，有个律师告诉我，他是‘七世纪最伟大的法律人才之一’。”

鲁尼笑了，差点儿喷饭。“说得对极了。是的，他就是一个工作狂。法律界的老学究。他把自己当成大律师梅尔文·贝利了，就像没头苍蝇似的到处乱撞，对他的首席助理乔治大喊大叫。他俩就是天生的一对。他们有点像胡佛和克莱德托尔森，在一起共事好多年了。乔治有点像他的替罪羊。他们是一对酒鬼，每天晚上都会喝得酩酊大醉。我想，他俩都在办公室里放了大量的威士忌等烈酒。”

“政治任命难道不伟大吗？”

“你说得很对。但如果不是他，我就不会有这份工作。”

我们付了账，然后返回了办公室。这一整天，我都是在他的密切关注下度过的。临近下班的时候，他问我：“你是在这里过夜还是开车回去呢？”

“我已经在河边的假日酒店里订了一个房间。我会一直待在那里。”

“哦，我们为什么不在晚上聚一聚呢？我住的地方不太远，在东南方向。我先找我太太商量一下，看她能不能晚餐时多准备点东西。你也上我家来吃饭吧？”

“好的，我很愿意。听起来是个好主意。”

于是，我们开启了一段长久的友谊之旅。我发现，里克不仅是一个狂热的鹰眼队粉丝，还是一名啤酒行家。大多数成人饮料，他都能搞定。他也是一个天赋异禀的歌手和戏剧演员，过去曾经在很多剧院演出，以后还会参加多场演出。对我来说，一切都很棒，因为我已经成为鹰眼队的超级粉丝，还一直喜欢现场戏剧表演，而且我自己也会偶尔喝点啤酒或伏特加。

6

校车价格垄断案

艾奥瓦大学助学金失窃案让我们挖出了 10 起支票失窃案，并进行了相应的重罪定罪。同时，这起案件的破获也让我平步青云，仅仅 4 年的时间，我就从 GS10 级特工提升为 GS12 级特工，幸运地提前晋升了警衔。这宗大型的多罪名案件处理得相当不错。如果你感觉我每次只处理一个案子，那么，你的断言与实际情况差了十万八千里。通常情况下，我随时要同时应付 20 ~ 25 个案子，其中包括老掉牙的"领先一步"和申请人背景调查。但我喜欢忙碌的工作，领导需要我做多少工作，我就会真的做多少工作。

接着，在朗朗晴空之下，又发生了一桩惊天大案，至少看似如此。有一天，我刚好在办公室里处理一些文书工作，突然，电话铃响了。

"先生，我要举报一宗价格垄断案。"电话那头是一个男人的声音。

"价格垄断？垄断什么产品？"我顺便问了一句，又立即投入口述调查报告的工作当中。我感觉电话那头的家伙可能是个疯子，只是想抱怨镇上加油站的价格，当时的油价碰巧总是上下波动。或者他想向我抱怨麦当劳和汉堡王的价格不相上下。我早就获悉了颇多这样的消息。

"校车价格。"

"校车价格？"我以前听说过类似的讹诈案件。但如果领导派我去调查这样的案子，我根本不知道该怎么办。不过，我会抓紧时间去学习的。

"是的，警官。我是一名校车推销员，可我一辆车也没卖出去。"

"所以，你不是一个称职的推销员？"

"根本不是这样的。我在校车生意方面是新手，无法打破行规，做成买卖，因为每个推销员之间都达成了共识。他们瓜分了整个州的业务，并就价格高低问题达成了协议，这取决于他们是否计划搞定某个学区。每年他们都会把价格提高一点，赚得更多的钱。”

“你在跟我开玩笑吧？”

“不，先生，我没有开玩笑，”他解释道，“这种现象已经在艾奥瓦大学和内布拉斯加大学持续了 20 多年。”

当时我就想，天哪，我现在该怎么办？这真的会发生在艾奥瓦大学的学区吗？教育可是头等大事啊。如果这家伙说的是真的，他们不就是在抢小孩子的钱吗！

“你能过来，跟我谈谈这件事吗？”我问他。

“当然。告诉我时间，我会按时到达。”

“明天上午 9 点钟怎么样？”

“好的。我 9 点整准时到。”然后，我俩都挂了电话。

我的大脑在飞速运转。我觉得，我应该和他坐下来好好谈谈，我只希望听到他不善推销的故事，而不是某种诈骗案件。我无法想象，有人这么多年都在做这样的勾当，却没人站出来解决问题。我的脑子里闪出了无数的念头。**学校董事会有回扣吗？各县的县长有回扣吗？这是很严重的问题。到底发生了什么？这家伙是不是在胡说八道？**

第二天见面的时候，这名男子向我讲述了这场阴谋的很多内幕，甚至给我看了一些文件，解释了事情的来龙去脉，不枉我最终把他培养成了线人。我们聊了好几个小时，自始至终，我都觉得兴趣盎然。他走后，我坐在桌子旁看着墙壁发呆。我很纳闷，**此时此刻，我究竟该做些什么呢？**

我找出了一份平日里很少看的 FBI 手册，试图弄清楚自己是在处理什么样的联邦违法行为。我一点头绪都没有。**如果那名男子提供的文件是寄给学校的，也许算是邮件诈骗吧。如果有人打电话给学校，也许就是电信诈骗吧。也可能两者都是吧。**我不停地翻看《调查和操作指南手册》(简称 MIOG)，一直看到了第 60 节。简而言之，从 FBI 的角度来看，这被称为“价格垄断违法行为”。于是，我仔细阅读这些指南，看看自己是否可以找出下一步该做什么。总之，我发现的最重要的信息就是“当联邦调查局的特工发现了可能存在的价格垄断违法行为时，必须立即通知美国司法部的华盛顿特区反垄断办公室”。

立即通知？哦，上帝，我陷入了怎样的窘境啊？我最不想做的事就是和华盛顿特区的人交谈。

吉姆·惠伦休假一周，不在局里。我们的办公室里来了一名新特工，少不更事的他来自匡蒂科，是个刚毕业的大学生。他比我更加一无所知。我们处理过联邦惩教所案件的那个特工已经在几年前调至别处了。

那么，我到底是怎么联络这些家伙的呢？对我来说，“立即”听起来就像是“现在”。如果我“现在”不打电话给他们，我自己就会深陷困境之中吗？还会收到第二封谴责信吗？我知道，我的一生中再也不需要那样的信件了。我的压力真的很大，所以，我决定按照 FBI 手册的要求去做。

我听说，当你打电话给联邦调查局总部或美国司法部时，你通常至少会被转接 5 次，唉，我也弄不清几次了，这还是顺利的时候。我找到了司法部的电话号码，并拨打了总机号码，电话那头却是一位副检察长，我吓了个半死。对我来说，这是非常令人兴奋的，我以前可没遇到过这样的事。我认为，这些人都是大人物。

接线员直接给我接入了反垄断办公室。那位接电话的副检察长对我很有耐心，还安慰我不要紧张。

“好吧，接下来的事情就让我来处理吧，”当我把自己知道的一切都告诉他之后，他说道，“如果是发生在艾奥瓦大学或内布拉斯加大学的案子，会交由芝加哥办事处来处理。等我们挂断电话后，我会马上给他们打电话。在接下来的几天里，你应该会收到一些其他人的回音。我不知道他们现在有多快，可能需要一个星期。”

因为“立即”这个词让我感到有点害怕，所以我决定接下来最好的办法就是打电话给我在得梅因的老板，他实际上是艾奥瓦州所有常驻特工的主管。在听完了过去两天发生的事情后，他说：“我认为你做的一切都很好。这些都是既耗体力又费脑力的高难度案件，你可能需要等待芝加哥同人们的回音，看看我们是否可以开始审理案件了。”这让我很欣慰，所以我想等一等，直到我弄明白“大腕儿们”想让我做什么。

我刚刚挂断了主管的电话，深吸了一口气，电话铃就响了。“请找彼得·克里斯迈特先生接电话！”这是一个男人的声音。

“您好，我就是彼得。”

接着，我们的话题扯到了九霄云外。这位打来电话的人就是芝加哥反垄断办公室的副检察长。貌似他对这个案子很感兴趣。我欣然告诉他，我以前从未接触过反垄断的案子，这似乎也不会让他感到半点困扰。“我要去和我这里的头儿们协商一下，我们可能很快就会到那儿。你觉得你的线人愿意和我们说话吗？”

“我觉得不会有问题，”我说，“我会打电话告诉他。我肯定他很想和你交谈。”我们又聊了一会儿，然后挂断了电话。

半小时后，电话铃又响了。还是芝加哥的这位副检察长。“明天上午10点，你能来锡达拉皮兹机场见我们的两个人吗？”

“当然。”讨厌，这帮家伙办事神速啊。

“你能给你的线人打个电话，让他在你的办公室见我们吗？”

“好的，没问题。明天早上见。”

这一切发生得有点儿太快了。我给我的主管打了个电话，告诉他，我明天要接待两位副检察长。

“你办事神速啊。”他说。

“我想我是因为害怕才这样。”我答道。

第二天早上，我在锡达拉皮兹机场会见了两位副检察长——阿隆佐·布雷迪和马克·普雷斯顿。他们带着公文包，穿着深色西装，显得很神气。我想我还是有点儿害怕。普雷斯顿问线人什么时候到。

“11点到，”我回答，“除非两位想先吃点东西，我可以推迟时间。”

“不。11点很合适。”

我们默默地驱车来到我的办公室，一路上走马观花地匆匆瞥了一眼本市的风景。我想，这件事发生得太快了，我都不适应了。但是，雪球好像正在滚下山去，势头越来越猛，个头越滚越大。我真不知道，在接下来的几年中，雪球会变得有多大。

一个星期之内，我感觉自己就像劫匪头目布奇·卡西迪一样——当他和圣丹斯·基德被武装队追赶的时候，就是这个窘态。当时，布奇转向圣丹斯，疑惑地问道："这些家伙是谁？"我们和线人谈话完毕，两位副检察长相信，我们有足够的证据来展开全面的反垄断调查。是的，我做到了。

几天后，我收到了一个巨大的挂号信，里面装着很多大陪审团的传票，堆得像小山一样高，我以前从来不曾见过这么一大摞传票。接着，我跑遍了艾奥瓦州，分发传票给各个企业和个人。这事就像旋涡一样，真的让人很受伤。我已经陷入其中，根本拔不出来。

但是后来，海水开始退潮，此案终于告一段落。结果证明，我从中受益匪浅。

7

犯罪心理侧写是什么

想象一下，10亿年以后，如果有个恶魔花一个星期的时间去搞破坏，让地球的地轴停止转动。如果真的发生了这种灾难，那么，负责维持齿轮转动的机修工就会第一时间跳上通往地球中心的电梯，进入地球内部的主齿轮所在地去修理地轴。地球上的人类会变得非常困惑甚至疯狂，因为人们想要的就是一直陪伴他们的白昼与黑夜。如果地轴停止转动，他们就没有了白昼与黑夜。

当机修工到达地下最后一层的时候，他会走到传动室，打开门，向里面窥探。然后，他会发现一名检察官坐在办公桌前绞尽脑汁地拼凑法律提案。大多数提案都在“探索”中。你不能否定这个理论，所以你必须相信和接受它：检察官会让地球停转。

校车价格垄断案的调查过程，就像印地500系列赛一样，当赛车手们跑了几圈之后，裁判举起了警告旗，让赛车手们在接下来的比赛中放慢速度，每小时只能跑10英里，甚至更慢。很多事情都是这样，早期很顺利，后面会碰壁。我送传票所产生的商业记录比我想象的还要多。所有的分销商都必须提交过去10年里的销售记录，这是反垄断违规行为的法定时效。在大陪审团的数次会议上，我证实自己收到了这些记录文件。但是，我们每个月只在案件起诉地锡达拉皮兹开一次会，这往往会大幅度拖延案件的进程。

一个星期五的早上，阿隆佐·布雷迪打电话给我。“彼得，我们每天都和企业以及经销商联系。他们都有大量的记录，我们正在努力寻找一个地方来储存所有的记录。”

“嗯，我们有多少记录？”我想着，几个银行保管箱可以轻而易举地放进我们过去用来存放证据的大型步入式保险箱里。

“现在我们共有 163 个大型银行保管箱。”

“哦，上帝。我们需要一个谷仓还是一个礼堂？”我只能想象找一个开着铲车的家伙把所有这些东西都搬过来，而“现在”这个词是布雷迪的命令。真不知道这些证据有多占地儿。

“很接近谷仓或礼堂的大小，”他笑了。布雷迪是个严肃的人，但在需要的时候，他确实有很好的幽默感。“我们在芝加哥的办公室里没有足够的空间，我在想你是否知道一个可以存放这些东西的地方。”

“您心里想的是什么地方？”

“锡达拉皮兹就是我能想到的最佳选择。这样，来自艾奥瓦州和内布拉斯加州西部的检察官们就可以在 5 个小时之内完成行程。但是，我们也需要有人充当证据的保管人。”

“您是什么意思？”我可以想象布雷迪的眼神，他眼中的“保管人”就是我。

“基本上，当检察官和潜在的被告人想要过来审阅这些文件时，这个保管人需要随时待命。我们现在正处于所谓的‘文件审阅’阶段。我们在决定要起诉什么人的什么罪之前，我们想给他们这个机会。”

“什么人？什么罪？”

“对！鉴于我们正在审查的内容，我们预计将起诉至少 6 家公司，可能多达 8 人。这只是一个开始，接下来的情况会更严重。”

这比我预想的要严重得多。“好吧，布雷迪先生，我的观点是，我不可能一周 7 天，一天 24 小时都在听候辩护律师的吆喝和指使。对你们这些同人来说，我可以做到，但我还有很多案子要处理。我的上司告诉我，我必须和这伙人一起处理这件案子。所以，我想我们需要把事情弄清楚。”

“好吧，我们会把这部分内容弄清楚的。我明白你说的意思，别担心。但是，我想让你们寻找的就是一个储存所有这些东西的地方。你有什么好主意吗？”

“我也没把握。”我的脑子转得很快，思索着我工作的联邦大楼里是否有足够大的空间。我知道那里有个地下室，可能有几间空房，但我得核实一下。

“让我和这里的大楼管理员一起协商一下，看看他有没有空位。我跟他一谈完，就给你答复。”

“好的，你很棒。感谢你所做的一切，彼得。你做得很棒，我们真的很感激。”

“不客气。让我核查一下，再告诉您情况。”

虽然这个案子很折磨人，但我有足够的能力去处理。我所提出的一切指控和定罪都让奥马哈办事处认为，我们在锡达拉皮兹有工作要做。与此同时，吉姆·惠伦正在与当地的机构合作调查几起毒品案件，他们办案像“土星号”火箭一样迅速。所以，奥马哈办事处在几个月内就给我们分配了两名新特工。对我来说，这是一件好事，因为如果你总是被小案子羁绊，就很难集中注意力去调查大案子了。

所以，我又一次独自坐在办公室里，想要搞出点名堂来。我似乎从来都不缺事情做，我们的任务之一就是培训新进的特工，这并不难，因为这两个小伙子的学习能力都很强。

电话铃响了。

“彼得，我是奥马哈办事处的汤姆·摩尔。你还好吗？”

“我很好，汤姆。我很忙，但是很好。你怎么样？”汤姆是奥马哈办事处的培训专员。这是一项非常重要的工作。他的任务就是组织FBI国家学院的同人们见面。他们都是高级警官和主管，都曾在FBI国家学院就读。FBI国家学院是一个非常有声望的执法部门。

汤姆还与FBI国家学院密切合作，即将成立培训学校，训练该部门的特工和后勤人员。

“嘿，瞧，我有事情需要你来管理。”

“好。”

“我刚和老板谈过，他想让你成为我们局里新开设的犯罪心理侧写师培训部的专员。”

“什么？”我是第一次听到这个术语。

“犯罪心理侧写师。”

“从来没听说过。为什么是我呢？”

“坦白说，在你来局里之前，主管就很喜欢你的警察背景了。”他解释道，“所以，当我问他要推荐谁的时候，你的名字就脱口而出了。他认为，那几年的警察生涯对你而言，一定苦不堪言。”

“谢谢你的恭维，但我甚至不知道这是怎么回事。”

“警察生涯对破案有帮助，不是吗？局里已告知所有59个外地办事处，他们需要每个办事处指派一名特工去参加为期两周的集体培训。据了解，他们将为我们的特工提供培训服务，让这些特工与当地执法部门一起打击暴力犯罪。很明显，你在与当地执法部门合作方面做得很好，我了解你的背景和资历。所以，如果你愿意的话，你就是最佳人选。”

“啊，我真是受宠若惊啊。”

“你说得对，这件事在人员选择上非常严格。联邦调查局已经让特工主管们派出他们最好的特工，而不只是派普通探员。需要离开办公室好几个星期呢。你知道吗，作为ROD特工。”

“什么？”

“ROD就是‘离岗不离职’的意思。”

“我明白了。给我一天的时间考虑一下，可以吗？我想由我的妻子和孩子来决定。还有吉姆·惠伦，他很有可能会开车过来，先杀了我，再杀了你。我想，如果他听说我要离开几个星期，他一定会不爽。我俩都一直在这里拼命地工作。”

“我听说了。老板说，你和吉姆在过去一年里已经处理了整个部门1/3左右的起诉和定罪案件。这个部门有60多名特工，每个人都知道你们俩在做什么，你们俩最有出息。”

我对这一评价感到惊讶。“很高兴你这么赞扬我，但我认为，这并不意味着我就会被调任，不是吗？我已经告诉我的妻子和孩子们，我想留在这里，直到孩子们完成高中学业。毕竟，我们真的很喜欢这里。”

“哦，不，这是我们最不愿意做的事情。我们办事处必须有一名专员，这个人就是你。我知道这个项目正在建设中，所以，你将来也有机会回总部就职，你懂的。当然，在你想去的情况下。”

“谢谢你，汤姆，听起来很有趣，我明天给你回个电话。”

“我期待着你的佳音。”

我特别喜欢汤姆说的关于在我们办事处保留一名专员的想法。我的两个孩子都在上学，我曾经答应他们，我们在锡达拉皮兹尽可能待久一点，至少待到他们高中毕业，还有一些很棒的大学离我们不远。我不想让他们像军人之子一样，因为联邦调查局一时的心血来潮而周游全国。这听起来是个好机会，可以让我和我的家人留在我们真正喜欢的地方。

8

海军服役经历

我同意去匡蒂科犯罪心理侧写师培训学校，这开启了我人生和事业的新篇章。我把它看作一个机会，让我在一个激动人心的项目中取得先机，并处于现代执法的最前沿。我阅读过相关的书籍，得知执法和犯罪学领域经历了两股浪潮，现在已经进入了第三股浪潮。第一股浪潮是苏格兰场（伦敦警察厅）利用线索和证据来解决案件和给犯人定罪。第二股浪潮是相关部门分析了犯罪频率、某些地区发生犯罪的原因和预测犯罪的办法。第三股浪潮与前两股浪潮并驾齐驱，旨在研究犯罪心理，这是最吸引我的魅力所在。

当我回顾自己当初决定成为联邦调查局首批“犯罪心理侧写师”的时候，我想，我可能是一个天生的侧写师。当我还是一个刑事司法专业的本科生时，就对犯罪学的理论很感兴趣了，我选修了这门课程，并潜心研究。我还参加了一个名为“犯罪类型学”的暑期班，它似乎解释了各种类型的犯罪行为。我发现它也同样迷人，于是根据最初的想法写了一篇学术论文，帕特·里德教授在上一节课的演讲中也用到了这些想法。“你的创意很奇妙！”并对我提出的想法赞不绝口。另外，他对我的论文和到课率非常赞赏，我觉得有点尴尬。除刑事司法课程外，我还选修了许多心理学和社会学课程，因为我决定兼修各门课程。我想，只有耳濡目染，那些常识才会停留在我这个波兰人的大笨脑袋里！

但是，我也学到了一些实用的犯罪行为理论。警察们对此非常怀疑。“心理学”和“社会学”，这两个词并不是他们感兴趣的话题。这段时期，美国政府已拨款数百万美元，以教育那些执行《综合犯罪控制法案》的警官。因此，当我在丹佛的一所新成立的州立大学读本科的时候，我所参加的每一门课都有一些警官充当学生，和我们在一起学习。许多人穿着制服，有刚下班的，也有准备去上班的。许多部门已经对晋升人员做了学历要求。有些部门需要学士学位，如我毕业后加入的那个部门。

当时，我已经不年轻了，不是脸上有青春痘的 18 岁大一新生。我在海军服役 4 年，曾在两艘第二次世界大战遗留下来的老式柴油潜艇上服役，还去过越南两次，乘坐被我们亲切称为“东京湾帆船俱乐部”的旧游艇，但它不是很像游艇。事实上，当我回顾过去的时候，可怕的往事还历历在目。100 人被困在一个狭小空间里，在肮脏的舱底工作，当你试图修理一台发动机的时候，就会有柴油喷涌而出。或者，你要在两个巨大的电池舱里爬来爬去，每三天用蒸馏水给电池注水一次，同时还要小心翼翼地避开金属天花板和电池。我不知道被 250 伏特的直流电击中过多少次。这份工作没有多少乐趣。在潜艇上服役，虽然很有选择性，也颇值得自豪，但不是什么好差事。不过，我当时还年轻，根本不在乎。

在东京湾的两次航行中，我们在晚间侦察海岸并绘制地图。我们无法浮出水面，因为我们离海岸太近了，如果浮出水面，很快就会被越南的炮艇袭击，或者更糟。“更糟”的情况偶尔出现。所以，我们只好用潜望镜做侦查工作。

在我们的第一次部署中，我们在东京湾待了 40 天。我们的潜艇是“特纳乔伊号”和“马多克斯号”舰艇遭到越南的炮艇袭击之后，美国进军东京湾的第一艘潜艇。事实证明，越南共产党的做法并不明智，因为这两艘驱逐舰也击沉了他们的炮艇和他们用来袭击我们的一切装备。这一事件意义重大，因为仅仅这一事件就让越南战争升级至空前规模。而我们置身于这一切之中。

当我们终于浮出水面的时候，我是第一个穿过指挥塔，并在桥上站岗的人。如果敌军的炮艇恰好在这个区域，是有点危险的。幸运的是，他们没有，因为我们已经深入国际水域，他们没有屈尊来“拜访”我们。但是，让我记忆犹新的是，我第一次呼吸到了新鲜的空气。我一直在潜艇里闻着恶心的体臭、空气中弥漫的柴油味，还有其他一切令人作呕的气味，初次嗅到新鲜的空气，我的第一反应就是立即站在桥边呕吐，吐得满地都是。

我们在东京湾的航行中有过几次冒险时刻。一天晚上，我躺在床上看书，突然听到一个奇怪的响声。我环顾四周，想看看是不是哪个傻瓜在和我开玩笑，这时，潜艇的扬声器里传来了一个低沉的声音。那是船长的声音。“先生们，”他低声说，“我们正在被一艘苏联驱逐舰跟踪。我们将潜入水下，要低于测试的深度和温度梯度。而且，我希望每个人都准备好‘静航’，这是命令。大家继续工作。”解释一下，“静航”指的是将船上的噪音降到最低，也就是说，音量甚至低于悄悄话。于是，我躺在铺位上读了好几个小时的书，没有对任何人说一句话。

对潜艇来说，温度梯度是遇到敌舰时得以隐藏在海面下的重要因素。海洋中的水在不同的深度有不同的温度，有点像一层层的蛋糕。至少在理论上，如果一艘潜艇低于温度梯度，水面舰艇的声呐就无法穿透它。因此，你的温度梯度越深，隐藏成功的概率就越大。“保持沉默，然后潜入深处”是潜艇服役的一个重要环节。

我们默默潜入400多英尺深的地方，“砰砰”声一直在继续。这种声音让我清晰地回忆起曾经看过的一些世界大战题材的旧电影，以及美国驱逐舰使用55加仑的炸药桶击沉德国潜艇的场面。我还记得当时在想，我今年19岁，这里就是我的死亡之地。正在这时，峰回路转，苏联驱逐舰把我们跟丢了，潜艇上的每个人都松了一口气。然而，苏联驱逐舰并不是第一个追踪我们的军舰。我一直无法适应。深入400英尺以下，这种感觉真吓人，如果有一个炸药桶击中了潜艇的要害部位，那么，我们都会葬身鱼腹。

我们的另一项重要任务是营救被击落的飞行员。如果一架F-4战机被敌军的导弹击中，飞行员的任务就是在可能的情况下前往东京湾，如果可能的话，就在水上迫降。所有的飞行员都在飞机内备有一个可展开的橡皮艇，我们的任务就是在越共找到飞行员之前定位并找到他。在这次航行中，我们找到了不少感激涕零的飞行员。

我们也曾多次与航空母舰会面，并参加了水下爆破队，现在被称为海豹突击队。然后，我们尽可能安全地偷偷靠近海岸，填满鱼雷发射管，然后发射鱼雷，让鱼雷偷偷地靠近海岸。有一次，我们派出了一个水下爆破队。后来，我们得知，其中一名队员不幸被困在了潜艇上的水流中，最后倒飞了出去，身体被螺旋桨截断了。我们陷入无尽的悲痛之中，因为通过几天的相处，我们都对彼此产生了感情。我一生中最可怕的经历就是去想那些受过良好训练的勇士们遭遇的不幸。

我很喜欢海军，但临近退伍的时候，我却因为可以回到科罗拉多而倍感高兴。退伍之前，海军在我面前摆了几个有趣的提议。第一个是所谓的“浮动的入伍金”，合计 1 万美元。那时，你可以花 1500 美元买到一辆崭新的福特野马汽车。而且，因为我的考试成绩在新兵训练营里相当高，他们给了我全额奖学金，让我去上海军学院，需要在那里学习 6 年。但我拒绝了，因为我攒了很多钱，我知道我出去之后就要上大学了。最终我上了大学，并在 3 年内取得了学士学位。

毫无疑问，我上大学的动力来自我的母亲。第二次世界大战结束后，父亲和母亲住在新奥尔良，她在等待父亲退役。母亲报名并进入了杜兰大学，但她没有完成学业，这让我印象深刻。遥想当年，父亲读完了八年级，这是当时的最低教育标准。14 岁的时候，他还在为黑道老大艾尔 · 卡彭的非法贩卖活动而卖命，尽管当时他还不知道那是谁的黑社会组织。最终，他放弃了那个有利可图的职业，改邪归正，进入了民间环保组织，在威斯康星州苏必利尔市附近的一个州立公园学习砖石交易。就在那里，父亲在每周一次的舞会上邂逅了我的母亲。

我的父亲和同样是民间环保组织成员的菲尔叔叔最终分道扬镳，在威斯康星州斯蒂文斯波恩特市开启了砌砖和承包业务，那年父亲大约 18 岁。在某种程度上，这让我的父亲独立。他应征入伍，并组建了家庭。每当他外出，就会得到出差补助金，以供养他的新婚妻子和成长中的儿女们。我出生在斯蒂文斯波恩特市，是五个兄弟姐妹中最年长的孩子。母亲曾经失去一个孩子，然后才怀上了我，所以，我从来没有哥哥或姐姐。父亲的工作之地在哪里，我们就搬到哪里——密歇根州、路易斯安那州、得克萨斯州、艾奥瓦州，最后到了丹佛，那时我才 4 岁。丹佛是美国新兴的“繁荣小镇”。

对我们这个家庭来说，一切都不容乐观。父亲有严重的酗酒恶习，他还虐待我的母亲和小弟弟，但不怎么打骂我，可能是因为我是家里最年长的孩子，也可能因为我是家里的“金发男孩”。虽然父亲赚了很多钱，但我并不是含着银汤匙长大的孩子。相反，我认为，我们成长在一个中下阶层家庭中。但是，因为我们是天主教徒，我们上天主教学校的费用最低，我认为，这给了我比大多数孩子在公立学校更好的基础教育。修女们不愿意忍受太多的废话，要求我改掉话痨的毛病。我对这样的结果很满意，因为如果我去了公立学校，一定不会发生这样的事情。我记得芭芭拉修女，她总是用木尺抽打我的背，3 尺长的木尺，一年断了 3 把！我认为，她至今保持着纪录。我脾气有点暴躁，爱说大话，还有点易怒，可能与家庭背景有关，如果当时医疗先进的话，我可能会被诊断出“儿童多动综合征”。但是，这些诊断项目在那时并不存在。

父亲一直想开一个酒吧，对一个喜欢喝酒的人来说，这是一份合乎逻辑的职业。于是他放弃了砌砖，在城里相当艰苦的地方买了一间酒吧。我们住在一间像地牢一样的地下室里，地下室的上方就是我家的酒吧。尽管父亲和母亲经营这个酒吧的时候我只有 8 岁，但我还是在这个父亲重新命名为“淬火”的酒吧里很好地了解了人类行为。这个小酒吧出售的是 3.2 度的低度啤酒，在科罗拉多的那些年份，如果达到或超过了 18 岁，就意味着可以喝到那种低度啤酒。烈性酒是不被允许的，但主顾们还是喝得烂醉，问题可就大了，如出现打架事件。但是，我的父亲在服役期间曾是南太平洋地区美国陆军重量级拳击冠军，所以他不需要雇保镖。在周五和周六晚上的娱乐活动中，我和我最好的朋友会爬上树，坐在那里，等着侧门突然打开，看到父亲把一个醉汉扔出去。如果那个醉汉一不小心冒犯了我的父亲，就会发生争吵，但很快就会结束。这给了我更多了解人类状态的机会。

在十年级的时候，我转学到了邻近的丹佛郊区的恩格尔伍德高中，因为很明显，我不会成为穆伦天主教高中橄榄球队的四分卫，尽管我在那里获得了部分奖学金。我前面的那个家伙后来入选了美国怀俄明州大学全美国四分卫的第二队。他比我强——强多了！我在大学一年级时没有入选篮球队，因为教练想要有速度的球员，这不是我的强项。射门，可以；速度，没有。由于种种原因，我转到恩格尔伍德高中后，便成了“坏孩子”中的一员。我放弃了体育运动，唯一坚持的就是夏天的棒球了，不过，那群打棒球的人并不是交朋友的最佳选择。但我当时只有 15 岁，很高兴有了一些朋友，因为那个年纪的孩子非常需要得到认可。

大二的时候，我就已经开始混日子了，大三下学期，我退学了。我和那伙人一起出去玩，放弃了太多，甚至都没尝试一下就放弃了。但后来，我做了一个决定，这对我以后的生活产生了积极的影响。我的一个伙伴（“伙伴”的英文发音是“巴德斯”）碰巧名字叫“巴德”的，决定离开小镇，加入海军。这对巴德起不了什么作用，因为他被踢出了新兵训练营，大约一个月后就回家了。我们无情地取笑他是不合群的怪人。尽管巴德参加海军的经历很差劲儿，但我和我最好的朋友杰里·伍德海德决定亲自去试试。所以，在 17 岁零 2 个月的时候，我前往圣地亚哥，参加了新兵训练营。

新兵训练营真是“小菜一碟”啊。我被任命为海军士官助理，负责我的连队，日子过得非常不错，直到我得了肺炎，差点死掉。在巴尔博亚海军医院待了三周后，我又去了另一个连队，直到毕业。我请了几个星期的假回家，然后就到了潜艇学校。我去潜艇学校是自愿的，不是被强制的。我们聆听了潜艇部队新兵训练营的简短介绍，那个介绍潜艇兵的海军谈到了精英和难以成为精英的问题。他说，潜艇兵是海军中的“精英中的精英”。但我可能会持不同意见。我认为，海豹突击队队员才是最优秀的精英，但是潜艇兵紧随其后。我很兴奋能加入自己认为最好的兵种。“试着成为最好的”这一信念是我后来人生的目标，指引我前进。

大约 4 年后，我作为一名海军和参加过两次越战的老兵，在丹佛的大都会州立大学进修犯罪学课程。坐在我右边的是一位脾气暴躁的丹佛老警官，他总是穿着皱巴巴的深蓝色制服来上课。他的嘴上总是叼着一截没点燃却发臭的大雪茄。他太胖了，他的山姆·布朗腰带上“挂着”一个巨大的肚子，连教室里的椅子都装不下他的身子。我们给他起了个绰号叫“鲸鱼”，因为他和那些深海里的鲸鱼差不多大。但我们不敢当面这么称呼他。我们很年轻，但我们并不愚蠢，我们珍惜自己的性命。

汤姆·约翰逊博士是我们的教授之一。约翰逊是一个典型的学者，他从高中直接到了密歇根州，在那里顺利取得了犯罪学的学士、硕士和博士学位，从来没有走出学术界。那天晚上，他在课堂上大赞犯罪学理论，嘴里叼着雪茄的“鲸鱼”突然脱口而出：“那真是一堆屁话！”

我不知道该怎么办。我不敢把头转过去，我当然也不会说什么，因为我怕被他的警棍敲开脑袋。我当时的想法是，你不能这样对大学教授说话。所以，我坐在那里，什么也没做。班上的其他同学也一样。

约翰逊教授显然不知道该说什么，所以他没有说话。“鲸鱼”没有说别的话，但是他点燃了雪茄。没有人说一句话，包括教授。房间里弥漫着巨大的蓝色烟雾，没有人抗议。那是一个非常不同的时代。最后，在几分钟的紧张和停顿之后，约翰逊重新开始上课，继续谈论着似懂非懂的理论。

我从这个小事件中得到了一条明确的信息，也可能是几条信息。首先，关于为什么有人会犯罪的问题，那些在大街上闲逛的老前辈们可能会抢先给你提供独家新闻。我还从“鲸鱼”和其他人那里发现，对犯罪的解释经常涉及“浑蛋”或“废物”等词，有时叫“人渣”。我还学到了一个教训，除非你真的知道你在说什么，否则永远不要说话。如果你从一本书中读到什么东西，并不意味着你知道它的一切。如果我最终决定成为一名大学教授，我不会教一个我在执法“现实世界”中没有实践过的课程。

我从大学和文图拉警察局的街道执法经验中得知，大多数资深警官对新事物持怀疑态度，甚至感到害怕，他们认为这些东西是“欺骗”，或者处于他们的舒适区之外。这给了我一个重要线索，让我提前预知自己在试图推广新概念如“犯罪心理侧写”的过程中会遇到的阻力。“犯罪心理”这个词真够吓人的，人人避而远之——思想开放人士除外，但警察通常不属于那一类人。

9

史上最牛的培训班

“女士们，先生们，早上好，欢迎来到 FBI 学院的第一个犯罪心理侧写班，可能也是全世界第一个犯罪心理侧写班。我们在这里看到你们，看到这一刻终于到来，真是激动得无法形容。你们也许不认识我，或者你们当中有些人可能不认识我，我的名字是罗杰·德皮尤，我是行为科学组的组长。”

我不认识这位发言者，他是一个中等身材的男人，大概 6 英尺（1.82 米）高，200 磅（91 千克）重，或者更重一些。他的体格很强壮，与他的深色西装很搭。他属于 V 型身材的人，肩膀宽阔，臀部很窄，显然不是只偶尔去一下健身房的人。他的头发是深色的，修剪得很整齐，梳理得也很整齐，看那派头，就像一位海军陆战队军官。后来事实证明，他就是海军陆战队的军官。我不太熟悉 FBI 总部和 FBI 国家学院的排名结构，也不知道究竟怎么称呼他。不过，我会找机会去弄明白这些疑团。

他继续说道：“我认为，有必要弄清楚你们为什么来到这里。我们认为，你们是精英中的精英。”

咳，等一下，我以前好像听过这句话。我最后一次听到这句话，是在越南海岸附近的一艘发出恶臭的潜艇上。

“我们曾经明确地告诉你们的主管，让他们尽量在自己部门选择最好的特工派给我们。有几个主管没有把我们想要的特工派给我们，我们告诉他们，要么派别人来，要么不要来上课。我们相信这门课是联邦调查局提供的最重要的课程，毫无疑问，这是我们在 FBI 国家学院参加过的最优秀的团体。”

我开始喜欢上这个家伙了。他讲话很缓慢，很平静，很有分寸，但略显单调。此外，他说话直截了当，不拖泥带水，且泰然自若。这家伙看起来像个名副其实的 FBI 特工。如果他站在队伍当中，有人要在其中挑选 FBI 特工，那么，这位德皮尤博士被挑中的可能性为 90%，甚至高达 100%。

“我们查看了你们的在职信息档案，你们这个班可能是我们学院中接受教育程度最高的班级。”他停了一下，扫视了一下全班同学，“你们可能没有意识到教育程度的重要性，但我发现，这个班里的很多人思想开放。”他又停顿了一下，语速非常缓慢：“在接下来的两周内，你们会发现，教育程度是你们拥有的最重要的优势。现在，我认为，你们应该了解坐在自己身边的人是谁，”他又环顾了一下教室，“我们班上有 7 名律师。”他又停顿了一下，然后面无表情地说：“我不确定这是不是一件好事。”班上沸腾了。律师和会计师都是联邦调查局前局长埃德加·胡佛聘用多年的人群。联邦调查局的大多数特工发现，那些律师和会计师喜欢过度分析，在决策时犹豫不决，通常是悲观主义者，但也有一些例外。我在锡达拉皮兹的工作搭档吉姆·惠伦绝对是个例外。他是我合作过的最棒的特工。

“在我们这个班级中，有 24 人取得了硕士学位，”德皮尤说话时，我看到几个人正在积极地点头。德皮尤继续说道：“还有一位有两个硕士学位的人。不幸的是，其中的一个学位不算数——”他非常强调“不算数”这个词，“因为这个学位来自南加利福尼亚州大学。”全班同学都笑了。“我上的是加利福尼亚州大学洛杉矶分校。”这句话又引起一阵哄堂大笑。“咱们班谁毕业于南加利福尼亚州大学？”他环顾四周。我也想看看是否有人举手承认自己曾经是加利福尼亚州大学洛杉矶分校球队的劲敌。

“谁是南加利福尼亚州大学的毕业生？”他笑问。

我羞怯地举起了手，带着愧疚的目光扫了一眼同学们，然后，我的胳膊伸出来，掌心举起来，好像在说：“对不起，伙计们。”更多人笑了。

“南加利福尼亚州大学现在还有足球队吗？”德皮尤其实知道这个问题的答案。南加利福尼亚州大学球队是一个队，在最近的几次全国锦标赛中屡屡获胜，所以我明白他是什么意思。

“没有，先生，”我说，“他们不得不放弃，因为加利福尼亚州大学洛杉矶分校太强了。”这句话赢得了笑声和热烈的掌声。

他看了看我桌子前面的胸牌，说道：“克里斯迈特先生，看来你注定要在这里做好事。”

“谢谢您，先生。我希望如此，先生。”

“别叫我‘先生’。”

“好的，先生。”又是一阵哄堂大笑。

这个8月，来进修的特工和学者们坐在了FBI国家学院最大的演讲厅里。他们坐成了一个半圆形，从前到后呈悬臂式分层，我猜这个大厅可以轻松容纳100人。它的规模至少是我4年前作为新学员实习时所在教室的两倍。德皮尤站在一个讲台后面，讲台前面有一个巨大的FBI徽章。有几个人坐在德皮尤的两旁，其中我唯一认识的人就是吉姆·里斯博士，他在我们学院的课堂上教了4个小时的减压课程。我认为，里斯博士是我在FBI课堂上遇到的最好的老师。他毕业于阿肯色大学，但不带南方口音，他可能是我遇到的说俏皮话和玩笑话最快的人。这家伙一走上台，就会轻易忽视掉自己的本职工作，瞬间变身为一名脱口秀喜剧演员。里斯博士是一位出类拔萃的讲师，也是一个妙趣横生的人。

“现在，”德皮尤继续说，“我想花几分钟时间告诉你们，你们为什么来这里。关于这部分内容，我想非常认真和坦诚地告诉你们。”他又一次尖锐而有力地盯着全班同学，“我们已经开始了一项计划，毫无疑问，这是FBI有史以来最具创造性和雄心勃勃的行动。为什么？在美国，每年有几千起悬而未决的谋杀案。甚至还有几千起性侵和猥亵儿童案件的罪犯没有被捉拿归案。女士们，先生们，我不告诉你们，你们也会明白，这些都是严重的犯罪，属于全国范围内的执法污点。众所周知，联邦调查局对凶杀案很少有管辖权。例如，我们负责管理反对联邦官员和联邦法官的罪行，以及发生在印第安人保留区和国家公园的谋杀案。”

“我们发现，这个国家的谋杀率已经上升到很高的水平，我们开始看到破案率正在呈下降趋势。20世纪60年代和70年代，执法部门解决了全国 85% ~ 90% 的凶杀案。现在的破案率持续下降，主要原因是毒品、犯罪团伙和连环杀手层出不穷。我们已经决定尽职尽责地调查连环谋杀案。虽然我们不确定，但我们愿意相信，在美国，任何时期都会存在 35 ~ 50 个连环杀手。我们可以肯定的是，美国每年大约会出现 5000 起悬而未决的谋杀案。”

“我们对你们的期望很高。这是你们参与过的最好的培训，我们计划每年至少有两次这样的培训。我们想让你们了解我们正在研究的案例，以及我们研究过的案例。我们会占用你们几个小时的时间，研究我们已经做过的调查，告诉你们如何帮助我们做更多的事情。你们是 FBI 有史以来最优秀、教育程度最高的学员，这就是为什么我们认为你们会接受挑战，并对我们呈现的内容感兴趣。现在，让我们开始吧。”

10

初见“FBI 博士群”

当鲍勃·莱斯勒开始讲话时，罗杰·德皮尤和鲍勃·莱斯勒这两个人之间的差别在我们眼里就变得再明显不过了。德皮尤发言简短，表现得镇定自若，而莱斯勒似乎是那种一根肠子通到底的直性子。他做的第一件事就是介绍坐在教室前面的每个人。“从你们的左边开始，那位是吉姆·里斯博士。他的左边是吉姆·霍恩博士。不要怀疑这个屋子里没有博士。你们知道，罗杰·德皮尤也是一个博士。在我们这里，博士就是一抓一大把的庸人。”

我不确定莱斯勒看上去像不像 FBI 特工，也不知道别人会怎么看，反正他穿着一套剪裁考究的深色布鲁克斯兄弟套装，还带一点点格子图案，瞧着挺贵的。他满头浓密的浅棕色头发梳得整整齐齐，从前面梳到后面，有一点儿自来卷，耳边的短发也修剪得整整齐齐。他大概和德皮尤一样高大，或者稍微高一点，宽肩膀，但从体型上看，肌肉并不发达。

他讲得太快了，听起来很有趣，引起了听众的窃窃私语。“最后，在我的左边是罗伊·海瑟伍德，我认为他只有高中同等学力。是这样吗，罗伊？”

海瑟伍德漫不经心地坐在椅子上，稍稍倾向于左侧扶手，他似乎不感兴趣，只是点了点头，咧了咧嘴。他和莱斯勒共事多年，通过他的肢体语言，可以马上看出，他觉得莱斯勒很是讨厌。

莱斯勒补充道：“罗伊是我们的一位犯罪心理侧写师，尤其擅长性侵犯的心理侧写。在接下来的几周内，他会给你们多讲几堂课。”

莱斯勒看上去并不紧张，他似乎有一种极度活跃的个性和思维，正如我们很快就会发现的那样，他从一个话题跳到另一个话题的速度令人惊叹。然后，他对我们接下来两周要做的事进行了大致的描述：“我将花相当多的时间与你们一起讨论我们在这里处理的一些案件，并让你们了解我们正在做的一些相当广泛的研究。这样你们就会明白，我们不只是照本宣科地授课，我和罗伊、约翰·道格拉斯已经在这条路上奋斗了两年左右的时间。我们所做的就是在全国范围内找出大量的谋杀犯，然后去采访他们。令人惊讶的是，他们中的大多数人很愿意和我们交谈。我想，这些罪犯的心理活动可能是这样的：'我都这样了，还有什么可担心的呢？不妨和FBI特工谈一谈。'事实证明，这相当成功。所以，约翰和罗伊刚刚完成一本书，名为《性谋杀的动机和模式》。"他看着海瑟伍德，问道："是这样吗？呃……呃……呃……我说的对吗？"

"这对跟我一起出去的姑娘们来说，已经够好了。"海瑟伍德听起来好像有一丁点儿南方口音，但不是来自南方腹地。我们后来发现，他是佛罗里达人。他继续卧在椅子的左侧，他的外表给人的第一印象是，他是一个很随意、很随和的人。他的深色头发往后梳，就像莱斯勒的一样精致，但左边有一小绺头发很时髦。他穿着一套淡淡的灰色西装，系着一根非常耀眼的彩色领带。他的身材似乎很瘦小，可能有5英尺9英寸（1.75米）高，如果他雨天出门，穿着厚重的衣服，可能有150磅（68千克）重。

莱斯勒似乎就是这样的人，喜欢在说话的时候夹杂很多"呃呃呃"的感叹词。一个简单的"呃"已经够烦人的，一连串的"呃呃呃"就更难对付了。"有一些人是我们能争取到的最卓越之人。如斯坦·萨米诺博士，他是《犯罪心理》一书的作者。呃……呃……呃……这本书大约是在10年前出版的。它可以成为我们日常的心灵慰藉。大人物！演说家！我们要把安·伯吉斯博士和尼克·格鲁斯博士从俄勒冈州的塞勒姆请到这里。安和尼克花了几年时间研究强奸犯和连环强奸犯，他们和我们的性侵研究专家罗伊密切合作，我认为，你们会发现他们的心理侧写非常有趣和丰富。然后，呃……呃……呃……我们的帕克·迪茨博士要来了！"他凝视着海瑟伍德，"该死，罗伊，这附近的每个人都是博士，除了你和我。"

"我对你不太肯定，但我是不够聪明。"海瑟伍德插话了，还礼貌地笑了笑。我们已经觉得会喜欢上罗伊。德皮尤离开了房间，莱斯勒又试着开了一个玩笑。“现在告诉你们，你们是多么优秀的一个班级。我想再说一个你们的优势。在座的各位中有军人吗？军人请举手！”我们中的很多人举起了手。“举手的各位中有海军吗？海军请把手放下来。”很多人放下了手，包括我在内。“举手的各位中有陆军吗？陆军请把手放下来。”大多数人垂下了手，只有少数人还举着。“海岸哨兵呢？”剩下的举着的手都放了下来。“这里有海军陆战队的人吗？”我环顾四周，没有人举手。“瞧，”莱斯勒说，“这就证明了我们是最严谨的班级。如果是问反恐特警组的特种兵，或者火枪手，还会有人举着手。那些人都曾经服役于海军陆战队或游骑兵队，甚至海豹突击队。但他们中没人可以突破习惯思维，除非用武力开路。”

莱斯勒说话的时候，总是从房间的一边走到另一边，有时甚至登上一半楼梯。那架势就像一只追逐蚱蜢的鸡。但毫无疑问，他是一个非常聪明的人。在接下来的几周里，我们会发现，他讲课十分精彩。

然后，他的思绪又回到了先前的话题，谈论着接下来两周的计划。“我们还打算请一位女士过来，她就是《16 重人格西碧尔》（*Sybil*）一书的主角。她将和你谈谈她遭受多重人格折磨的往事。她大约有 16 种人格，是吗，罗伊？”

“好像是吧。”罗伊点了点头，答道。

莱斯勒说：“这是一个非常有趣的案例，我想，听她讲述自己年轻时所有不同人格的演化过程，以及这些人格对她成长过程的影响，你们会大吃一惊的。”

“帕克·迪茨博士很快就要成为全国著名的刑事精神病学家了，他下周会和我们一起度过一整天。让我们想想，还有谁？”他看着海瑟伍德，海瑟伍德耸了耸肩。“哦，是的，还有鲍勃·凯珀尔博士，他是格林河案件的首席调查员，参与过泰德·邦迪（连续杀人犯）案。他会和我们待在一起至少一天。还有来自洛杉矶县治安官办公室的弗兰克·萨勒诺中士，他会和我们一起讨论山坡上勒死人的案件。听起来有趣吗？”我们都点了点头。“让我们休息一下吧。接待处附近的大厅里有咖啡、茶和一些果汁，可能还有一些面包卷。我们半小时后见，然后开始讨论埃德蒙·埃米尔·肯珀先生。再见。”

我们从房间里走出来，朝豪华的接待室走去。我们当中没几个人互相见过面，尽管有些人似乎知道彼此的名字。大多数人比我稍大一点，年龄在 40 ~ 45 岁。我 36 岁，似乎是年轻的特工之一。这合情合理，因为我在局里只有 4 年的时间。我猜，其中一些人已经有 20 多年的特工历史了。

我倒了一些咖啡，向哈里·克里斯坦森介绍了自己，他在密西西比州帕斯卡古拉的海滨小镇驻扎，那是杰克逊市的一个常驻特工处。哈里是一个高个子的家伙，四五十岁，身材修长，似乎有着南方人的友好态度。“那么，到目前为止，你怎么看？”他一点儿南方口音也没有。

“对我而言，听起来很有意思，”我回答说，“这儿有相当多的人物。博士太多了，一只手都数不过来。”

“是的，就像回到从前，在大学校园里一样。这些家伙回到了匡蒂科，大部分人有时间忙于学位，不像我们这些庸俗可怜的常驻特工。你是在常驻特工处就职，还是在 FBI 总部工作？”

“奥马哈办事处，锡达拉皮兹常驻特工处。就在玉米地的正中央。”

“你在那儿待了多久？”

“让我想一想，大约 3 年。”我执行了一项为期 6 个月的卧底任务，然后被直接派到了常驻特工处。

“那么，加利福尼亚州大学的任务怎么样？”

“非常糟糕。是我在这一行 13 年里见过的最糟糕、最混乱的任务。”

“那么，我猜你在进局之前一定是警察吧？”

“是的。在南加利福尼亚州的一个警察局工作了 10 年。”

“很好，你积累了很好的经验。你会走在前沿。那么，加利福尼亚州大学的案子是怎么回事？”

“好吧，长话短说，艾奥瓦州刑事调查部门有一些关于该州东南角的所谓重要人物刚出炉的消息。我们的特工参与进来，因为，众所周知，联邦调查局做的一切就是为了让每个部门都可以启动一个秘密案件。”

“长点儿记性吧。我想，你走不出这个阴影。”

“是的，有可能。但那是我最后一次做那种工作了，”我咆哮道，“我从洛杉矶出来，去采访他们，并最终同意接受这份差事。回想起来，唯一让我感到乐观的事情就是让我的家人离开那里。我的意思是，离开洛杉矶。”

“这肯定是一件好事。”哈里表示同意。

“绝对是。不管怎样，我们最终发现这些傻瓜大概是 20 年前的大人物，如今他们留下的只是一个名声和一些回忆。这些人跟那些坏人一样老，而事实上那些坏人并没有大家想象的那么坏，只是一群退休的老男人。太做作了，我一直恳求负责此案的特工停止调查这个该死的案件。我们调查了 5 ~ 6 个月，但毫无结果。”

“真是糟糕。一点儿线索都没有吗？”

“嗯，我还以为我真的能在某个地方待上一段时间呢，”我说，“我必须和主要人物的兄弟关系很好。有个人叫巴兹·梅尔谢德，他住在伊利诺伊州的皮奥里亚。他的哥哥叫奕登奴·梅尔谢德，也就是所谓的主要人物。他住在艾奥瓦州东南部的一个小镇上。就是那个监狱小镇——麦迪逊堡。”

“他们是伊朗人吗？奇怪的名字。”

“可能是吧。也许是黎巴嫩人。是的，我想就是这样。”

“这听起来就像是典型的加利福尼亚州大学 FBI 案件。你从举报人那里得到了一些信息，他已经歪曲了这个案子，他告诉你的一切都是胡说八道。”

“差不多。那个举报人本身就是个精神病人，可能是一个病态说谎者。为什么他们从一开始就没看出来，我一点也不知道。我花了很长时间才弄明白这家伙满口胡话，他告诉我们的事情更糟糕。”

“为什么我以前没听过这样的论调呢？”哈里笑了笑，摇了摇头。

“你还不知道更糟糕的呢。结果我和这个家伙搞得很近，巴兹·梅尔谢德，他还在为我处理一些赃物。他试图与一个餐馆的家伙就另一桩涉及偷肉的交易达成协议，但没有如愿。所以，我跟奥马哈负责此案的特工核实了一下，问他是否可以买些电视机，我把电视机卖给他，然后假装这些电视机失窃了。当然，这只是我的想法，好让自己更得那家伙的欢心。你懂的，给自己增加点信誉度。”

“听起来是个不错的主意。发生了什么事？没有钱吗？破案基金用完了吗？”

“哦，不，钱不是问题。他们把这个想法传回了总部，搞得人人皆知，好像那真是偷来的电视机。到处都是律师，却没有聪明人去了解一下，我们为什么打算买几台漂亮的新电视机，并假装那是偷来的东西。这不是一个很难理解的概念，至少我认为不是，直到律师介入，才让事情复杂化。”

“那么，发生了什么？这真是一个糟糕的故事。”

“他们花了三个星期的时间思考，最后终于同意那么做。他们去了奥马哈的内布拉斯加州家具市场，用破案基金购买了10台电视机，价格约为每台300美元，合计大概3000美元，现金支付。他们在那里有一个老熟人。”

“所以，你们就开始动工了。”

“差不多。他们把电视机装进了我们的箱式货车里，搬运过程中车上一直用着局里的对讲机。当他们开车过来的时候，货车里还装着局里的对讲机。就在仪表板上很显眼的地方，让人一览无余。我的孩子们都能看出这是政府的车，他们只有12岁。我让那个开车过来的家伙关掉那该死的对讲机，把他惹毛了。但是拜托，他是多么愚蠢啊！”

“等等，我好像听你说，你的孩子们12岁了。是双胞胎吗？”

“是的，一男一女。他们是可爱的龙凤胎，非常棒的孩子。”

“太好了！完美家庭。你真有福气。”

“谢谢，确实很幸福。无论如何，期待的一天终于到来了。箱式货车就在那里，电视机就在里面。我开始怀疑，当我开着装有被视为偷来的电视机的货车到皮奥里亚的时候，我有没有想好退路呢？我想，我是有备而去的。貌似逻辑对吧？我在警察局的时候负责缉毒部门，如果有一位隐蔽好的警官支援我们，我们就有足够的退路。”

“天啊，结果是我们不想听到的，是吧？”

“是的，你猜对了。此案特工和我的特工联络人根本没有想到后备特工，他们让我单枪匹马。我应该让他们去接手整个交易，而我自己把电视机藏在阴暗的角落里。或者把该死的电视机搬回去，忘掉这件事。但我太蠢了，我发了一会儿牢骚，就同意独自开车前往。几个小时后，我驶入了皮奥里亚的美国退伍军人协会禁地，我猜，巴兹老先生就是一位退伍军人。他跑到停车场去接我，然后跑回屋里。接着，一群老人冲出前门，冲向货车。他们飞速从后面抓着电视机，把它们拖到他们自己的车里。他们刚把电视机扔进车里，就转身离开了停车场。像印地500系列赛，当你喊完‘各就各位，预备，跑——’的时候，他们道了声‘谢谢’便匆匆离去了，就像草草完事的男人一样。”

哈里笑得很厉害，我们周围的其他特工都注意到了。“那么，这个小犯罪活动如何获得最终的成功呢？”

“巴兹认为是时候动真格了。于是，他们就指派我去管理事务了。但是他什么也做不了，因为他太老了，和犯罪分子没有任何联系。我们聚了几次，只是打打高尔夫球而已。我听说他在加利福尼亚州大学的案子结束6个月后就死于癌症。”

“你是说你完成了所有的任务吗？你看上去是在卖偷来的东西，但实际上你是在卖赃物？而且它甚至没有失窃，简直是太有趣啦。”

“是的，”我说，“我知道，承认这一点太令人尴尬了。但后来我又深入了一步，这次完全没有联系人。你知道，处理加利福尼亚州大学案件通常意味着，你会出入酒吧，和一群卑鄙无耻之徒在一起闲混。然而，有一天晚上，我在酒吧里和一个人闲聊，他想知道我做了什么。我左挡右闪，最后终于告诉他，我是在保护被偷的东西。他就像一只丑陋的猿猴。”

“这听起来是个不错的开始。”

“我也这么认为。所以我们开始谈论他的往事，他曾经是一名长途卡车司机，只要有卡车托运，他就能带给我任何我想要的东西。”

“这件事的结果如何？”

“没有结果。只是一次又一次地行动，什么都没有完成，却忙得团团转。在接下来的几周里，我一直和鲍勃保持联系。他急不可待地想把事情办成。他没有工作，没有任何东西，还需要钱。所以他告诉我，只要我愿意，他随时都可以搞到一卡车冷冻肉。现在，我们谈论的是一大笔钱了。他认识一个司机，他说他会和那个司机合作完成这笔交易。这个司机会在事先安排好的地方放下货物，然后，鲍勃会冒出来偷走整套设备。”

“目前听起来很好。发生什么事了？”

“嗯，那家伙已经准备好出动了，可惜他弄错了目标。我让他放弃了，因为总局和我们办事处的首席法律顾问都在试图弄清楚我是不是在诱导他。那是犯罪啊，你懂的。”

“真是一堆垃圾。德皮尤在那里说的话是对的。一旦你开始让律师参与到这些案件中，所有的事情都变得十分棘手。听起来好像是这个人先找上你的，对吗？”

“是的。于是，在华盛顿那个谜一样的地方，法律部门那帮‘胆小鬼’们踢来踢去，大约浪费了1个月的时间，对所有可能的衍生罪行进行了过度分析，你懂的。我敢肯定，他们跑到街对面去和司法部的一些律师谈了十几次，最终却把整个事情都搞砸了。我猜，这让他们忙了好一阵子。”

“意料之中的事，该死的律师。那么，发生了什么？”

“我不得不和鲍勃先生花言巧语一番。”

“你和他说了什么？”

“嗯，说那些拿出大笔的钱来支持我的人都有一些现金流动问题。他们在一个大型毒品交易上被骗了，他们没有钱来把这个犯罪活动进行到底。”

“似是而非的答案。”

“是的，他对整件事都不太高兴，一直打电话给我。我每隔一段时间就会看到他，但后来，他自然死亡了。”

“这就是局里的做事风格。我自己没有亲自做过其中任何一件事，但我们有足够的废话来描述我现在的处境。让我们回屋里去说吧。”

我们沿着大厅往回走，我向他讲述了最后的小插曲：“有一天晚上，我在酒吧碰到一个年轻人，我认为他吸了毒。这个家伙是一个脱衣舞男，你知道‘脱衣舞男表演’这档子事吧？这个家伙想让我和他一起去巡回演出。我甚至不愿去想这种事。他们什么地方都可能会去。”

11

恐怖电影的杀手原型

于是，**我开始了自己一生中最令人震惊的两个星期。我做了10年的警察，所以，我不是没见过世面。**我看到的尸体比别人多。我还见过很多可怕的场景，比如，汽车残骸撞飞了遇难者的头；杀人犯砍掉了受害者的头；人们可以想象到的每一种自杀场景；普通的刺伤和枪击事件。这些都不能与我要讲述的这个案件相提并论。

我在生活中从未遇到过连环杀手，或者说，没有遇到过我们在初级训练中最终会非常熟悉的那些败类。有时，我觉得自己在一次次地重复观看着恐怖电影。就像《猛鬼街》和《得州电锯杀人狂》中的弗雷迪·克鲁格和《月光光心慌慌》中的迈克尔·迈尔斯，全都出现在我的脑海中，但我要讲述的场景更加恐怖。

恐怖得多。

于是，我想知道这些家伙是不是想在头几天里用暴力和恐怖犯罪现场的照片把我们折腾得筋疲力尽。如果这就是他们的目的，那他们已经成功了。有四个人告诉他们，他们搞不定这种案子，然后，他们回到了自己所在的外地办事处。毫不夸张地说，情况很糟糕。

早休结束后，回到教室里，我决定坐在哈里旁边，因为我感觉他够朋友，再说我也不认识班里的其他人。莱斯勒回到了教室前面的讲台上。行为科学组的每个人都回到了自己的办公室，并履行自己的日常职责。不管怎样，整个计划对局里的每个人来说都是一个谜，包括我在内。那时候的我胖乎乎的，不爱说话，整天乐呵呵的，在小型常驻特工办公室处理着比我可以想象的严重得多的案子。我享受着每一分钟。

莱斯勒似乎性情大变。区别是显而易见的。以前他像个疯子一样，跑过整个房间，每句话里都穿插着“呃，呃，呃”，如今一切都风云突变。从几张幻灯片开始，他不必再即席演讲了。他冷静下来，天哪，这家伙真是太优秀了。就像他们说孩子们一样，他显然“需要培养条理性”。我们很快就看到了他的条理性。

他在屏幕上播放了一张幻灯片，然后回头看着屏幕。屏幕上出现了一张非常普通的家伙的照片，他戴着一副又厚又黑的牛角框眼镜，看上去像个书呆子。他三四十岁的样子。“有人知道这家伙是谁吗？”莱斯勒问道。没有人举手。“这个人是哈维·格拉特曼，追溯到50年代，他是最早的一批多重杀人犯之一，众所周知，就是现在所谓的‘连环杀手’。这里还有一些人，但是，哈维是我们首先要研究的对象。”

莱斯勒让图片停留在了屏幕上。“和所有这些杀手一样，哈维是个非常有趣的人。当他还是个小孩子，大概11岁或12岁的时候，他开始幻想对女人施虐。他幻想着折磨和杀害她们。我们可以说，他和他母亲的关系有点‘古怪’。父亲不在他身边，因为他父母离异了。他的母亲是一个滥交的女人，会带情人到家里来，让哈维看着她和男人做爱。她对哈维的性侵也很严重。她喜欢给他洗澡，一直到他十几岁的时候。她还特别注意清洗他的‘私密部位’。你们想一想就会知道我的意思。她会用肥皂洗他那小小的‘维也纳香肠’。在接下来的日子里，我们还会讲到更多的这类人，如泰德·邦迪。他的情况相同。”鲍勃经常用“维也纳香肠”这个词，这对班上的每个人都是不言而喻的。我从来没想过他怎么会想出这个词，听起来像是意第绪语。

莱斯勒把幻灯片切换到了另一个场景。这张照片描绘的是一个迷人的女子，置身于沙漠般的环境中。她躺在细细的沙地上，看上去就像某种仙人掌，或者是被剥去了枝叶的灌木。这名20岁出头的女子被绑了一根绳子，双手放在背后，嘴巴里塞了东西，不能讲话，眼神里充满了恐惧和恳求。

“不幸的是，这个家伙长大了，”莱斯勒一边继续介绍，一边在屏幕上播放一些相似姿势的美女照片，“他的勾当是通过在《洛杉矶时报》拍个人广告或模特广告的方式与这些女性接触。当然，在洛杉矶地区，有很多女人渴望成为女演员，而这就是哈维的作案模式。他就是这样找到她们的。他只是利用了她们对被星探‘发现’的渴望。对他来说，找到女人并不难。”

“我们不知道哈维杀了多少女性，但我们确定至少有6名。他是一个外表谦逊的人，这与大多数连环杀手给人的印象恰恰相反。他在人群中躲藏着。而且，哈维的外表似乎可以让受害者们立刻产生信任。‘他看起来不像一个会伤害我的人。’哦，不，他不会伤害她们。他会杀了她们。人们习惯给每个杀手取一个绰号。哈维被捕后，他的头衔就是‘蜜月杀手’！”

屏幕一片空白，莱斯勒回到了讲台。

“皮尔斯·布鲁克斯在这里和我们一起工作，他会在接下来的日子里更多地和你们谈论哈维和其他一些案件。他会谈论他对哈维的调查，以及他们如何最终确定罪犯的身份。他还有一段与哈维母亲谈话的经历。她也谈到了哈维‘私人浴室’里的事情。有一次，她发现哈维在卧室里用一根绳子拴住了自己的‘维也纳香肠’，绳子的另一端系在了壁橱的门把手上。很显然，他对自己的‘维也纳香肠’不太满意，因为它只有1英寸长，所以他想让它长一点。我不太明白，即使只有1英寸长，罗伊·海瑟伍德用起来也是游刃有余的。”这让莱斯勒第一次开怀大笑了一整天。

“在这个国家已经有了一些伟大的侦探，而皮尔斯·布鲁克斯可能是其中最好的一位。当他还是洛杉矶警察局的侦探时，就已经侦破了一些案件，因此成为那个部门甚至全国的传奇人物。但是，他还做了另外一件事，这也是我们今天来这里学习的原因。当他处理哈维的案子时，尸体开始出现。皮尔斯开始怀疑，在附近的大型城镇是否有类似的杀害妇女的行为，因为对潜在受害者的选择就像吃南加利福尼亚州的自助餐一样随意。”

“于是，皮尔斯前往洛杉矶市中心的图书馆，把星期五的大部分时间用来看各个城镇的报纸，如圣地亚哥、贝克尔斯菲市，甚至拉斯韦加斯，拉斯韦加斯距离洛杉矶并不太遥远。皮尔斯远远超越了同时代的其他人。如果你听了罗杰今天早上的话，那么，我们的愿景就是拥有一个全国性的系统去做皮尔斯正在图书馆里做的事。听懂了吗？”班里的一些人在点头。我也点了点头。我是个侦探，却从来没有想到这样的事。我暗自思忖，我们要勇于跳出思维定式。

“为什么人们花了这么长时间才想出这个主意？”班上有人问。

“问得好，”莱斯勒说，“‘没有愚蠢的问题’这种说法不对。有些问题确实很愚蠢，但这个问题不是。我不知道标准答案，只能说，所有的事情都有恰当的发生时间。大家仔细想想，那时候我们没有电脑之类的东西。我们的交流方式是什么呢？电话吗？电传打字机吗？邮件吗？就是这样的。现在我们终于可以利用这些工具去与人交流了。这一切都与科技有关，我们希望未来几年里科技会更加进步。现在，我们的‘研究火箭’已经在发射台上了，如果你们留下，你们也将登上来。我们希望你们可以做到，这就是我们请你们来这里学习的原因。对我们来说，这是一个非常激动人心的时刻，我希望你们能看到这个问题的发展方向，充分发挥其作用。”

他扫视了一下教室。“目前为止大家都跟上了吗？”另一张幻灯片出现在他身后的屏幕上。“谁知道这个怪人？”他似乎很喜欢“怪人”这个词，在描述这些人的时候，这是一个恰当的词。

教室的后面有个人举起了手。

“这位先生，请问，”鲍勃说，“他是谁？”

“艾德·盖恩。”

“你在哪个办事处？”

“密尔沃基。”

“这就解释了你为什么会认识他。你在那儿多久了？”

“差不多20年了。”

“这就解释得更充分了。既然你知道他是谁，你能告诉我们一些关于他的事吗？”

“嗯……他是个彻头彻尾的疯子，他是个盗墓贼。”

“对新手来说很好，”莱斯勒用一个激光笔指着屏幕上那个人的脸，“说得婉转些，这家伙是一个合格的技术员。事实上，他几年前刚刚去世。盖恩先生来自威斯康星州的普伦菲尔德，位于这个州的中部。”

我知道普伦菲尔德在哪儿。我出生在史蒂文斯波恩以南50英里的地方，我父亲的全家都来自那里。但“盖恩”这个名字听起来像德语，我的家人都是波兰人。可能根本没有什么关联。感谢上帝。

和哈维·格拉特曼一样，艾德·盖恩是一个相貌平平的人，长着一张普通的脸。岁月在他脸上留下了斑驳的痕迹，他有花白的胡子，正常的眼睛，看上去并不像“变态”。他的长相再普通不过了。他戴着一顶斜纹布式样的黑色猎帽，前面有一个短短的帽舌。事实上，他戴着帽子，穿着衬衫，看上去就像个农民。

“有人看过电影《惊魂记》吗？”大家都齐刷刷地举起了手。

“这家伙实际上是这部电影的原型。”另一幅画面出现在屏幕上。这张幻灯片放映的是一个女人的身体，头被砍掉了，衣服也被扒掉了，就像鹿被宰了之后，有人用绳子拴住它的后脚跟，倒挂在棚子里一样。莱斯勒告诉我们，这个棚子就在那人的农舍旁边。（几年以后，盖恩成了杰米·甘恩的人物原型，在《沉默的羔羊》中被称为“水牛比尔”，现实比电影更触目惊心！）

“除此之外，艾德·盖恩还是一个盗墓贼，”莱斯勒继续说道，“1957年，当镇上的大多数人外出打猎时，艾德在普伦菲尔德的五金店绑架了一个叫柏妮丝·沃顿的女人，”他指着屏幕上的女人的尸体，“这就是那天晚上的柏妮丝。艾德到店里去买东西，显然是真的买了。一些记录显示，他是店里的最后一位顾客。柏妮丝的儿子白天打猎，晚上回来的时候发现通向商店的后门敞开着。他注意到有一道血迹从商店里延伸到后门，一直到台阶。他立即报了警。因为艾德是最后一个顾客，警官们认为应该去他的农场，找他谈谈，看看他是不是看到了什么。镇上的每个人都认识艾德，他住在城外的一个农场里，是个单身汉农民。他的母亲几年前去世了，所以他独自住在这所房子里。镇上的人总觉得他有点怪怪的，但没有往深处想。他只是农夫艾德而已。”

“那天晚上，当警官们到农场时，艾德不在家，于是，他们去了谷仓。还有别的人也在找艾德。一名县治安官助手走进了你们看到的我身后的那个棚子里。当他走进小棚子的时候，里面一片漆黑，他突然撞到了一个东西，以为是一只死鹿。然后他打开手电筒，意识到那是一个死人。县治安官助手发出一声令人毛骨悚然的尖叫，其余的警察都拿着枪跑了过来。幸运的是，没有人被乱枪击中。”

莱斯勒在说话期间放了更多的幻灯片。我吓得魂不附体，真不知道怎么不让自己从座位上摔下来的。“那里的每个人都来观看，我猜这一定是电影《狼人》里的场景。当然，在执法方面，这是一个黑暗的时代，但这些人足够敏锐，可以拿到搜查令，搜查房子和整个农场。当他们回来的时候，就发现了这些。”幻灯片切换得更快了。“这是 10 个女性的头颅，顶部都被锯掉了……这是 4 个鼻子，都是女人的……这两个是女人的头骨，放在他床头的床柱上，显然是为了点缀环境。”他对幽默的尝试很成功，尽管我们看到的是眼前的恐惧场面。

“这是一个女人的头骨，在一个纸袋里……这 4 个女人的鼻子在冰箱里……这是一组人的骨头和碎片，是在农舍周围发现的……这是柏妮丝·沃顿被砍下的头颅，在一个纸购物袋里。”画面越来越惨不忍睹。

“这些是冰箱里的各种人体器官……这些是从那些女人被砍下的头颅上揭下来的 9 张完整的脸皮。这些是他以前吃饭常用的碗，但不是真正的碗，而是由人类头骨的顶部制成，大概是女人的头骨。这里有一对女人嘴唇被系在了窗帘的拉绳上……”他停下来喘了口气。看到这种画面，我们都露出了极度反感的表情。

“这里有几把椅子，有点难看。椅子上都覆盖着人皮。他曾经坐在餐桌旁的椅子上。这一个是灯罩，上面也覆盖着人皮。够了吗？”

看到这里，我真想吐，仿佛自己把手指伸进喉咙催吐，吐得满地都是。我从来没听说过这个人，也没看过眼前这些略显粗糙的黑白照片。

莱斯勒的话引起了我们的注意。下面是关于艾德·盖恩的一些有趣的故事。当他第一次被县治安官办公室的一名助手询问时，他就坦白了。那是一个不同的时代，伙计们。从未听说过“米兰达规则”（你有权保持沉默，不必回答任何问题。如果你开口说话，那么你所说的每一句话都会在法庭上作为呈堂证供），警方使用的技术也有别于我们这个时代。令人吃惊的是，在审判过程中，他的供词并没有得到认可。此外，法庭最终发现他不适合出庭受审，这又是一个让人吃惊的现象，对吧？于是，法庭唯一能做的就是把他送到精神病院。大约 10 年后，他们强硬地把他从精神病院拉了出来，把他送上法庭，宣判他谋杀了柏妮丝·沃顿。然后，他们又把他推回了“职业刽子手”的生活。当然，故事还没有结束。

莱斯勒解释说，虽然盖恩的供词在审判中没有被采用，但他提供了一些非常发人深省的信息。他说，当他径直走向这个地区的墓地时，他就会进入“迷乱”状态。盖恩说，所有这些“迷乱”状态都会发生在月圆之夜。有些时候，他说，他会挖出一些他认为看起来像他母亲的中年妇女的新坟。当他从报纸上看到死亡事件的新闻之后，就会去打开棺材，取出尸体带回家，然后拖到棚子里，剥死尸的皮。这种情况持续了 5 年左右。盖恩告诉警官们，他曾经抢劫过哪些坟墓和公墓。他们最后回去挖了那些棺材，棺材里果然没有尸体。但没人知道，他是否向警察坦白了他亵渎过的所有坟墓。

“案情甚至变得更有趣了。”莱斯勒侃侃而谈。

“盖恩说，当他的母亲去世时，他决定要变性，但不知道如何去做。于是，他开始用女性的皮肤来制作一套‘女人皮’。他会穿上女人皮，假装自己是女人。显然，这对他来说没问题。在月圆之夜，他说，他会穿上自己缝制在一起的女人皮，去前院跳舞。幸运的是，围观的人并不多。”

坐在前排的一个学员举起了手，莱斯勒示意他可以提问。

“莱斯勒先生，从我们所见的一切看来，这家伙比发情期的野兔还要疯狂。为什么他们要审判他呢？”这个人带有明显的南方口音。

“这是一个很好的问题，你们在这里学习期间，我们会反复强调这一点，”莱斯勒回答道，“尽管可能很难相信，这家伙并没有疯。我指的是法律意义上的疯狂。他虽然具备疯癫的很多征兆，但不是完全意义上的疯狂。在我们要讨论的这些人当中，只有少数人属于法律意义上的疯狂。”

“这个男人一定是脑子出问题了。”刚才提问的学生摇了摇头。

“是啊，谢谢你们的火眼金睛，”莱斯勒开始在讲台前踱来踱去，“如果你们可以和我们一起关注这些罪犯，你们很快就会茅塞顿开。这是我们希望你们从这次培训中得到的最重要的技能。尽管很难相信，这些人并没有疯。他们精心计划了自己所做的事，并且确切知道自己在做什么。他们知道自己为什么这么做吗？也许不知道，这就是我们的切入点，因为我们的任务就是寻找原因。曾经有人教导我们，若要解决这个问题，就得弄明白事件的‘六要素’：谁，何时，何地，做什么，如何做，以及为什么要做。对吗？”

课堂上没有人回应。

他说：“这就是我们想要训练你们做的事情。是的，你们必须考虑到所有的问题，同时，在考虑所有这些问题时，我们希望你们开始考虑原因。换句话说，我们要把这个‘六要素’颠倒过来。如果我们训练你们去寻找原因，可能会帮我们理解犯罪动机。你们听明白了吗？”

我想，还没有明白。我们似乎还需要进一步思考。

莱斯勒在教室前面走来走去，然后回到讲台上，看了看屏幕上的幻灯片，继续说道：“现在，艾德向警官们承认，他的母亲告诉他，所有的女人都是‘罪恶的动物’和‘卑鄙的娼妓’。当然，除了她自己。每天她都给他阅读《圣经》里的文章，其中涉及妇女的死亡。他说，尽管他在学校表现很好，但他的母亲很少对他或他兄弟做的任何事情感到满意。她经常在身体和精神上虐待他们，并说他们注定会像他们的父亲一样，成为一个凶暴嗜虐的酒鬼，很难找到工作。”

莱斯勒告诉我们，艾德·盖恩的弟弟在开始发疯的几年前就去世了，但很有可能是盖恩杀死了他的弟弟，因为他弟弟的死亡原因非常可疑。那天打雷，农场失火了，盖恩的母亲和弟弟一起去扑火。艾德回来时，大火仍在熊熊燃烧，但最后自然熄灭了。他的弟弟没有和他在一起，盖恩说，他不知道发生了什么事。母亲把他揍得屁滚尿流，因为他没有把火扑灭，但她显然只字不提他的弟弟。大火扑灭后，县治安官在田野里发现了盖恩弟弟烧焦的尸体。尽管他们发现死者的头部有一些伤口，但他们还是认为，这是一场意外死亡。

莱斯勒问道：“有人认为自己能处理这个案件吗？”没有人举手。也没必要举手。

最后，莱斯勒宣布下课："好吧。我们已经稍稍过了午饭的时间了，实际上，这并不是坏事。现在排队吃饭的人数不多了。"看到这些血腥场面之后，我是吃不下去饭了。"我想在下课前最后问一个问题。我们已经讲了两个很有趣的例子。如果你们是授课老师，那就需要有一个教学重点。有人知道是什么吗？"

几只手举了起来，他叫了班里为数不多的几位女士之一，她就是我后来认识的玛丽·琼·欧黛尔，是旧金山办事处的特工。玛丽·琼最终成了一名犯罪侧写师，至今仍然活跃在FBI舞台上。

玛丽·琼说："莱斯勒先生，我不得不说，这两个人都被他们的母亲严重虐待，才犯下了这样的罪行。他们只是想要报复他们的母亲而已。"

"回答得漂亮，"莱斯勒赞叹道，"你说得很对。这就引导我走进了我的教学重点。这两个人选择以完全不同的方式做他们想做的事情。是的，我同意，他们的母亲似乎是他们成为罪犯的因素之一，这是毫无疑问的。但我们还没有开始讨论的，也是更重要的，就是他们如何做违法的事，为什么要这么做，以及他们的作案模式是什么。今天下午，我们将讨论两种犯罪类型学，我们在过去几年里已经开发了这门学科。罗伊·海瑟伍德将我们研究的杀人犯分为'有组织型'和'无组织型'人格。当我们观察哈维·格拉特曼的时候，我们认为他属于'有组织型'人格，因为他在做事的时候有自己的计划。艾德·盖恩是哈维的对立面，他是'无组织型'人格的典型代表。他做的事更自然，而且似乎这一切的根源就是他对所有女性的深刻厌恶。他很少按计划行事，大部分情况下是因为冲动而犯罪。所以说，他更像是一个'使命型'的杀人犯。明白了吗？也许还没有明白吧。"

他扫视了一下全班同学："那么，你们准备好吃午饭了吗？下午一点半见。"

我看着哈里，他已经在看着我了，并问道："你要去吃饭吗？"

"见鬼，我不想吃饭，只想喝点东西。"

"这么做还为时过早，你不觉得吗？"

"如果你想和我一起喝，我的房间里有一罐老祖父牌波本威士忌酒。"

哈里邀请道。

“我们一起喝吧。你远胜于我们刚刚讨论的那两个变态。”

“谢谢你……非常感谢。”

“这是你模仿猫王的最佳效果吗？”

“也许吧，但你知道吗，我和他一起上的高中。”

“你在开玩笑吧。”

“绝对是真的，我向上帝发誓。当然，他就是那种注定要成名的人。”

“哈里，你注定要做更大更好的事情。你确定你不是来自佐治亚州吗？”

“不是，我来自密西西比，兄弟。”

“哦，你真是个可人儿。”

12

购物袋里的无头尸

费了一番口舌，但我说服了哈里。我们在考虑喝点酒之前，需要先吃午饭。

“等到下课后再去吧。”我恳求道。

“你是什么人物？摩门教徒之类的人吗？”他反驳道。

“噢，看在上帝的分上，”我一边说，一边走向自助餐厅，途经所谓的“沙鼠通道”，这是连接联邦调查局学院迷宫一般的大楼的空中走廊，“让我们先吃点东西，我们可以下课后再去。”

当我们走向自助餐厅的时候，有几个同学加入了我们。

“伙计们，还好吗？”其中一个同学问候道。

“不是很好，”哈里回答，“但看起来我们要在这里待一段时间。”

“我也一样，”这位同学说，“顺便说一下，我是来自芝加哥的丹尼·科洛斯基。你们呢？”

我和哈里都做了自我介绍。

丹尼看起来和我差不多大。我说：“我以为我们已经有芝加哥办事处的同学了。”

“嗯，是啊，”丹尼应道，“我按照程序提交了备忘录，不过，办事处的一位女性也提交了申请。我们最后得到了两个名额。”

“意料之中的事，”哈里说，“这就是局里的办事方式。”

“不要拿我开玩笑。”丹尼脸上有一种不安的神情。

我们继续向自助餐厅走去，路过了一个特工们看电视的地方。

“那么，丹尼，在进入局里之前，你是干什么的？”我问道。

“我在芝加哥当过警察，花了几年的时间调查杀人案。”

“真的吗？”他好像跟我的经历十分相似，而且他在大城市当警察，更有经验。这意味着，他比我有更多的机会来处理这些类型的案件。“听起来我们的工作好像如出一辙，”我说道，“在芝加哥警察局干了多少年？”

“8年，后来我就进联邦调查局了。”

“我干了9年左右，但我没有直接处理杀人案。我们是一个小部门，只有大约100名警官，所以我们的侦探什么都干。当我们有凶杀案的时候，每个人都忙得不可开交。但我们很少遇到今天这样的案件，大部分只是枪击案。”

“这些案件对我来说也很陌生。”丹尼附和道。

现在，我们已经进入了排队吃饭的行列。“我唯一接近这些的就是无头尸案，”我一边说一边向前走，“有一天晚上，我们在外面巡逻，一个家伙传呼我：‘警官，你得来林伍德附近的警察局接我。’我问他有什么事，他只是说：‘你来的时候我给你看。’于是我去见了他，他带我去了一个小峡谷，那里躺着一个纸购物袋。我问：‘购物袋里面有什么？’他说：‘你瞧！’我照做了。这是我第一次亲眼看见没有头颅的尸体。原来是三角恋导致的情杀案，我们当天晚上就解决了这个案件。”

丹尼说：“当约翰·盖西杀死所有的小男孩时，我真想参与调查，但他的住宅位于德斯普兰斯，是一个郊区，我们没有任何管辖权。我们只是为受害者们做了一点点，仅此而已。”

“那真是个大案子！”哈里插嘴道。

“芝加哥地区以前从来没有发生过这样的事，以后也再没有发生过类似的事件。他们知道的受害者有33人，大约有30人被埋在了盖西的住宅下面，”丹尼只是摇了摇头，“我想参与查案，但我真怕自己会弄死那个恶魔。国家永远不会判他死刑。该死的律师会赚得数百万美元，盖西将在狱中度过余生。”

“天啊，你们俩远比我们班里的大部分同学有优势，”哈里说，“我们当中很少有人参与过这类案件，包括我在内，虽然一生都在联邦调查局度过，但从未参与过凶杀案调查。外界的人都认为，联邦调查局会参与调查每一起凶杀案，但事实远非如此。”

“我其实什么都不知道，”我回答道，最后我们终于来到了看上去很美味的自助餐区，“今天早上看到的那些恶心东西，我从来就没有见过。”

丹尼也同意我的说法，并补充道：“不知怎么，我认为情况会变得更糟。”

“你也这么认为？”哈里说，我们好像都凭直觉知道了哈里的言外之意是什么。

13

告别井底之蛙的年代

我们吃完饭回来的时候，鲍勃·莱斯勒在讲台上来回踱步，一副随时可以开始讲课的姿态。

我弯下身子，小声对哈里说：“这个家伙精力很充沛。”

“还真是。”

但我当时还不知道，莱斯勒的精力到底充沛到什么程度，他还要介绍多少内容。

“让我告诉你们我是如何对所有这些案件感兴趣的，”他开口了，“密歇根州拥有全国最好的犯罪学课程之一，这也是我去那里的原因。”

这句话引来了几个人的嘘声，也引来了一些笑声。其中一个就是我，因为我是艾奥瓦州立大学鹰眼队的超级粉丝，但是，大家都知道，有时密歇根州立大学斯巴达人队会打败我们。这是美国十大名校联盟的一个大事件。后来，我的妻子在艾奥瓦州立大学得到了硕士学位，我的两个孩子也都去了那里。我的女儿罗妮获得了学士学位，我的儿子凯瑞最终获得了法学学位。我是家里败类。

回想往事，我觉得自己像黄鼠狼一样狡猾。有一年，我参加了艾奥瓦州立大学的西班牙语课，为的是获得一张学生证。这使我成功申请到了篮球比赛的学生门票，我们最后搞到了老球场第一个看台上的半场门票。好几年前，吉姆·惠伦就在试图搞到赛季球票了，我想，如果我告诉他我成功搞到了票，他会杀了我的。那时鹰眼队很强大，我们在那里的时候观赏了多年足球和篮球比赛。我在拿到赛季球票几天后，就逃掉了西班牙语课。第二年做了同样的事情。俗话说得好：“雄鹰可以翱翔，但黄鼠狼从不会卷入飞机引擎。”

“呸，呸，呸，”莱斯勒喝倒彩，“嘘，密歇根大学狼獾队。”

这句话也招来了一些嘲笑者。

“好吧，”他继续道，“我看得出来，我们班上有一些霸道的体育粉丝。不要拿这些事情来对付我。当我通过后备军官训练团项目而完成自己的学位时，军队向我伸出了橄榄枝。我决定去陆军犯罪调查部。最后，我在军队里待了10年，然后联邦调查局召唤了我。我很幸运地回到了这里，和一些了不起的人并肩作战。这就像是一场完美的风暴，我们的搭档组合也开始产生一些令人惊奇的结果。你们也将成为我们的重要战友。”

莱斯勒停顿了一下，环顾了一下房间，然后继续说：“几年后，这个计划不会像‘犯罪阻却’那样，成为局里提出的另一个被搁置一旁的好点子。还记得那个项目吗？这种情况是不可能发生的。我们在这里停留，我们拥有所有必要的批准文件，以确保侧写师课程顺利进行。我现在要做的是把你们介绍给皮尔斯·布鲁克斯，他要谈论的是全新的VICAP项目。也许有人不懂这个项目的名称，VICAP是英文首字母缩写的组合，意思是暴力犯罪逮捕计划。”

我也没有听懂这个英文缩写。

一个头发蓬乱又浓密的老人艰难地从台阶上走到教室前面。他戴着黑色的牛角框眼镜，脸上皱纹密布。他的头发花白，但白发比灰发多。他的脸色灰白，显示出岁月的残迹，他的眼眶下有明显的皱纹，两颊上也布满了皱纹。他穿着暗棕色的运动外套、蓝色的裤子、朴素的白衬衫，没有系领带，他一眼看去并不像是推动VICAP项目的幕后天才。结果我们大错特错了。

我们以热烈的掌声欢迎了布鲁克斯先生。

“皮尔斯现在是一名全职顾问，在行为科学组工作，”莱斯勒说，“正如我提到过的，他从前是洛杉矶警察局的一名侦探，现在已经退休了，退休时的职位是上尉。他与杰克·韦伯合作过，韦伯在20世纪60年代制作了一部非常受欢迎的电视剧，名字叫《法网恢恢》。事实上，韦伯对皮尔斯的评价非常高，以至于他们在剧中把一个角色命名为皮尔斯。离开洛杉矶警察局之后，皮尔斯成为科罗拉多州莱克伍德市的第一任警察局长。在那里生活了几年之后，他去了俄勒冈州的塞勒姆，那是他最终退休的地方。我们很幸运，找到了一个真正具有传奇色彩的执法人员。”

布鲁克斯和莱斯勒握了握手，然后走到讲台前，莱斯勒走上楼，坐在了教室后面的一个座位上。

“女士们，先生们，下午好。”布鲁克斯的声音很微弱，听起来很刺耳，几乎是一种嘶哑的声音。我想，他可能患了咽喉癌或其他什么病吧。他调了调麦克风，抬起头来，开始讲话。

“今天下午我要花点时间和你们讨论一下 VICAP 计划。我们已经致力于这个设想好几年了，随着窃听器的产生和计算机的出现，我们觉得已经准备好在几周内展开行动了。这就是你们所有人的切入点。我们希望有尽可能多的悬案凶案进入系统。”他按下了按钮，屏幕上出现了这个计划的原理图。他拿着教鞭，解释了 VICAP 工作原理。尽管有麦克风，他的声音还是很难听清楚，我们很多人在座位上身体前倾，好像离得近一些就可以听得清一些。

“在接下来的几个月里，我们将会针对儿童和成人的性犯罪问题，输入悬而未决的性侵案件的信息。我们知道，性侵和许多悬而未决的谋杀案之间存在联系。我们计划做的下一件事就是开始输入失踪人员的相关信息。我们知道，他们中的许多人最终成为普通杀手或连环杀手的受害者。我们需要处理这个问题，不再像多年以前那样忽略它。”

“20 世纪 70 年代末，谋杀率开始飙升，正是联邦调查局负责调查这个问题的时候。1960 年有 8000 起谋杀案，到了 1980 年，已经有两万起谋杀案了。从那以后，数量下降了一点，但并不多。这是坏消息。更糟糕的是，我们只解决了三分之二的案件，所以，如果你计算一下就会发现，我们每年都有大约 7000 起悬案。我们试图回答的问题是，这些谋杀案中有多少是陌路凶杀案。虽然缺乏准确的数据，计算起来并不容易，但我们相信，有几千起这样的凶杀案。”

我的下巴差点碰到前面的桌子。我不知道在美国有这么多谋杀案。我真是井底之蛙啊。于是，我听得更仔细了。

“我们可以解释其中的一些上升趋势，”布鲁克斯嘶哑着嗓子说，“全国各地的帮派在激增，新近生产的可卡因毒品泛滥，现在已经在全国范围内蔓延开来。这类案件涉及了很多经济纠纷，更不用说地盘争夺战了。所以，我们理解这一点。但这并不能解释其他的原因。一旦我们将这些数字从总数中剔除，我们相信大约有10%或更多的陌路凶杀案。也许更高，只是我们不知道。但我们所知道的是，他们中很多人是连环杀手，只是我们还没发现。我们不知道有多少连环杀手逍遥法外，现在，我想给大家举个例子，说明连环谋杀的现象对某个特定地区的影响。”

他扫视了一下房间。“我们这里有来自全国各地的特工。你们都拥有丰富的知识和经验。有人能告诉我，几年前这个国家哪个城镇的人均谋杀率最高吗？”

几个人举起了手。

“纽约？”

“不是。”

“华盛顿特区？”

“不是。提示一下，你想错了方向。”

“洛杉矶？”

“不。但我在那里工作的时候，似乎是这样。”他笑了起来，声音还是那么沙哑。然后他又看到一只手举了起来。

“旧金山？”

“接近了，非常接近了。你们正在逐步接近正确答案。”他按下按钮，换了幻灯片，“你们会相信，加利福尼亚州的圣克鲁斯镇连续几年都在频繁发生凶杀案吗？”

一张幻灯片上出现了一个外表普通的年轻男子，他留着长长的黑发，蓄着浓密的胡子。他有点嬉皮的样子，但实际上外表相当好看。“这家伙的名字叫赫伯特·穆林。”布鲁克斯介绍道。

另一张幻灯片中有一个看起来很嬉皮的人，他留着长发和蓬乱的胡子，戴着20世纪60年代末和70年代许多嬉皮士戴的老式头巾。“这是约翰·林利·弗雷泽。”

他继续下翻幻灯片，这次我们看到的是一个完全正常的年轻人，25岁左右。“这是埃德蒙·肯珀。我们叫他‘大埃德’。他身高约6英尺9英寸（2米），体重接近300磅（136千克）。现在，我要提问题了。这三个人中有哪一个看起来像连环杀手吗？”班上没有人知道该说什么，大家都保持沉默，以免像个白痴。

“我再提一个问题。连环杀手看起来是什么样子呢？”他又在等大家回答，但没有人主动回答。“一个连环杀手看起来就像外面的任何人，他们像你的邻居或你的理发师。任何人。**但大多数人，甚至是你，也有一些先入为主的想法，就是杀手们的外表一定很特别。嗯，他们长得很普通，而且大多数杀手善于隐藏，就像我们平常说的——‘躲藏在众目睽睽之下’。当我们逮捕他们的时候，大多数认识他们的人会说‘不，不可能是他’。**但是，凶手真的就是他呀。”

他关掉了幻灯片。“好吧，伙计们，是时候休息一下了。然后，我们再回来讨论一下暴力犯罪逮捕计划。我要告诉你们，我们相信，当泰德·邦迪在华盛顿州、犹他州、科罗拉多，以及最后在佛罗里达疯狂杀戮的时候，如果我们有一个适当的VICAP系统，那么，在他进行破坏和蹂躏之前，我们可能已经先发制人了。我们稍后再进行更详细的讨论。大约半小时后再见。喝点咖啡，不要吃糕点。曾经有一位前辈告诉我，糕点对人体的动脉不好。”

14

圣克鲁斯是美国的“谋杀之乡”吗

布鲁克斯又回到了讲台上，用大量血淋淋的幻灯片来图解他的论点。“多年来，我们估计，在美国发生的谋杀案件中，大约90%是熟人作案。”有些自然属于家庭事件，而另一些则是以某种形式或模式，相识的两个人之间产生的某种类型的争执纠纷。多年来，我们一直解决得很好，但后来，这一切开始改变了。”

“20世纪70年代，圣克鲁斯的谋杀案显然违背了我们已经习以为常的模式。做一名凶杀案的侦探开始变得更有挑战性。相信我，我当时就在那里。我目睹了洛杉矶警察局和我工作的其他城市这些年的变化。我们似乎有更多的人出现在雷达屏幕上，我们的破案率开始下降。这是令人沮丧的。还记得曼森案吗？山坡上勒死人的案件呢？这些都是陌路凶杀案。罪犯几乎与受害者没有关系。我们一开始就完全迷失了方向，这不像我们多年来一直在做的事情。这是一种完全不同的调查方式，我们还没有准备好。各个机构之间你争我斗，而不是共同努力工作。”

“现在，为了说明这一点，让我们回到我刚才说的圣克鲁斯。”屏幕上开始出现了圣克鲁斯和这里的加利福尼亚大学的新幻灯片。“在圣克鲁斯地区，似乎有太多的随意杀人事件，手枪和步枪漫天飞舞。为什么？因为很明显，有些杀手进入了普通百姓的家中，无缘无故地谋杀了无辜百姓。女生开始从大学校园里消失，那些外出搭便车的女孩也是如此，搭便车是一种很受欢迎的出行方式，谁也没想到，她们会一去无回。”

“例如，约翰·弗雷泽无缘无故地杀害了5个人，而不是试图让人们注意他的想法。他认为，环境正被伐木和其他商业活动所破坏。很有道理，对吧？弗雷泽是推崇嬉皮士生活的极端主义者，最终被诊断为偏执型精神分裂症。”布鲁克斯开始展示犯罪现场的幻灯片，这些幻灯片和莱斯勒在早上展示的幻灯片震撼程度相当。

“他被捕并受审时的场面十分喧闹，因为弗雷泽想让陪审团觉得自己精神失常，从而获得好处。但这并没有奏效，因为向陪审团提交的证据显示了包括药物在内的多种因素的综合作用。我们知道，迷幻药在当时非常流行。也许这是一个促成因素，但陪审团看到的是弗雷泽剃掉了一半头发和一半胡子。他想在法庭上看起来像个已经确诊的精神病患者，结果无济于事。尽管他声称自己精神错乱，受到生理动机的驱使，但这并没有起多大作用，弗雷泽被判有罪并被送进监狱。”①

布鲁克斯在播放幻灯片，展示了几个犯罪场景，涉及的范围广泛，而且受害者都被隔断了与外界的联系，四名露营者、一名牧师、一个在花园里干活的人、一个年轻的女孩，还有一个年轻的母亲和她的两个孩子，都是受害者。他解释了我们所看到的情况，然后说，“在1972年末到1973年初，赫伯特·穆林在同一地区制造了更糟糕的恐怖案件。”屏幕上出现了穆林的照片。

“谋杀案发生的时候，穆林已经20多岁了，他被送进了精神分裂症的收容中心。尽管他被诊断为‘对他人会造成危险’，但他还是得到允许，成为一名门诊病人。他的父亲恳求当局让他留在这个机构里，但他并没有留在那里，他很快就离开了。”

布鲁克斯回头看了一眼照片。“穆林显然停止了服用药物，开始出现精神病发作的现象。有声音告诉他，他的任务就是把加利福尼亚州人民从大地震中拯救出来，并将该州送入太平洋。穆林的错觉比弗雷泽的更复杂。这些声音告诉他，他看到的一些人正在用心灵感应与他交流，这种交流告诉他，两件事中必有一件注定会发生：要么，他可以通过心灵感应说服他们自杀来帮助拯救加利福尼亚州；要么，他让他们成为活人祭品来拯救加利福尼亚州。当然，如果他们不自杀，那么，穆林的工作就是完成人祭过程。”

---

① 作者注：弗雷泽于2009年在狱中上吊自杀。

布鲁克斯看着我们。“很有道理，不是吗？在五六十年代，根本不会发生这种事情。即便发生过此类事件，也是实属罕见的，你们从来没有听说过。这种事情总是发生在别的地方，我们都有自己的问题要处理。通常情况下，没有那么多的受害者，一两个人受害，然后，我们就会逮捕这些罪犯。根据记录，穆林杀了 13 个人。”

我靠向哈里，低声说：“这件事发生的时候，我在文图拉。”

“离你的城市近吗？”他问道。

“幸好在北边的几百英里处，感谢上帝。但我和家人去那里露营了一两次。真可怕。”

“看起来是个美丽的地方。”

“是啊。俯瞰悬崖，可以看到大片的红杉树和一片美丽的海洋。真的是好地方。”

“大多数杀手对凶器的选择相当挑剔。穆林却不同，”布鲁克斯又展示了几张幻灯片，上面是一把刀、一把左轮手枪和一个棒球棒，“这就是穆林所使用的凶器。千奇百怪。看上去很可能不止一个杀手。当局不知道，而且肯定没有发生过类似的事情，不能给他们提供参考。之前的经验告诉他们，如果谋杀案中涉及不同的凶器，那就必定有不同的杀手，但这是全新的案件。那些老派的凶杀案侦探不会明白，他们习惯于在几天内破案，而我们的这些调查有时会持续好几年。”

接下来的画面是穆林被讯问做笔录时的照片。“毫无疑问，穆林是偏执的精神分裂症患者。鲍勃会谈论我们做过的研究，迪茨博士也会解释有多少人在 25 岁左右的时候被精神疾病困扰。并非总是如此，但往往是如此。不过，我们已经了解到，在这些案例中，可能会有对心理诊断非常重要的信息。”

他补充道：“不要问我这是怎么发生的，但很明显，穆林十分疯狂，尽管他之前有过精神病诊断，但从法律意义上讲，他作案时神志清醒，因此被指控杀了 10 个人。不知道另外 3 名受害者发生了什么。难道是合法的吗？”

已经快 4 点钟了。布鲁克斯让我们休息一下，终于下课了。莱斯勒走到前面，看着我们鱼贯而出。

我们很快地洗完澡，伸伸懒腰，舒活舒活筋骨之后，又回到了房间。这时，布鲁克斯已经倚靠在讲台上。

“咱们这就下课吧，我们会早点带你们出去吃晚餐。你们饿了，对吗？”他看着一群人的脸上都表达了类似的想法：看完幻灯片之后，我还能吃下东西吗？

“这是我们从这两个案件中学到的东西。还有一个案件，鲍勃明天会告诉你们，那是关于埃德蒙·肯珀的案子。这3个人是连环杀手的典型代表。我们称弗雷泽为‘群杀杀手’，因为他在同一时间和同一地点杀死了所有的受害者。另外，穆林更像是一个‘纵欲杀手’，我们认为，这是一个作案神速的连环杀手。他的杀人事件发生在较短的时间内，大约四个月。再说肯珀，你们会发现，他与“连环杀手”的定义描述相符。这个定义还在不断完善。我们现在要说的是，连环杀手指的是在一段时间内杀死了3个或3个以上人的杀手，在每场凶杀之间会有一个冷静期。这段时间可以维持几周到几个月，甚至几年。现在的西雅图有这么一个悬案：在过去的两年里，被杀的女性超过了40人，其中大部分是妓女。我们只是不知道这个杀人犯是谁，而且我们已经和那里的专案组携手合作了。”

直到2003年，我们才找到了传说中的“绿河杀人魔”，他叫加里·里奇韦，被捕后最终承认自己杀害了48名女性。可能受害者还不止这些。

布鲁克斯挥手示意下课：“咱们离开这里吧。本周晚些时候见。”

15

酒后倾诉传奇往事

哈里、丹尼和我与蒂姆·麦克丹尼尔斯会合后，一起朝着饭厅走去。

“你们真的准备吃饭吗？”哈里问。

“你还有别的想法吗？”丹尼反问。

哈里迅速回答道：“是……啊。我的脑子里都是这堆垃圾，我得把它倒出来。”

“你打算怎么做呢？”我问道，好像不知道答案是什么似的。

哈里把头歪向一边：“我准备喝一瓶啤酒。”

“这么早？”蒂姆刻意看了看表。那时还不到 4 点。

“嘿，对了！因为某些理由，会议室在 4 点重新开放。我想今天我们赶上了。另外，如果你想吃点东西，他们那里有汉堡和比萨。还有一些其他食物。准备好了吗？”

真是百年难遇的贪杯机会。到 6 点钟的时候，我们 4 个人都在边吃边聊，一会儿之后，我们酒足饭饱了。这时，班上的另一群家伙也加入了我们。看来我们晚餐时注定要喝几杯。

虽然一些谈话是关于我们在课堂上看到的幻灯片，以及对莱斯勒的看法（“他是我所见过的最聪明的人之一”），但一个来自底特律的家伙评论说，你根本就找不到三句话不离本行的 FBI 特工。

聆听大地方的人讲故事，总让我惊讶不已。华盛顿特区办公室的一名特工正在谈论那里的一名特工，这个人上班时间卖安利产品被逮个正着，之后他就被列入了“终生不得入职”的黑名单。“他每天很早就进了办公室，抓起一些案卷，然后‘砰’一声带上门，早上 9 点左右又离开办公室。问题是，他从来没有做过任何工作。所以他的主管决定派人跟踪他，看他到底在做什么。他们组织了监视小队和一架飞机在空中追踪他。有一天，他朝自己的房子奔去，然后带着一个大招牌跑出来，把大招牌塞进了他的警车的后座上。然后，他拖出一些盒子，离开了。他们跟着他到了亚历山德里亚和斯普林菲尔德的大约6所房子里，当然，无论他停在哪里，他都会把招牌拖进来。最后，4点钟左右，他回到了自己的房子里。当他在自己的地盘上停车时，他们决定和他对质。这个招牌是由安利的专业人士做的，展示了安利的所有产品，更糟糕的是，他在后排座位上有一盒又一盒的安利产品。这个事情一目了然。30天来，他一直在欺骗领导，还违背了局里的用车规定，接下来，他的名字出现在了华盛顿现场办公室的黑名单里。他活该如此。”

“有些人是脑子缺根弦，”达拉斯办事处的一名特工说，“局里的人都在谈论滥用警车事件，但是，不关注的人多于关注的人。如果你是在一个常驻特工处，有时很容易发生这样的事。但是，如果你要出去吃饭，请不要开着警车带上家人去餐馆。”

“见鬼，那种事总是发生。”哈里开始咕哝着，“我们在塔姆帕有个家伙，他喜欢在乡村集市上参加烧烤比赛。于是，他用警车拉着一辆拖车，显然是用来搬运大型炊具。这已经够糟糕了，有一天晚上，他竟然卷入了一个事件，而且无法脱身。所以，他把警车开回自己家，让另一个人来接他。后来，他的妻子开着装满炊具的警车离开了。这个女人把炊具拉到高速公路上，车速开到65迈，还爆了个轮胎。车子开始不受控制了，拐来拐去地前行，正好撞到了一个高架桥。警车毁了，后果很严重。”

有些人发出了“哦，我的天哪”的声音。

“怎么处理的？”有人问道。

“停职60天，从‘有组织犯罪’部门调入招聘部门。”

“我不确定这两种后果哪一种更糟糕。”其他人评论道。

另一位特工说：“我宁愿停职60天，也不想在我接下来的职业生涯中从事招聘工作。胡佛说这是局里最重要的工作，但胡佛从来没处理过一个该死的案子。那是一件很无聊的事，我想，会使人无聊得想自杀。”

“我用 3 个 B 就能概括所有的恶习，”蒂姆说，“酗酒（Booze），放纵（Broads）和警车（Bureau cars），让更多的家伙麻烦缠身。”

“我们有个家伙每天早上 5 点左右把警车开出去，帮他儿子送报纸，”一名特工说道，“这可能有一段时间了，直到他的一个邻居打电话给特工主管，想知道他是否应该这么做。结果，他被停职 30 天。”

聊天在继续，我们把酒言欢，故事也越来越有趣。

洛杉矶的一名特工谈论了他们的上一个圣诞派对，特工主管早早地带着一名斯泰诺夜店的妓女离开了，“漂亮的辣妹。他们正沿着高速公路前进，看来她在帮他‘吹箫’呢。他喝得有点醉醺醺的，还擦过一辆车，警察也来了。警察问：‘你们在干什么？’他说：‘呃，我的注意力被转移了。’真是个漂亮的转移啊，尽管他拒绝回答‘我是谁’的问题，警察还是把他‘转移’到了监狱。你认为一个街头警察会对这种事不屑一顾吗？况且，那个辣妹说出了开车时他们在做什么。这个故事很快就在警察局传开了，不久又传回了我们的办公室。谣言四起，大约传了一个星期，最后传到了老板那里。他是个傻瓜，在接下来的星期一召集了全体特工大会。大家挤进了警察局的侧厅，他开始滔滔不绝地说起来，我可不是在瞎编，他当时还带着一副玫瑰色的太阳镜呢。不要问我为什么。他开始谈论他听到的谣言，而每个人都在努力地忍住笑。不知怎么，他弄明白发生了什么事，然后说：‘好了，会议结束了。如果我再听到一个关于这件事的传闻，我就去控告那个散布谣言的人。’你们真该听听他离开的时候大家的笑声。”

“那个特工主管怎么样了？”有人问道。

“我们从来都不确定，但我们认为，30 天来，他一直在瞒着局里，至少我们是这么听说的。但更糟糕的是，他被降职到了特工主管助理（简称 ASAC），并被送到了埃尔帕索。这次降级使他损失了一大笔钱。”

“活该，”有人说，“我们大多数人可能会占据‘三大恶习’之一，但听起来他一下子就把这三样都做了。”

我讲述了去艾奥瓦州追踪逃犯的故事。当我说到农场老妇人看了我的证件照之后说照片上的人是个坏家伙时，大家都笑得很开心。

这时，整个房间都沸腾起来。会议室已经满了，有一张桌子挤满了反恐特警组的人，他们在参加一些在职训练。反恐特警组的大多数人都是前任军人，他们的“进化程度”略低一些，是一群“猛男”，他们桌的动静可谓会议室之最。我们桌的响声仅次之。每当有一个女性走进来，反恐特警组的人就会合唱《温拿狂想曲》，等等。喧闹声淹没了音乐的声音。就像我在新特工培训和另一场在职培训中发现的一样，这是会议室里的一个非常普通的夜晚。

当时是埃德加·胡佛决定让FBI国家学院设在弗吉尼亚州的匡蒂科，在华盛顿特区以南40英里处，从1972年以来，FBI国家学院就一直在那里了。从某些方面来说，这是一个明智的决定，因为它使新来的特工无法接触到华盛顿特区的各种诱惑。如果学院位于市中心旧邮局大楼里，就会有很多此类诱惑。胡佛是如何获得由海军陆战队授予联邦调查局的土地，这仍然是有一个争论的话题。有人认为，胡佛存有一位海军陆战队将军的档案，并且做了一点交易。

在匡蒂科建造庞大的建筑群，无疑解决了许多问题。离这里最近的城镇，如果你实在想称其为城镇的话，就是匡蒂科。大部分酒吧有醉醺醺的士兵光顾，这意味着会有打斗。如果你有一辆车，那就可以开辟一些新的领域，但依然要长途跋涉，才能到达华盛顿地区一些像样的酒吧。所以，会议室是我们大多数人唯一可行的选择。啤酒畅饮，价格合理。并没有酒后驾车被逮捕的危险，因为蹒跚几步就到了宿舍。

我们在那里的两周的时间里，几乎每天晚上都要进行“任务报告”。两周后，我们就变得暴躁乖戾。我们中有些人认为，我们回家后必须接受治疗。就像加入戒酒者互助协会，成为其终身会员一样。

一天晚上，接近8点钟的时候，我已经准备好要结束一天的工作了。然后，我们开始讨论我们所在的班级以及对心理侧写课程的整体印象。大家都认为这是一件令人毛骨悚然的事情，但是，这又好像是我们参与的最佳课程。没有人反对。

丹尼说：“他们将会训练我们，然后期望我们回到工作岗位上，什么也不用做，把案件提交给他们就可以了。对吗？”

“对，就是这样，”来自圣路易斯的戴夫·张伯伦答道，“我认为，他们希望我们从那里走出去，回到我们的部门，讲一些课，让执法部门的每个人都意识到这个课程的潜力，以及它会如何帮助他们处理案子。但我们显然不会成为专业的心理侧写师。”

“祝你好运，”丹尼反驳，“如果我是一个警察，我正在处理一起谋杀案，我就不想给 FBI 提供一堆信息，然后坐在那里，这会让我在一开始就慢下来。对不起，这就是我心里想的。我出生在夜晚，但不是昨晚，我已经足够成熟。”

“这听起来就是他们心里想的，”其他人评论道。

丹尼喝了一大口酒。“不会这样。警察会给我们施加压力，让我们尽快给他们一幅罪犯心理侧写。我认为他们不会拒绝。如果要他们等，他们会被激怒，你认为，这样的话我们有机会再次接到他们的电话吗？”

“说得好！”哈里大幅度向右倾斜，他的胳膊放在桌子上，也可能是在阻止自己从椅子上摔下来。事实上，我们和他一样很难受。“我们应该更努力，然后，当警察们需要什么的时候，他们不会想和莱斯勒或者海瑟伍德对话。他们了解我们，知道我们才是他们需要的对象。”

我该去睡觉了。明天要上课，这周都是全天上课，没完没了。“嘿，大家，我要收拾东西准备睡觉了。早上见。我想，问题会迎刃而解的。”

16

杀掉外祖父母

“让我们继续皮尔斯昨天的话题吧，因为如果你对这个案件一无所知的话，我想，它会更加开拓你的眼界，”鲍勃·莱斯勒再次登上了讲台，“我已经和这个人谈过好几次了，虽然听起来很奇怪，但我可以诚实地说，我喜欢他。我不喜欢他杀死了10个人的行为，但你不会介意和他扯闲篇，当然，不在当前的背景下。**圣克鲁斯的地方检察官称他是‘我见过的最友善的连环杀手’。现在，说了这么多，埃德蒙·肯珀就是可以带给你一生中最可怕的噩梦的那个家伙。**”

莱斯勒在讲台上按下了一个按钮，屏幕上出现了一幅画面，画面上是一个相貌平平、毫无特色、看着挺无辜的年轻男子，他留着一小撮胡子，戴着一副深色的牛角框眼镜。从那一刻起，莱斯勒说的一切都配有幻灯片图解——无论是人、犯罪现场，还是加利福尼亚州大学圣克鲁斯分校的校园。这是比较轻松的部分。比较艰难的部分就是人体器官图片。这些器官是在树木繁茂的地区或靠近海滩的地方发现的，或者，它们在圣克鲁斯附近的海洋上漂流，甚至漂到了岸上。

“肯珀一直很坦率地跟我们谈论他所做的事，”莱斯勒说，“而且他很聪明，我们在很大程度上可以理解他这么做的原因。我不得不坦白地说，我们从肯珀那里学到的东西比我们交谈过的任何杀人犯都多。邦迪也能做同样的事，但他是个病态撒谎者，他认为自己很聪明，几乎不承认自己做过的事。尽管在佛罗里达被判谋杀罪名成立，他也不改撒谎的毛病。顺便说一声，此时此刻，邦迪正在等着执行死刑。”①

① 作者注：1989年1月，邦迪被执行死刑。

“让我们回头来说说埃德蒙·肯珀。正如我所说的，我们从他身上学到了很多东西。他口齿伶俐，智商高达 135，比我们大多数人聪明。他是在这样一个家庭里中长大的：肯珀的母亲是家中的主心骨，她是一个大块头的女人，肯珀自己也是个大块头的男孩，他十几岁和 20 岁出头的时候，身高 6 英尺 9 英寸（2 米），体重 300 磅（136 千克）。”

“他的母亲克拉奈勒对他进行了言语辱骂和身体虐待。她是一个暴脾气的女人，而且似乎同样的愤怒通过持续的虐待被传递给了埃德蒙。”莱斯勒播放了一张黑头发、闷闷不乐的女人的照片，这个女人的手指贴在了左脸颊上，她仿佛在沉思。深色的牛角框眼镜下，略微圆胖的脸庞拉得老长。“女同性恋”一词几乎明显到跃出银幕。尽管通过外表做判断属于印象刻板，但她根本不是一个有吸引力的女人。尽管她试着微笑，但她脸上的表情几乎是刻薄的。我们看到的这个女人不像是干了很多那种事的人。”

“当肯珀大约 9 岁的时候，他的父亲已经受够了克拉奈勒，提出了离婚。当时，肯珀一家住在加利福尼亚州的伯班克，那是埃德蒙出生的地方。他有一个姐姐，还有一个比他小 3 岁的妹妹。所以，他是家中的老二。埃德蒙和父亲非常亲近，母亲离开加利福尼亚州，带着孩子们去蒙大拿时，埃德蒙感到很难过。就像其他单亲家庭的孩子一样，埃德蒙因为与父亲分离而感到不悦，所以，他把怒气发泄在了妹妹身上，并对母亲大发脾气。直到今天，他还相信，母亲把自己对离婚的愤怒发泄在了他的身上，他承认，他恨自己的母亲。顺便说一下，这是很重要的一点，因为我们将继续跟进这个案子。”

莱斯勒不停地按下按钮，播放新的幻灯片，解释这场大案中的每个事件的意义。他展示了一间房子和地下室，叙述了肯珀的母亲会把他放在地下室几个小时，甚至一整天。有时，肯珀会带着他妹妹的一个洋娃娃，用刀把娃娃戳得稀巴烂。当时他 10 ～ 12 岁，但这段时间里，他有一些暴力幻想。莱斯勒说：“很公平地认为，**他表现出的愤怒是他母亲不断虐待和斥责的结果。同样，随着年龄的增长，到了 20 岁出头的时候，他就会发泄心中的怒火。**”

“肯珀说，他在性幻想方面有点早熟。性幻想伴随着他的暴力思想和行为，二者似乎永远联系在一起。肯珀说，当他上学的时候，就一直喜欢做白日梦，经常进行性幻想，想象他在课堂上对女孩实施暴力行为。”显然，**肯珀的心态十分堕落，他的心中藏着一个非常堕落的世界。**

“肯珀告诉过我他杀死家里的猫的故事。起初，他说他把猫活埋了。然后，他又说，他砍了猫的脑袋，放在了一个祭坛里，这个祭坛是他在家附近的树林里建造的。还有一次，当肯珀大约13岁时，他又杀死了一只猫，先用大砍刀砍死猫，再把猫的尸体放在了他的衣橱里，最后被他母亲发现了。如果你是父母，会惩罚他一个星期，不是吗？因为这件事，还因为他戳坏了妹妹的洋娃娃，他的母亲开始更频繁地把他关在地下室了。她想让他远离他的姐姐和妹妹，因为她不信任他。后来的事实证明，她的直觉是相当准确的。肯珀对我说，‘无论如何，这把我的暴力幻想推到了更高的水平’。”

在莱斯勒的演讲过程中，我们看到了大约50张幻灯片，他解释得很透彻。接着，他决定让我们休息一下。这也是我们所有人的需要和渴望。

我们几个人一边悠闲地喝着咖啡，吃着甜甜圈，一边聊着我们看到的东西。

“我从来没听说过这个家伙，”一位来自佛罗里达的特工说。

“我当时在文图拉警察局，当时这些家伙真的让圣克鲁斯的百姓魂不附体，所以我记得，”我说，“但我们有自己的问题需要处理，而且，坦率地说，我们并没有对那里发生的事情给予太多关注。不是我的职责。”

“这家伙就像一条恶心的金枪鱼，”哈里说。

“你以为呢？”丹尼喝了一小口咖啡，咬了一小口甜甜圈，反问道。

“我猜想，我们还没有看到任何关键的东西。”戴夫·张伯伦评论道。

“是啊，”哈里附和道，“我们还没有着手处理糟糕的案件呢。”

莱斯勒站在讲台上，迫不及待地想要上课，我们重新回到教室。大家都坐下后，他问道：“到目前为止，这一切对大家都有什么影响？”

“吓死我了！”丹佛的一名特工说，“我甚至根本不知道这些人的存在。我想，我一直沉浸在自己的工作中，并没有多想其他事。”

“嗯，你们还没有看到更劲爆的画面呢。”莱斯勒的脸上掠过一丝假惺惺的邪恶微笑，“让我们继续上课吧。”他激活了屏幕，屏幕上出现了一个新的幻灯片，画面上是一个年轻女子。

“肯珀的姐姐回忆说，有一次她在学校里怂恿肯珀去亲吻一个他认为很漂亮的老师。她记得他说过，‘如果我亲吻了她，我就得杀了她。’回想起来，这句话寓意非常深刻。与此同时，肯珀说，他已经厌倦了家里的事情，决定离家出走，和父亲一起生活。然后，他成功地来到了伯班克，但一到那里，他就发现他的父亲已经再婚并又有了一个儿子。事实证明，父亲并不像他希望的那样高兴见到他。他在那里待了一段时间，但最终，父亲把他送回了蒙大拿。”

“这就是让事情变得更有趣的地方。他在蒙大拿面对的是一位不愿让他四处走动的母亲，主要是因为她遇到了一个她正打算作为自己第三任丈夫的男人。所以，他的母亲决定把他送到加利福尼亚州的一个农场，和外祖父母一起生活。显然，她觉得自己无法应付这个早熟的青少年，期望也许他会表现出对外祖父母的尊敬。我应该补充说明一下，在此之前，肯珀很少与他的外祖父母见面。”

“这个计划并没有像他的母亲所希望的那样顺利——如果她真的对儿子抱有希望的话。肯珀告诉我，他的外祖母和他的母亲一样刻薄，他决定破坏他母亲的好事，告诉每个人，让外人知道他的母亲是多么糟糕的母亲。他外祖母也做得不太好。他变得更加叛逆，最终他的外祖母将他送回了他在蒙大拿的母亲身边。肯珀告诉我，**他开始觉得自己就像一场邪恶的象棋比赛中的小卒子。他觉得每个人都抛弃了他。他知道没有人喜欢他，更不用说爱他了。当他的母亲又把他送回去和他的外祖父母一起生活时，他对自己的看法变得更糟了。**这不难理解。”

莱斯勒的手上下摆动了一下：“你觉得这家伙开始觉得自己像个溜溜球了吗？”显然，这是一个反问句，因为答案显而易见。“肯珀告诉我，当他 15 岁的时候，又回去和外祖父母一起生活了，他当时觉得自己就像一颗‘定时炸弹’。他说，当时他身高约 6 英尺 5 英寸（1.98 米），被学校的孩子们嘲笑为‘长颈鹿’或《米奇与魔豆》里的角色。他变得更加孤僻和笨拙。在没有朋友的情况下，他脑子里充满了愤怒和幻想，他对自己的评价可能和任何人描述的一样准确。他说，他希望有人知道如何平息他心中的怒火，但是，事与愿违，每个人似乎都在让他的愤怒越来越严重。因此，有一天，这一切在愤怒和暴力中发生了。”

莱斯勒的眼神又回到了幻灯片上。一些幻灯片展示了肯珀的外祖父母的照片，也有一些幻灯片不仅展示了农场照片，还展示了尸体和犯罪现场的照片。“现在，在可能的范围内，事情变得越来越糟。肯珀告诉我，他幻想着杀死和肢解他的母亲和外祖母，因为她们总是把他推来推去，肆意摆布他，命令他做自己不想做的事情。他说，**他希望世界上所有的人都死去，甚至幻想杀死其中的许多人，包括他自己**。伙计们，案情开始升级啦。”

“8月的一个下午，肯珀和他的外祖母在农场平房的厨房里吵了起来。他的外祖母莫德当时66岁，根本没有力气管束他。肯珀承认，他已经把自己对母亲的愤怒转移到了外祖母的身上，所以，外祖母的训斥很快就激起了他的反抗。有人会说这是‘一时冲动’，但我认为，这一过程更像是一个橡皮筋被拉长了好几年，直到拉的太细而断了。他怒气冲冲地离开了房间，抓住了一把22口径半自动手枪，那是外祖父给他买的圣诞节礼物。他回到了厨房。他的外祖母看到他在家里持枪，气得冲他大嚷，于是，他用枪托打了她的头。当她倒在地板上时，他朝她的头部开了一枪，把她打死了。然后，显然是为了保险起见，他又朝着她的背部射击了两次。这还不够，他的愤怒已经失控，于是他抓起一把菜刀，反复地捅她。所有这些都完全是冲动的结果，甚至没有开始接近他在以后的生活中表现出来的计划性和掠夺性本能。”

莱斯勒并没有显示出丝毫减弱他的信息洪流的倾向。“现在他意识到自己有麻烦了。大麻烦。他的外祖父不在家，他下意识地认为必须把尸体藏起来。他把外祖母的尸体拖进卧室，费尽力气把尸体藏在了壁橱里。”

屏幕上出现血迹和衣柜里的尸体的照片。

“根据肯珀的说法，一切都平静下来了，但是，大约半小时后，他的外祖父开车到房子前停了下来。肯珀说，他又陷入了疯狂状态。肯珀说，虽然他喜欢他 72 岁的外祖父，外祖父的名字也是埃德蒙，但是，他必须‘善始善终’。他走到窗边，用枪指着窗外，当他的外祖父从车里出来时，肯珀开始射击。外祖父摔倒了，肯珀跑出去干掉了他。”

莱斯勒展示了更多的幻灯片，有车子附近的血迹照片，莱斯勒解释说，那是肯珀外祖父的血，还有一张在车库前面拍的照片，车库里有一具尸体。

“他把老人的尸体拖到车库，试图把尸体藏匿起来。现在，肯珀陷入了更大的麻烦，但我们中的一些人相信，他的愤怒在那个时候已经平息了。为什么？仅仅因为他以自己的方式，对他的父亲和母亲的拒绝复仇了。他说，他开始思考得更清楚，但他也知道自己遇到了麻烦事。因为不知道该怎么办，他给母亲打了电话，告诉她发生了什么事。克拉奈勒当然感到震惊和愤怒，并对他大喊大叫，叫他马上报警。后来，她的一个姐妹回忆说，克拉奈勒曾经告诉她，如果埃德蒙有一天杀了他的外祖父母，她不会感到惊讶。果然，知子莫如母啊。”

莱斯勒检查了墙上的时钟，是政府发行的黑白相间的标准时钟：“让我们再重温几件事，然后，中午好好休息一下。后来肯珀入狱了，但他很努力，获得了一份全额奖学金，进了阿塔斯卡德罗州立医院，这是加利福尼亚州的州立精神病院，专门治疗暴力罪犯。他在那里待了 5 年左右。那里的工作人员称他为‘模范囚犯’，并很快发现他是个很聪明的家伙。他们决定把他安置在一个特殊的部门，那里的工作人员会对囚犯进行心理测试和评估。他最终在首席心理学家的领导下进行工作，当他 19 岁的时候，就已经成为这个实验室的负责人了。他学会了所有的一切，还给新来的犯人进行心理测试。他告诉我，他非常自豪，因为他提出了一个新的测量标准，称其为‘过度敌意计量表’。这个计量表可能带有很多个人色彩，但工作人员显然很喜欢他的创意以及他所做的工作。”

“肯珀说，他很喜欢待在这个机构里，他回忆说，当时他觉得自己好像在那里获得了重生。**他有组织可依靠，没有真正的压力。他虽然体型笨重，但其他犯人很少会取笑或挑衅他。他减肥了，如今身材匀称，他说，他的生活从来没有这么好过。他说他想永远留在那里，因为他觉得这是他**

生命中第一个真正的家。但是，当他接近21岁的强制性释放年龄时，他的决定性时刻终于到了。尽管不同意假释委员会的意见，他还是被释放了，这就是我们接下来要讲的内容。午饭后再说吧。”

17

圣克鲁斯的少女杀手：埃德蒙·肯珀

“想喝点酒吗？”哈里笑道。

“这还不算是你最糟的主意，是吧？”丹尼反驳道。

“可能是最好的主意呢，”我说，这时我们三人顺着沙鼠通道往餐厅里走。在排队等候的时候，我们都怀疑，午饭后，事情会变得更加恐怖。早上的课堂并没有那么糟糕。有趣，但并不可怕。

“这就是莱斯勒如此详细地描述这个家伙的原因。”丹尼说。

“是的，”我回应道，“很有趣，但莱斯勒似乎是那种总能抓住他的疯狂点的人。”

“用‘疯狂’这个词来形容肯珀这个家伙，似乎很恰当，”哈里插话道，“我认为你说得对，彼得。我们可能会接触更夸张的事。我想，我们今天下午还得回到会议室。”

“我想你说得对。”丹尼说。

面对琳琅满目的美食，我做出了自己的选择，然后，我走进了巨大的餐厅。我第一次走进这家餐厅，是在我参加新特工训练的第一天吃午饭的时候。那真是一个令人印象深刻的景象，我走进去之后，就一直没有停止对豪华环境的惊叹。墙壁一定有 30 英尺高，三面都有巨大的玻璃窗。通过每一扇窗户，都可以看到精心修饰的庭院，或者图书馆和宿舍。整个学院都是用黄褐色的砖砌成的。这三面墙上还装饰着标准大小的美国各州旗帜，隔开了一排排的窗户。餐厅里的灯光，虽然不是非常明显的点缀，却低调而婉转，散发出柔和的光芒，与普通学院或大学校园的普通餐厅氛围完全不同。桌子很实用，椅子很舒服，虽然没有垫子。从这个角度来看，这更像是一个“人来人往”的地方。

几个同班同学也加入了我们的行列，我们花了一点时间讨论上午的课堂，当然也花了一些时间抱怨联邦调查局。在芝加哥、纽约、洛杉矶等一些更大的办事处，有各式各样的问题，这并不使我感到惊奇。我曾在洛杉矶工作，但如今我身处一个孤立的小机构，无缘涉及这些问题。事实上，这样我很高兴那样。联邦调查局特工的一些愚蠢行为简直令人沮丧。而最大的问题，正如很多人看到的那样，就是新特工培训的问题。在训练新特工方面，联邦调查局完全脱离了时代背景。如果公众或政治家知道内幕的话，他们会叫嚣着大声抗议的。不过，没有人知道真相，骗局继续着。

不过，在职特工培训学校做得特别好，维护了联邦调查局的信誉。后来的事实证明，在职特工培训和人质谈判专家培训是我接受的最好的培训。至少在这些领域，联邦调查局培训有经验特工的工作已经与时俱进了。

“好了，大家都到齐了吗？”莱斯勒扫视着教室。看到“所有的小鸡都在笼子里”，他感到很满意。他在讲台上启动了幻灯片控制面板，并在屏幕上播放了一张埃德蒙·肯珀的照片。“这就是被捕后的肯珀，这就是他所做的事情。”

“当假释委员会从阿塔斯卡德罗释放肯珀的时候，真正的问题几乎马上就开始了。肯珀的精神科医生建议假释委员会不要把肯珀送到他母亲那里。这位医生认为，如果这样，就会引发更多的暴力事件。你们可能会认为，这是明智的建议，但是，一旦他重新回到现实世界中，除了他母亲，没有人能看住他了。他没有办法养活自己，也没有其他的生活来源，所以他不得不搬到他母亲那里去住。他告诉我，他一进门，他母亲就开始骂人。他母亲骂他是‘杀人犯孽子’，并把她最近的离婚归罪于儿子。她找不到下一个可以结婚的男人，也怪罪自己的儿子，而且没完没了地谩骂。这对母子之间十分危险的关系成了未来几个月发生的灾难性事件的直接导火线。”

屏幕上出现了一幅宁静、风景如画的大学校园的新画面。“肯珀的母亲在圣克鲁斯大学做行政助理，住在附近的阿普托斯镇。邻居们经常听到争吵声，有时还是声嘶力竭的大吵大闹。埃德蒙必须登记入学，这是他获得假释的必要条件之一。所以，他报名参加了附近一所社区学院的课程，而且成绩很好。但是，肯珀对执法很感兴趣，他在阿塔斯卡德罗看了很多电视节目。他的目标是进入警察学院，但他的身高和过去的谋杀记录并不符合警察学院在该地区的招生资格。为了弥补这个损失，他在圣克鲁斯的一个名为‘陪审室’的警察酒吧里徘徊。他说，他喜欢听他们的故事，在倾听他们的丰功伟绩时，他也获得了共鸣和快感。”

“肯珀告诉我，重新获得自由之后，除了享受简单的娱乐之外，他一无所获。他感觉当他在阿塔斯卡德罗的时候，世界已经向前迈进了一大步。火车离开了车站，他却留在了站台上等待。他的感受与现实非常接近，因为嬉皮运动正在全力进行，校园正在爆发动乱，暴力组织正在轰炸大学建筑和企业，反越战运动也在升级。甚至人们看起来也都不像 5 年前他进入阿塔斯卡德罗时的样子了。这个世界已经变了，他已不再能适应了，再加上他的身高和笨拙的外表，他承认自己的社交能力还不够，很难接近女孩子。后来的警察却把他描述成一个彬彬有礼、体贴入微的年轻人，而且举止文雅、聪明伶俐、善于表达。肯珀崇拜好莱坞明星翰·韦恩，可以报出对方出演的每一部电影。警官们都不知道，在接下来的几个月里，他们谈论的对象将是肯珀。”

莱斯勒停顿了一下，继续说道：“我们发现，相当多的这些杀人犯对执法很感兴趣。一个很好的例子就是肯尼斯·比安奇，他在洛杉矶山坡上干勒死人的勾当。比安奇试图进入洛杉矶警局，想在那里找个差事。失败后，他试图成为一名预备役军官或副手。我们将在本周接下来的时间和下周再继续讨论这个问题。”

“肯珀终于在加利福尼亚州公路部门找到了一份工作。最终，他攒够了钱，搬进了阿拉米达自己的公寓。因为没有足够的钱来支付每月的房租，他有时会回到他母亲的住处，就这样来来回回地折腾。他买了一辆摩托车，在一次事故后，获得了 1.5 万美元的和解费。然后，真正的问题开始了。他买了一辆二手汽车，那是一辆黄色的福特银河车。十分讽刺的是，这辆车看起来就像侦探们驾驶的警车一样。这辆车也很方便。”

“于是，肯珀开始四处游荡。他注意到年轻女性会搭便车旅行，这是当时大学生出行和逃学的流行方式。他仔细打量那些女大学生之后，就开始思考可以对她们做些什么了。他的暴力幻想又回来了，这在很大程度上是因为他与母亲的关系一直不好。肯珀开始琢磨着用车装一些必要的作案工具。他把塑料袋、刀子、毛毯和手铐放进了后备厢。接下来，他就开始等待合适的作案机会。有一段时间，他顺手牵羊地让女孩们搭便车，开车去她们想去的地方，这是试验或练习。根据他的估计，他挑选了大约100名搭便车的女孩，其中任何一个女孩都可能被他选为第一个受害者。最后，他开始有了性幻想，并感到了他所谓的‘小香肠’的迫切内驱力。最后，他鼓起勇气，做了几个月来一直在计划和练习的事情。”

莱斯勒给我们看了几个年轻女子的照片。“他的前两名受害者是玛丽·安·佩西和安妮塔·卢切萨。她们都是18岁，就读于弗雷斯诺州立大学。他把她们带到伯克利，然后把她们带到一个偏僻的乡村小路上。他说，他已经幻想很久了，当这个时刻终于来临的时候，他真的不知道该做什么。但他确实知道，他可能因强奸被捕，所以，他决定先奸后杀，这样一来，就没有证人，也不怕被起诉了。”

屏幕上出现了更多的幻灯片。真搞不明白，这家伙怎么杀了这么多人？

“肯珀把其中一个女孩带进了树林，脱下了她的衣服，却强奸未遂，于是，他捅死了她，然后回到车里，捅死了另一个女孩。他立即把她的尸体放在后备厢里，然后回去取另一个女孩的尸体。肯珀把两具尸体都藏在了后备厢里，开车回到他母亲的公寓，把尸体留在车里，然后自己去睡觉了。第二天早上，在母亲上班后，他把两个女孩的尸体都带进了公寓，放进浴缸，还砍掉了她们的脑袋。他把脑袋装进一个垃圾袋，把残缺不全的尸体拖回了后备厢。他把安妮塔的部分残体丢在了山区公路旁的红杉树林中，把另一部分残体扔进了附近山坡上的灌木丛中。然后，他开车到了另一个地方，埋葬了玛丽的尸体。他当时砍下了玛丽的胳膊和腿，尸体只剩下躯干。”莱斯勒展示了在圣克鲁斯附近的几个地方发现的腐烂的尸体照片。

“肯珀把两个女孩的头颅放在车里。过了一会儿，开车兜风的时候，他从袋子里拿出一个头颅，用它来模拟口交。一段时间后，它们开始腐烂，肯珀说，他把这两个头颅都扔进了峡谷。”

“这两个女孩被列为‘失踪人口’已经好几个月了，直到玛丽的头颅被一些徒步旅行者发现，最后通过牙科图表比较才确定了死者身份。肯珀被捕后，领着调查人员来到一个浅墓穴，这是他埋葬玛丽尸体的地方。安妮塔的尸体一直没有找到。”

“一个月后，肯珀又开始寻找别的女孩了。他找到了一名15岁的舞蹈演员，名叫爱子·库，她从伯克利的家搭便车去上旧金山的一个舞蹈班，尽管她向父母承诺，她会乘公共汽车，结果还是搭了肯珀的便车。她再也没有机会去上课了。肯珀带她去了旧金山，到了圣克鲁斯山上的一个偏僻的地方。他用胶带封住她的嘴，把她的鼻孔捏在一起，直到她窒息而亡。然后，他强奸了她的尸体，又把尸体放进车子的后备厢里。开车回镇上的时候，他感到压力很大，于是他停在一个乡村酒吧，喝了几杯啤酒。”

“此时此刻，肯珀说他‘累得要死’。他就是杀人狂魔，他说，他奋力开车驶向那里，真是‘开足了马力’，感觉自己完全控制了受害者。‘当我在外杀那些女孩时，我的脑海里没有想别的，我只知道我就是杀人狂魔，她们最终会是我的猎物。她们是我身体的一部分。’肯珀告诉我，后来他把两个受害者的身体变成了自己身体的一部分：他吃掉了她们的某些身体部位。具体细节，你们就发挥自己的想象力吧。”

莱斯勒又停顿了一下，然后说道：“让我在这里暂停一下。你们需要明白的是，约翰·弗雷泽因为5起谋杀案而被逮捕了，而赫伯特·穆林和肯珀还在杀人。正如你们所想象的，圣克鲁斯当时处于一种完全的恐慌状态，真是令人毛骨悚然。皮尔斯昨天向你们介绍了那些案子，所以我不需要细谈他已经谈到的部分。一言以蔽之，这个地区没有人感到安全，因为尸体接二连三地出现。警察和治安部门都不知所措，他们不知道这些杀人事件是否与同一个人有关，还是有几个杀手在四处游荡。”

屏幕上出现了一名年轻女子的照片和卡布里洛社区学院的校园图片，

莱斯勒继续说道："这是辛迪·肖尔，几周后她在搭便车去上课时失踪了。那时，警方已经发布了关于搭便车的警告，但没有法律禁止条令，他们几乎无能为力。他们还告诉社区，如果你要搭便车，不要接受前保险杠上没有贴大学停车许可证的车。肯珀的母亲在大学工作，所以，他有一张停车许可证。在辛迪失踪两天之后，有人在一个俯瞰太平洋的悬崖上发现了她被肢解的手臂和腿。"

屏幕上出现了更多的幻灯片。

"几天后，她的上半身被冲上了岸。验尸官办公室认定这是辛迪的尸体。一名冲浪者后来发现了她的左手，但她的头颅和右手仍然下落不明。新闻媒体必须给杀手取个名字，于是称他为'刽子手'和'冷面屠夫'。有创意吧？"

幻灯片从恐怖的身体部位切换到了两张年轻漂亮的女孩的脸。"这是罗莎琳德·索普，这是爱丽丝·刘。和其他的人一样，她们在同一天内搭便车出门了。警方没有线索，但怀疑这与一些人所说的'少女杀手'有关。"

"巧合的是，赫伯特·穆林在最后两个女孩失踪一个星期后被捕。穆林与大部分枪击事件有关，但警方没有将他与女学生或其他搭便车者的失踪案联系起来。绑架和肢解尸体并不是他习惯的作案手法。这种谣传的蔓延，在很大程度上归咎于一名记者，她进行了调查，并形成了自己的理论。人们相信自己在报纸上读到的东西。这名记者写道，死亡源于邪恶的仪式性杀人，砍下头颅和肢解身体属于'专业的作案手法'。她说，凶手或杀手要么是女同性恋者，要么是异装癖，他会误导警察在调查过程中不断为自己的错误付出代价。"

"几个星期后，几个徒步旅行者无意中发现了一块头骨和一块颚骨。验尸官说，头骨和颚骨不是来自同一个人。警方搜查了这一地区，发现了可以与第一块颚骨相匹配的另一块头骨。一个女孩头部中弹两次，另一个女孩头部中弹一次。经鉴定，这两个女孩就是罗莎琳德·索普和爱丽丝·刘。"

"时间飞逝，警方依然疑惑不解。他们没有什么线索，也没有结束杀戮的方法。大学入学人数减少了。后来，突然间，警察接到了一个人打来的电话，正是杀死很多女生的埃德蒙·肯珀。”

“肯珀已经停止了肆无忌惮的暴行，但不久之后，他又杀死了最后两名受害者——他的母亲和母亲最好的朋友。他告诉警察在哪里找到她们的尸体，并承认自己就是那个少女杀手。一些警官震惊了。这是一个 24 岁的男子，曾和他们在一起吃喝好几个月，现在他告诉他们，他在 4 天前犯了双重谋杀罪，至少还有 6 名受害者是他们了解到的。”

莱斯勒一边展示恐怖至极的幻灯片，一边解释警察根据肯珀供出的线索，前往克拉奈尔的公寓，找到那两个女人尸体的过程。“肯珀在耶稣受难日杀死了自己的母亲，并肢解了她的身体。他把她的舌头割下来，放进垃圾筒，后来舌头又掉了出来。然后，他去了警察酒吧，和几个朋友一起喝了好几个小时。当他离开时，他打电话给母亲最好的朋友，请她过来吃晚饭和看电影。当她到达的时候，他也杀了她，并砍掉了她的头。最后，相关人员发现，两具尸体都藏在了壁橱里。”

“肯珀说，在杀死最后两个女人之后，他开着母亲最好的朋友的车离开了家，在高速公路上漫无目的地行驶了好几天。然后，他把车停在了雷诺，租了一辆雪佛兰轿车。就在那时，他决定‘结束自己的杀人生涯’。关于是否向警方自首的问题，他的内心展开了激烈的斗争。”

莱斯勒说，肯珀在科罗拉多州的 25 号州际公路上向南行驶，然后到达普韦布洛附近的休息站。他停车后，走向一个电话亭，打电话给圣克鲁斯的警察。接他电话的第一个警官没有信他的话，那个警官认为肯珀是一个渴望承认某种非理性犯罪的疯子。他们已经遇到过很多这样的人。肯珀大约花了 45 分钟的时间，打了好几通电话，才找到一个愿意倾听他的警官。然后，可怕的故事开始上演了。

普韦布洛的警察立即出动，快速赶到休息站，并逮捕了肯珀。他们在车里发现了几百发子弹和 3 把枪。肯珀告诉警察们，他服用了抗疲劳咖啡因药片，开始感到“疯狂”。他说自己有一个想法，就是要在一个街区停下来，挨家挨户地走访，然后在这些人的家里开枪。他渴望“取得无限的荣誉和骄傲”。但是然后，他决定要结束这一切。

第二天，圣克鲁斯的调查人员和地区检察官携带着引渡豁免书和逮捕令飞往普韦布洛。可是，肯珀放弃了引渡。第二天，他们又开车回到圣克鲁斯。他们的想法是，如果肯珀在坦白，那么，在车里度过几个小时是最佳方法之一。肯珀确实说话了。他说，在杀死并砍掉母亲的头颅之后，他就把人头放在柜台上，并对着它大吼大叫。然后，他拿出一套飞镖，开始用飞镖刺破她的头骨。显然，这是在发泄心中的怒火。

莱斯勒又展示了公寓里的肯珀母亲尸体的一些照片。肯珀说，在砍下头颅和肢解身体之后，他把他母亲的尸体放在床上实施了性行为。他对他母亲的60多岁的朋友也是如此。

“调查人员终于明白了这个少女杀手为什么能够躲避警方这么久。他在酒吧和警察一起谈论案件，并搜集信息，完善自己的作案技术。这样，他就能够以智取胜，在每个拐弯处避开警察。他在警察眼里的形象并不是一个杀手，就像皮尔斯·布鲁克斯昨天说的那样。这些杀手‘躲藏在众目睽睽之下作恶多端’，而且往往干的是你们最不希望看到的令人发指的勾当。肯珀学会了如何让周围的人感到安全，特别是那些被他诱骗到车里并残忍杀害的年轻女孩。”

最后，一系列血腥的幻灯片终于展示完毕了——至少那天是这样。“好吧，让我们为这个案子做个总结吧。我已经说了一整天了。肯珀在圣克鲁斯接受审判，并被判处8起谋杀罪。加上他的外祖父母，肯珀一共杀死了10个人。他在自己的审判中做证，似乎是为了向陪审团证明他真的疯了。可惜，事与愿违。他目前在加利福尼亚州监狱服刑。在他被定罪之前，加利福尼亚州最高法院颁布了一项裁决——死刑是违反宪法的。”

莱斯勒抬头看了看钟，快到四点半了。“最后一点——这里有一个教学重点，或者是几个教学重点。谁能给我列举一个？”几只手举了起来。

“学习连环杀手是如何作案的？”一个特工说。

“是的，我们做到了这一点。还有什么呢？”

“学习他们是怎么做事的？”

“我们对此也多了一点了解。还有吗？”

在没有人举手的情况下，莱斯勒解释了我们刚刚学到的知识：“我们进行这个研究和培训，是为了了解犯罪的原因，而不是内容和方式。想一想吧，**我们作为心理侧写师的工作，就是寻找隐藏的动机。为什么是这个人犯罪？他为什么犯罪？我们能不能找出犯罪的原因，从而追溯到罪犯是谁？**我们认为可以做到，这就是我们接下来要花时间研究的东西。肯珀的动机是愤怒、暴怒。直到最后，他也不能把愤怒引向自己的母亲，所以他只好攻击其他人。那些人都是他母亲的替身。有道理吗？”

大多数同学点了点头。我想，这种解释有道理，但我还是不完全明白原因。他们告诉我们这些人并不是疯子，但我从未见过这么多疯狂的事情。我还不能完全理解。

莱斯勒倚靠在讲台的一侧。“还有一件事你们可能没有意识到，就是你们今天接触到的是不同类型的连环杀手。我们一直在研究这些犯罪类型学，罗伊·海瑟伍德已经很明智地将它们定义为‘有组织型’和‘无组织型’。我们会更多地讨论这些类型，但现在我想说的是，**我们可能会把穆林和弗雷泽归为无组织型，而肯珀属于有组织型。为什么？因为肯珀在犯下罪行之前和之后都对自己的所作所为进行了大量的策划和思考。另外，弗雷泽和穆林在犯罪过程中会更自然、更冲动。**虽然穆林谋杀的人数比肯珀的多，但部分原因是他每次杀多个人。这是后面的内容。大家有什么问题吗？”

没有问题。我看了看哈里，接着回头看了看后排的丹尼和戴夫，然后又看了几个人，他们都点了点头。没必要说什么。有时候，非语言交流的效果也很好。

18

遭遇抢劫的特工夫妇

事实证明，丹尼·科斯洛夫斯基是一个很有趣的人，他似乎不仅与哈里和我相处得很好，与其他的人也相处得很融洽。他在芝加哥警察局长达8年的职业生涯中经历过不少有趣的故事。并不是所有的人都有幸遇到他曾经遇到的命案。

丹尼的脸绷得紧紧的，发际线很靠后，他身高约为5英尺10英寸（1.78米），体重约为170磅（77千克），看上去不是很帅。但他很聪明，显然经常去健身房，而且看起来不像是一个乱搞的人。更不用说，他在芝加哥的北面长大，就像他所说的“波兰贫民窟”一样。丹尼形容那儿是一个相当糟糕的地方，那些地盘之争听起来让人联想到后来的血腥场面和犯罪事件。

他最有趣的故事就是他在广播调度中心度过的一个晚上。当调度员们休息的时候，他就替补上去。电话铃响了，他接了电话，电话那头是一个疯狂的女子：“警官……警官……我需要你们的帮助。我想我的孩子病了。”他问孩子怎么了，那个女人回答说：“我不确定，但我想我的孩子患了天大的恶性螺旋病。”他花了几秒钟的时间才弄明白她的意思，然后反问：“您是怎么知道的，太太？”她回答说：“孩子的症状很明显。”他联系了消防救援人员，救援人员去了她家，后来又打电话回来。

“发生了什么事？”他问道。

“小孩子感冒了。”显然没有像螺旋病那样致命，我估计，螺旋病是一种要人命的可怕疾病。

丹尼回忆起一次外出巡逻时的情景，他在城镇的南面寻找一个孩子，显然这是一个很糟糕的地方。他去了一所房子，希望那个孩子在那里有朋友，他问一个女人，她儿子是否在家。

“哪个儿子？”她问道。

“你有多少个儿子？”

“8 个”。

“嗯，我要找跟这个孩子年纪相仿的。”

“哦，那是我的……”他不知道那个孩子的名字，所以请求她拼读出来。

“莱——蒙——杰——罗（柠——檬——果——冻）。”

“哦，好的。”他努力保持严肃的面孔，“你是怎么想出来的？”

“你觉得呢？”她回答说，“你不怎么聪明吧？”

“不，我是波兰人。我们可不是思维敏捷的民族。”

“我听说过。”

丹尼有很多故事，下一个故事通常比上一个故事好——如果他喝了几瓶啤酒，而且一切顺利的话。

“有一天晚上，我出去逮捕了一个酒驾的家伙。我看了看他的驾照，他的名字叫‘文森’。我把我们必须在街上做的事情都做完了，就把他送到医院做验血。我们等护士的时候，我问他的名字是怎么来的。他告诉我：‘我妈妈一直都喜欢圣文森（Saint Venson），因为那是特保罗大学的真实名字——圣文森特保罗大学（St.Vincent Paul University）。’我猜他妈妈不是很擅长拼写。”

到了周五下午，我们已经看了无数的尸体图片，这些尸体被施虐的位置和地点都不可思议。罗伊·海瑟伍德正在用幻灯片演示自慰式性爱死亡。然而，这对我来说又是全新的领域。人们，大多是男性，使用多种方法来减少大脑中的含氧量，以进一步增强自己的手淫性高潮。海瑟伍德解释说，该活动必须包括一种保护性的释放机制，但不幸的是，这种机制在某些场合并没有发挥作用。当失败时，受害者可能会出现海瑟伍德的幻灯片演示中的症状。

“老式的性爱有什么不对吗？”哈里小声对我说。

“显然，对于某些人来说，是的，”我答道，“但通常对我来说，挺管用的。”哈里瞪着我。“我说的是性爱，不是疼痛。”我赶紧澄清。

快到 4 点钟的时候，海瑟伍德的课快结束了。这堂课包括对各式各样的“性反常行为”的评论，这是我从未听说过的另一个术语，用来描述我从未听说过的大量的恋物癖。其中一些包含了虐待行为，包括人们对自己和彼此的行为，表面上增加了他们的性享受。对一个人的极度痛苦和性快感之间的联系，我很难理解，但海瑟伍德和其他导师解释说，这是连环谋杀现象的核心。

他关掉了幻灯片。“事情是这样的。当我们与这些杀手交谈时，我们必须把自己的心理包袱放在一边。大多数杀手很正常，事实上很多人很可爱，也容易沟通。他们对自己所做的事情有清醒的认识，并且似乎非常明白为什么会发生这种事。坦率地说，女士们，先生们，我们要教你们寻找的东西就是案件发生的原因。有什么问题吗？”

没有人举手，海瑟伍德向门口走去。

“他是一位很棒的教授，”丹尼朝着我和哈里走来的时候，我对丹尼说。

“那么，今晚的计划是什么呢？”丹尼问。

“好问题，”我答道，“我不确定自己是否能在会议室里撑过另一场马拉松式的课程。我觉得我需要去康复中心。”

“我们两个也是。我不确定自己是否能在那里再坚持一晚，”丹尼说，“今晚一定要过得好一点。”

“军官俱乐部怎么样？”哈里提议道，“吃一块可口的牛排或排骨，一定很不错。”

“好主意，”我赞成道，“我们一起去吧。再问问其他的人，看看还有谁想去？”

匡蒂科海军基地的军官俱乐部是我们在新特工训练期间中发现的一个地方。它拥有美味的食物与合理的价格，营造出一种特殊的氛围。我希望我们别喝太多酒。哈里召集了更多的人参与进来。

我们聚集了 12 个人，这使我们的谈话比这周在会议室里度过的几个晚上更生动。但是，餐桌上谈的更多的是关于我们在这一周内目睹的事情的轻松话题，而不是其他。即便是关于局里的习惯性抱怨似乎也被抑制了，因为每个人都看到了数百具尸体和残缺不全的肢体，虽然这只是幻灯片展示的，不是我们亲眼看见的。但看到有人这样残害他人，我们心里还是很不愉快。

“肯珀那家伙已经够坏的了，”桌子那端有人说，“但是，等莱斯勒介绍艾德·盖恩的时候，我觉得我会呕吐，吐得满桌都是。”有几个人点头表示同意，我们讨论了我们所看到和听到的有关这个罕见的变态男人的事情。

威利斯·戴维斯就坐在我对面，在上课期间，他没有说太多，甚至一句话都没说。威利斯是班上唯一的黑人特工，他不是那种我有很多机会与之交谈的人，因为他不常和我们一起在会议室里。我曾邀请过他一次，但他说：“你们好好玩吧。只是回到宿舍的时候，不要惹太多的麻烦。”如果有人去了基酒商店，并买了合适的成人饮料，我们就会在宿命关门后继续活动，这是众所周知的事情。

当我们最后讲述局里的故事时，威利斯讲了一个有趣的事：“你们听说了几个星期前发生的枪击事件吗？”当然，我们所有人都听说过著名的祸事——“迈阿密枪战”。两名匪徒抢劫迈阿密的一家银行，两名特工被杀，还有几名重伤。“不，不是那起案件，”威利斯纠正道，“我要说的这起案件特意对 FBI 迈阿密办事处保密。”

“发生了什么事？”坐在我旁边的丹尼问道。

“似乎我们有一对特工夫妇喜欢出没于南海滩附近的一个换偶俱乐部。所以，他们在俱乐部里过夜，做着他们在那些地方做的事，最后在午夜时分回家。他们走到自己的汽车前，有人手里拿着枪跑了过来。一场抢劫，对吧？劫匪不知道，这对夫妇中的女方钱包里有一把口径 9 毫米的手枪。所以，她假装试着找钱包，然后拿起枪，打穿钱包，射中了那个家伙三次。”

“坏蛋倒霉了，听起来像是一场不错的射击。打死那个家伙了吗？”

“哦，上帝，打死了。他的右胸出现了三个洞，血肉模糊。他死翘翘了。人们在停车场里到处乱跑，还大喊大叫。这对夫妇中的男方对着一个人喊叫，让其去叫警察，于是警察们进来了。当然，这时我们有一个问题，涉及特工用局里枪支的一个枪击事件。这一切都还好，直到他们想到，在那个家伙想要抢劫特工夫妇之前，这对夫妇所在的地方。然后，形势变得糟糕至极。当两名特工向警察陈述事情经过的时候，他们当然被问到枪击案发生前他们在哪里。很自然地，他们如实告诉了警察。特工主管从警察那里拿到一份报告的副本，并传真给总部。涉及特工，这样做也不奇怪。局里对枪击事件并不在意，而是更关注这对夫妇晚上在一家换偶俱乐部里度过的事实。”

“听起来这是他们在自己的时间里做自己的事。”哈里附和道。

“你们是这样想，”威利斯说，“但是，局里显然对特工的这类活动持悲观态度。因此，目前仍在进行一项专业标准的内部调查，一直到局长办公室。”

“有什么结果了吗？”我问。

“还没有，有人打赌说夫妇二人都会被炒鱿鱼。”

“该死的，”戴夫说，“如果你在错误的时间出现在错误的地方，你就会遇到倒霉的事情。”我不确定我是否同意他们会被解雇的说法，但他们之所以会这样的唯一原因是，他们在那个家伙抢劫他们之前，就向警方报了警。

“是啊！”威利斯答道，“这是一种煎熬，他们都是好人，但是现在他们如坐针毡。在职业生涯的任何阶段发生这样的事情都不好。”

我们在 8 点左右就离开了俱乐部，回到了学校。我们刚在接待处签到，哈里就转过身来看着我，他一句话也没说。我回看他一眼，然后看向丹尼和戴夫。我们知道，威利斯出去了，还有几个人得到了线索，和我们一起走向会议室。会议室在周五和周六多开放 1 小时。这是充满压力的一个星期。不过不久以后，一部分压力得到了缓解。

19

强奸犯的心路历程

如果有可能的话，我们第二周的“新特工心理测写培训课”比第一周更糟糕。罗伊·海瑟伍德给我们讲了一堂连环性侵课程。当我得知他要分享什么内容的时候，我很惊讶，甚至感到震惊。

“这里的强奸犯并不是我们通常认为的强奸犯，”他说，“强奸不仅是性犯罪，而且是三重罪行。第一是展示权力，简单粗暴地控制他人。第二是表达愤怒。第三是表达施虐者的需求。性欲是次要的问题。有几种不同的类型，我们将逐一进行详细的讨论。”

这完全出乎我的意料。我当了10年的警察和侦探，参与过好几次强奸案的调查，调查对象是不同的受害者和犯罪嫌疑人。我从来没有想到有不同的心理动机在起作用。在我看来，强奸就是性犯罪，简单明了。但海瑟伍德明确表示，这不是一种单纯的犯罪方式。他对连环性侵进行了广泛的研究，并采访了许多监狱中的罪犯。他还写了一本书，名叫《性侵的方法和动机》，列举了许多他熟悉的案子，其中包括一名连环性虐待案的罪犯，此人名叫迈克·德巴尔德拉宾，他本人也承认，在南方几个州强奸了100多名妇女。

海瑟伍德花了一点时间谈论他自己的背景，他在1972年被任命为FBI特工，1978年被分配到那个鲜为人知的行为科学组，那里有9名特工。他被派去给FBI学院的学生讲授一门名为《性犯罪》的课程，这门课程的名字最终改成了《人际暴力》，并变为一门法定的犯罪学课程。他开始研究性侵者，最终发现大约四分之三的连环强奸犯在孩童时代曾受过性侵。

在他的背景和对性侵的研究基础上，他做出了一个我从未听过的结论：“强奸是一种暴力犯罪，性是武器。”他这样说并不是为了表现得可爱或口语化。这一观点是我从未想到的。但是，你怎么能和一个已经成为传奇的人物争论呢？

海瑟伍德承认，他从霍华德·泰顿那里学到了绝大部分他所知道的关于犯罪心理侧写的概念知识。多年来，泰顿一直在给 FBI 国家学院的学生教授《应用犯罪学》课程。他师从国家研究院的众多官员，并从他们那里获得了建议，以确定他们在课堂上回顾的数百起谋杀案背后的心理原因。在海瑟伍德提出研究强奸和性虐待狂的重要性之前，关于性侵的研究在很大程度上被忽视了，甚至被美国联邦调查局和执法机构取笑。因为他的工作使执法人员更关注受害者而不是罪犯。

“在我们开始这项工作之前，”海瑟伍德说，“执法部门似乎不理解受害者在犯罪中的作用。我们关注的是罪犯，但我们似乎不知道可以从性侵案件的受害者身上得到多少信息。这就像我们忽略了受害者，只是把她看成是一个对象，却没有意识到她自己构成了犯罪本身的一半一样。”

我觉得这话有道理。我当然无法反驳。

他继续说：“**在我们的历史中，犯罪心理侧写更多的是一门艺术，而不是一门科学。我们只做了 10 年左右，我们成功的程度取决于案件心理侧写师的经验和素质。**这是我希望你们理解的道理。这是一个复杂的过程，它不像电视节目《辨声识曲》。它没有什么特异功能，也不是‘水晶球测犯罪’的魔法。我们不会带着先入为主的观念研究任何一个案件，也不会使用一大串的列举。每一个案子都与我们上次看到的不同。当这些案子来找我们的时候，我们必须仔细检查，没有两个案子是一样的。也许有一天它会成为一门科学，但现在它是一门艺术，这就是我们想要给你们每个人留下深刻印象的东西。虽然你们将会接触到很多我们多年来调查过的案子，但你们不会在几周后离开这里时就成为合格的‘心理侧写师’。如果你们愿意的话，这个迈向合格的过程将在你们接受培训的这些年里发生。我们要做的是，让你们像罪犯那样思考。这就是为什么我们在过去的一周里温习了很多不同的案件，在接下来的一周里，我们还会继续这样做。我们希望你们了解犯罪现场暗示你们的线索。当然，我们会让谋杀案填满你们的生活。看起来很疯狂，但这就是我们每天在工作中处理的事情。”

海瑟伍德解释了他研究过的一些案件，并谈到了尼古拉斯·格鲁斯博士和波士顿学院的教授安·伯吉斯博士对性侵的研究。“尼克和安花了几年时间研究连环杀人犯、强奸犯和儿童性犯罪者。在这个国家里，除了他俩，没有人可以更好地理解儿童性侵和青少年犯罪之间的关系，以及这些行为对暴力犯罪行为的最终影响。我花了相当多的时间和他俩在一起，从他们身上学到的东西比我认识的任何两个人都多。”

他移动了讲台上的一些文件，按下了一些按钮，并在投影仪上放了一组新的透明画。

“现在，让我们花点时间讨论一下我们已经研究出的连环性侵者的心理侧写，特别是强奸犯的心理侧写。根据多年来的工作积累，我们将其分为五大类：能力—确认型强奸犯、权力—自信型强奸犯、愤怒—报复型强奸犯、激怒—兴奋型强奸犯以及机会型强奸犯。每个类别都有着独特的元素，比如，强奸犯的一般运作模式、受害者偏好和能力水平各有不同。它们都和强奸犯本人的特征一样重要。”

说得婉转些，海瑟伍德是一名“老学究型”导师。他没有使用其他人所依赖的精心制作的幻灯片；相反，他用的是一种传统的、过时的投影仪和透明画。这对我来说很有效，我能记很多笔记，在大学里，这意味着我确实从课堂上学到了很多东西。莱斯勒是一位出色的导师，但海瑟伍德是我心目中的超级明星。他是我记忆中给我最多知识的导师。毫无疑问，我在他课堂上记的笔记将来会成为一种很好的资源。

“当我们看到一个能力—确认型强奸犯的时候，”海瑟伍德说，“我们谈论的是一个完全不确定自己的性取向的人。他缺乏安全感，而且性能力不足，需要有人向他保证，他的性能力足够强大。他对受害者很温柔，还会问女方，他是否和她的男友或丈夫一样好。他会要求受害者对他进行评价，甚至可能会问她，以后他是否可以见她。坦白地说，对他来说，这更像是一场‘幽会’，而不是一场强奸，这可能是一件很难理解的事情。当我们介绍这类强奸犯时，我们通常谈论的是一个住在离受害者住所不远的人，他可能在附近徘徊，趴窗户偷窥，可能已经监视潜在受害者好几个星期了。而且，这可能会让你感到惊讶，他更倾向于对已经恋爱或结婚的女子下手，而不是我们将会谈到的其他女性。出于某种原因，他无法从这种关系中得到他想要的东西。我们发现这类人的情况是，他很可能会继续强奸，直到被逮捕归案。但如果受害者抗拒，他有可能停下来。这是他的‘约会’，他喜欢幻想‘诱奸’受害者。他的模式会更有规律。可能需要一段时间，但我们最终会抓住这个家伙。”

我立刻想到我在警察局处理过的类似案件。就像一盏灯，在脑子里亮了起来。

他在屏幕上播放了一遍透明画：“另一种是权力—自信型强奸犯。现在我们讨论的完全是另外一回事。这个人对自己的阳刚之气确信无疑，觉得自己是一个真正的男子汉。他更倾向于健身和穿着时髦的衣服。在女人面前，他就像一只炫耀的孔雀。这就是他给人的第一印象。他也许肌肉发达，开着一辆豪华轿车，但他做的一切都是为了第一印象。他看起来对女人很有吸引力，他也发挥了这种优势。他的目标是对受害者施加权力。他想让她们知道谁是老板，将这一点做到极致。他更倾向于用体力征服受害者，主要是为了表现他的‘阳刚之气’，让她觉得他是一个真正的男人。面对受害者时，他会更加相信自己的身体魅力，他绝对相信可以把她搞到手。我们很难预测这家伙的作案模式，但他不会停止作案，直到被抓住。”

再一次，我可以回想起过去看到的这些类型的罪犯，尤其是当海瑟伍德谈到两种力量型强奸犯之间的暴力行为的区别时。

“我们要对付的是一个性格基本不健全的人，另一个是什么能力都不具备的人。能力—确认型强奸犯对自己没有安全感，而权力—自信型强奸犯处于控制地位。后者对受害者说的话更有攻击性，可能会说她是‘婊子’或‘妓女’，更有可能迫使她接受比常规性交更不正常的性行为。他更有可能让她帮他‘吹箫’，或者是对她进行人身攻击，我们认为，这是在对女人施加压力。”

“我们可以从强奸犯的言论和他所做的事情中了解更多关于他的信息，”海瑟伍德说，“如果他在言语上和身体上虐待受害者，我们更有可能面对的是一个权力—自信型强奸犯。是否存在高风险因素？我们现在能做的就是试着确定我们能不能找到其他特征。他会开着豪车还是大卡车呢？他是一个有攻击行为背景的人吗？为了接近他生活中的某个女人，还是在酒吧里打架？像这样的人不会一夜之间变成后来那样的。这是一个完全可以预测的模式。”

我想起了自己在大学和研究生院的一些课程。如果带着满页的笔记毕业，我总是感觉自己从课堂上学到了很多有用的东西。当海瑟伍德让我们休息时，我看着哈里，说道：“我想我会患上腕管综合征，但这家伙真的很棒。”莱斯勒很伟大，但海瑟伍德把课堂上的内容发展到一个完全不同的水平。他泰然自若，从容淡定，自信满满，有条不紊。后来，我根据自己从观察他身上学到的东西来发展我自己的教学风格。也许他是我遇到过的最好的老师。

哈里回答：“你说对了。我认为我再也遇不到这么好的导师了。这个人给了我们一些可供我们研究的信息。我在这里学过很多的在职课程，其中很多很好，但这绝对是我上过的最佳课程。海瑟伍德真是精益求精啊。”

休息时间结束后，海瑟伍德又做了下一部分的幻灯片演示，介绍愤怒型强奸犯：“现在，我们将看到一个鲜明的对比。”他又一次在屏幕上展示了透明画，并开始谈论每个要点，我狂热地记着笔记。

“当我们谈论愤怒—报复型强奸犯时，我们说的是一个压抑了很多怒火的人。但是我们看到的是他对女人的愤怒，而不是他真正想要把愤怒指向的那个女人。鲍勃·莱斯勒谈到了埃德蒙·肯珀，这是一个很好的例子。他一生都跟在言语上和身体上对他进行双重虐待的母亲待在一起，但是这些人的典型特征是，他们无法找到一种方法来发泄他们对这个人的愤怒。我认为，泰德·邦迪几乎是一样的。有个女朋友把他甩了，他去找那些跟她很像的女人。在大多数情况下，他选择的受害者都有一头长长的黑发，与他的前女友非常相似。对邦迪和肯珀的行为，用‘愤怒报复’一词似乎是完美的概括。这两个人都在对一个他们无法控制的女人进行反击。于是，他们找到了控制其他女人的办法，然后疯狂地进行杀戮。”

“我们在这里处理的是强奸案嫌疑人，他们正在反击。通常不久后，意外会发生在他们生活中的一个重要女人的身上。可能是他们的母亲、他们的妻子、女友或姐妹。愤怒总是在表面之下沸腾着。仅仅一件小事就能引起爆炸，而这很可能发生在当天晚上。”他指出，这些罪犯中有多少人会有长期的家庭暴力或酒吧斗殴，以及和他们母亲的家庭纠纷。通常与女性有关，他说，我们不能排除妻子或母亲作为重要因素。

“有什么问题吗？”没有问题。我们大多数人还在继续努力地记笔记。事情进展迅速。

“下一个我想说的是我们所说的激怒—兴奋型强奸犯。这是一个完全不同的角色，这类人的关键词是‘虐待狂’。或者，更准确地说，是‘性虐待狂’。他们是最危险的强奸犯——幸运的是，也是罕见的。他们看到受害者脸上的痛苦，就会感到兴奋。我们发现他们外表迷人，非常狡猾。虐待狂的强奸犯就像‘有性越轨行为的大白鲨’。”

海瑟伍德说：“施虐者对女性有着巨大的愤怒、敌意和仇恨。在陌生人强奸的案件中，他强迫受害者进行难以启齿的、有辱人格的行为。她这样做是为了救自己的命。然后他说：‘没有一个体面的女人会这样做。’于是他杀了她。这是我们真正担心的人，他最有可能越来越享受自己所做的事情。因此，这家伙每次都更倾向于杀死受害者。”

海瑟伍德描述了这类人的一些特征：“他们都是不同的，我们所看到的他们对受害者所做的事情，会给我们提供一些线索，让我们了解每个人的个性。就像我说的，这并不是《辨声识曲》节目的任何可以想象的延伸。你们的工作就是收集信息，并把它反馈给我们进行评估。几年之后你们才会胜任心理侧写工作。一份工作不会让你们成为专家。你们不会这周就离开这里，进行心理侧写吧，这不是我们想要的。你们的工作就是收集我们需要的信息，然后把信息递交给我们。”

他看着同学们说：“大家都同意吗？我们希望你们准确地理解我们对你们的期望。请不要我行我素。森林里没有孤独的狼。一旦你们发现自己卷入了一个案件，就会明白我的意思。你们现在没有这样的经验，但是随着训练的进行，在未来几年里，我们会带给你们想要的变化。现在，我们需要做点事儿让计划成功。”

明白了，先生。他可能是个小个子，但我不想跟他发生纠纷。

随后，海瑟伍德开始讲述机会型强奸犯的特点。他说，这种人不会属于我们可以介绍或预测的“模式”，因为他没有模式。“这家伙在进行其他犯罪行为的同时，顺便对受害者进行性侵。也许他在凌晨两点钟进了一家便利店，想要实施抢劫。然后他注意到店员是个女的。他决定锁门，把她带进后面的房间，这几乎是在他抢劫之后才想到的事情。这里我们谈论的是一个非常冲动的人，我们只能希望有一些监控录像，甚至可能有看到了许可证号码或说明书的目击者。或者三者兼有。”

他谈到了在入室盗窃期间发生的一些事情。“比如，受害者在上夜班，所以她白天回家睡觉。这家伙闯进她的房子或公寓，打算偷钱或财产，他看到她躺在床上睡觉。冲动占据了他的身体，他就会实施性侵，否则这只是一起入室盗窃案。”

说得有道理。

说句题外话，海瑟伍德回顾了幻想在一些强奸犯的人格中的作用。“他们都不一样，”他说，“他们可能会被权力或愤怒的需求所驱使，但大多数人会花相当多的时间去幻想自己接下来要做什么。幻想在这个人的心中变成了一种需要，犯罪变得越来越仪式化。他们很快发现，他们的幻想似乎永远无法与现实相符。所以他们必须努力改进幻想，努力改进他们想做的事情。因为他们永远不能复制幻想，所以他们必须继续作案。这就像一个恶性循环。这就是犯罪的仪式化的本质。这些家伙通常很聪明，但其中有些人很冲动，当有个人出现在他的视线之内时，他会冒着更大的风险去抓住这个受害者。”

“我们会幸运地抓住那些冲动的人，因为他们不考虑在犯罪现场留下证据的事实。这一切都是为了做他们想做的事，然后他们频繁作案。他们更倾向于使用他们在犯罪现场偶然发现的凶器。如果我们把罪犯归类为‘有组织型’或‘无组织型’，这个人就是后者。他很有可能很年轻，也很有可能住在附近。我们还发现，强奸犯越聪明，他就越会仪式化，其中一些人非常非常聪明。”

当海瑟伍德最后关掉投影仪的时候，大家都松了一口气，许多钢笔和铅笔敲击桌子的声音在教室里回荡。我们记了一页又一页的笔记，大家的手和手腕都在疼。与此同时，我的学习标准也得到了满足，因为有大量的笔记意味着我学到了一些东西。我将会发现，这是一些非常有价值的信息。

20

告别心理侧写特工培训班

在这两周的时间里，我曾经多次憧憬着星期五的来临。我可以打电话给我的家人，我确实很想念他们，渴望回家，睡在自己舒适的床上。虽然FBI学院的住宿条件相当不错，但是，众所周知，这些床位容易让人驼背，应该坚固的地方并不坚固，必定会引起一些背部伤害。

我也知道我在锡达拉皮兹市的办公桌上堆满了工作，没有人愿意替我做这些事。所以，下周一早上到达办公室时，我不知道等待我的是什么，但我知道我将要埋头工作了。

我们于早上8点准时在教室里见了面，那是“心理侧写特工培训班”的最后一天。有几个人缺席了，因为他们要在国家机场（现在的罗纳德·里根国家机场）乘坐早班航班。鲍勃·莱斯勒站在讲台上，准备欢送我们。“好吧，各位，我们开始行动吧，我们可以带你们离开这里。正如我们所告诉你们的，今天上午10点有一些公共汽车开往国家机场，所以每个人都应该可以准时到达。希望如此。”

“在过去的几周里，我们向大家抛出了很多东西。对你们中的一些人来说，我相信，是一个冲击，但我们希望你们已经开始了解我们正在努力做的事情。有几件事需要你们理解一下，心理侧写并不是对暴力犯罪的某种神秘或超自然的洞察。但愿我们已经表明，我们不能给你们一张清晰可辨的列表，然后得出绝对的结论。因为这是一个新计划，我们要确保其正确性。与联邦调查局多年来所做的一些事情不同，这个计划不会凭空消失。我们确定它会继续下去。”

“你们需要明白的是，你们不会回到外地办事处并成为常驻专家。我们知道有些老板不会理解，但我们已经向你们的特工主管们发送了一些非常明确的指示。当你们接到一个案子的时候，你们的工作就是出去收集信息。我们现在不想让你们单独进行心理侧写。总有一天，你们有机会进行犯罪心理侧写，但我们希望你们可以与我们沟通，并把你们带回的东西送到我们可以看到的地方。是的，我们有很多案子要处理，但我们也会在适当的时候处理你们的案子。”

我回头瞥了丹尼一眼，他点了点头。我回忆起了我们两周前的谈话。作为前警察和侦探，我们知道，那个州和当地的调查人员并不想围坐在桌子旁，用手指敲打着桌子，等待着甘露从天而降。这将是一场艰难的交易，莱斯勒没有花很长时间就弄明白了。

“既然你们现在是**专家**了，”他非常强调专家这个词，“我们知道，你们会承受很大的压力。如果你们的特工遇到一起谋杀案，需要解决这个问题，并拘留某个人，他们也面临着很大的压力。但是，你们还不是心理侧写师，只是侧写师协调人而已。这意味着你们的工作就是在这个领域和单位之间进行协调。虽然你们可能认为自己已经进入了这个程序，但其实你们还没有接近它。你们每年至少会回来两次，以获得新任务。六个月后，我们大多数人会坐在同一间屋子里温习越来越多的案件。你接触的案子越多，你就会知道得越多。”

我明白莱斯勒在说什么。我们所见到的每个案子之间都没有相似之处。显然，在我看来，不管怎么说，他们给我们抛出了很多东西，但问题是，你学到的越多，你就会意识到自己知道的越少。我可能会害怕去和那个州或当地的特工合作，并且期望立即遇到一位犯罪心理侧写师。

“大多数杀人案件，”莱斯勒继续说，“将在 72 小时内由地方当局解决。我们不会允许自己在一开始就立即投入调查。心理侧写并不能代替彻底的调查，也不算是一个捷径。在我们从自己的工作中脱身之前，他们更有可能已经解决了它。是的，这对他们来说是一场危机，但我们知道，你们不能简单地放弃自己正在做的事情，跑去协助进行心理侧写。特别是中西部和西部的你们。那个来自奥马哈的家伙呢？”

我举起了手。

“好，彼得。你在锡达拉皮兹。它距离奥马哈外地办事处的西部边界有多远？”

“我想想哈，”我想了想，说道，“如果我要去斯科茨布拉夫、内布拉斯加，是六七百英里。”

“不错。你们中的一些人在德州管辖的范围也差不多大。想一想，如果彼得必须开着警车去斯科茨拉夫，但因为法庭或陪审团，或者其他的原因，他在一个星期之内不得离开他的办公室，他该怎么办？”

一位学员举起了手：“假设我们在那里有一个常驻特工处。我们应该给他们打个电话，并告知他们送来我们需要的东西？”

“彼得，你怎么想？”莱斯勒转身问我。

“我没想过这个问题，似乎是个好主意。但你们已经训练我们去寻找某些东西，所以一个未经训练的特工在收集所有信息的时候，效果会怎样呢？他可能会错过一些东西。”

“有道理，”莱斯勒在课堂上皱起了眉头，“这可能是个问题，但实际上我们想要的是报告和犯罪现场照片。如果这种情况发生在你身上，我相信会发生，那就找一个常驻特工，让他抓住一切可以抓住的点。开始审理案件，或者让他审理案件，然后让他把这些东西寄回给我们，或者用手机通话，解释到底发生了什么。确保你也有一份副本，因为这是你们的工作。你们作为部门的协调人，请了解自己所要做的每一件事。这就是我们想要你们做的。在某种意义上，我们一路上都在胡编乱造，随着事情的推进，我们会发现一系列的错误。大多数事情都经过了深思熟虑，但我们知道，我们会有一些意想不到的惊喜。那是一定的。”

他抬头看了看表：“时间尚早，你们离开这里去赶公共汽车之前，我还想说几句。我想确保你们可以理解另外两件事。第一，你们要做一些宣传，恕我直言，这对那些顽固的侦探和治安官来说，是件不容易的事。他们的即时反应是你们给他们带来了更多工作上的骗局，就像卖狗皮膏药一样。我们会给你们打包发送所有的幻灯片。我们想要你们做的是熟悉幻灯片上的内容，下次有机会去国家科学院课堂上做演讲。我们正在制作美国家庭电影院（简称 HBO）的录像带，名叫《谋杀：没有明显的动机》，我想。请你们熟悉这部长约 1 小时的影片。看看你们能否将一个两小时的演讲提上日程，尽自己最大的努力吧。再说一次，我们知道我们将不得不推销这个计划，你们将成为我们的销售队伍。尽力做你们能做的，你们就会变得更好。如果你们对幻灯片有什么疑问，或者搞不懂我们在过去两周讨论过的其他问题，请给我们打电话。”

“第二，你们可能想要考虑一下，在大约一年的时间里，我们将带 6 个人回到这里，分配给这个单位。是的，我意识到这意味着一种转换，但你们将有可能变得更强大和美好。你们要好好干，我们将会在第一时间知道你们是不是对的人。我们希望你们向你们的特工汇报全国暴力犯罪分析中心（NCAVC）和暴力罪犯逮捕计划（VICAP）系统的情况，以及我们在系统中需要的海量案例。你们需要协助宣传，与你们的特工并肩作战。大家要开始同心协力啦。这需要一些时间，我们理解这一点。但我们已经坚持了大约 5 年的时间，我们的耐心不会消失的。这是一项真正的工作，一切都准备就绪。这也是一场真正的斗争，我们会让工作进行下去，你们会喜欢结果的。”

“现在，有什么问题吗？”

几只手举了起来，他让第一个举手的人提问。

“你知道下一次培训是在什么时候吗？”

“问得好，我原本也想说这事。我们正在和国际商业机器公司（简称 IBM）合作。他们在华盛顿特区有一个非常棒的培训中心，只是还有在 6 个月内找到合适日期的问题。我们一旦知道，就会给你们充足的时间来规划自己的日程安排。我们希望你们每个人都回来，但我们也知道，你们的工作还有其他要求。你们应该会在一两个月内知道培训日期。”

莱斯勒让另一个举手的人发言：“这位同学，你来提问。”

“假设我们有一个大案子，他们想马上得到答案。我们出去推销这个计划了，而他们想让我们昨天就在那里。我们该怎么做？”

“在一两个月内，这事会在全国各地发生好几次。这就是你们尽快和我们通电话的关键。如果我们说的是一系列相关的谋杀案件，我们中的一个或更多的人可能会尽快出发。你们的工作将是接收通知，与相关的特工建立联系。你们要收集尽可能多的证据，等待我们中的一个人。等我们到达的时候，你们应该已经把事情做好了，我们会和你们并肩作战。如果我过来，或者罗伊，抑或是约翰·道格拉斯，我们需要尽快地了解事实。我们已经做过一些现场的分析，我们知道我们将会做更多的事情，特别是和你们一起之后，你们会把越来越多的案子反馈给我们。好问题。”

“如果他们不想等呢？”丹尼一边问一边故意看着莱斯勒。我可以轻而易举地预见到，在艾奥瓦州或内布拉斯加州一些偏远地区的执法部门现在需要一些答案。我知道，丹尼也在想同样的事情。

“我们知道这将是个问题，但就像我之前说的，你们还不是真正的心理侧写师。将来你们会成为心理侧写师的，但我们需要成功案例，我们不想让你们犯错。如果这种情况真的发生了，那就得由我们来做。我们要消退你们的激情。如果你的特工主管或主管助理咄咄逼人，让他们打电话给我们，我们会再一次向他们解释。现在，你们还没有准备好分析案子。美国是一个地域广阔的国家，我们只有这么多的人可以去管辖。这种情况将有望在未来几年发生变化。但目前，这是现实情况，除非我们得到资金，可以让更多像你们这样的人过来参与研究，我们目前只能竭尽所能去帮你们。”

“还有别的事吗？”

没有人举手了。

“好吧，那么，让我们总结一下吧。你们可能会认为这是胡说八道，但这是我们学院有史以来最好的一次培训我是真心诚意的。课堂的质量和你们的专注让事情进展得更顺利。所有的老师都向我提过，我想说我真的很感激。你们是一个很棒的团体。你们问了一些重要的问题，很明显你们已经认真对待这些问题了。就像我说的，我知道我们传授给你们什么了，但要花点时间，让你们的头脑清醒一点，我们期待着将来能听到你们的回音。祝你们好运，我们几个月后再见吧。”

当我们开始收集自己的材料准备回家的时候，莱斯勒得到了一阵当之无愧的掌声。我很兴奋可以离开这里，但也期待成为一位即将开拓新边疆的先驱者。

21

回到现实世界

当我周一早上回到办公室的时候，现实问题便浮现了。我很想在周六或周日去照常工作，但我知道，这意味着我要在那里待上一整天，我想花点时间和家人在一起，和他们一起做一些特别的事情。

我工作了半小时之后，吉姆·惠伦进来了，他发现我坐在自己的办公桌前整理两周的信息和其他文件。“培训得怎么样？”他问道。这是一个好问题，因为我一直没有机会和他说话。

“这是一个很难回答的问题，”我不知道从哪里开始说起，“我们在那里看到的东西都很糟糕，但我肯定从中收获了很多。我意识到我有很多事情要做，但我也认为，做一个侧写师协调人的兼职工作会让我很忙。”

吉姆回答说：“我去那儿培训过很多次。当你回来的时候，你还沉浸在里面，所以，回到现实世界的时候，你很容易认为这就是你要做的一切。然而你现在有很多别的事要做。顺便问一下，校车价格垄断案的进展如何？”

“我也不能确定。上周有个律师打来电话，需要和他们联系一下，弄清楚到底是怎么回事。我这里也有很多其他的事情，有几件事要赶在最后期限之前完成，所以这周会很忙。”

“很高兴你回来。顺便说一下，我上周和老板谈过了，他们给我们派了一名新特工，刚从学院征召过来的。下星期就到这儿了。猜猜谁会训练他们。”

“我猜是我。”

“是的。好，那就继续努力吧，你可以在这周尽量赶上进度，也许你可以留一些东西给我们的新特工，他来之后可以帮到你。这位新特工好像有法律学位，他的父亲也是一名特工。所以至少我们不会毫无头绪。”

“是的。”

一周过去了，有几次，我渴望地看着自己带回来的三环活页、笔记和讲义。我甚至会时不时地翻阅它们，但也有一些合法性危机需要处理，我必须专注于自己的本职工作。我和芝加哥的反垄断办公室通了很多次电话。我完成了所有的采访，几个月前，我又为大陪审团发放传票。他们已经准备好向大陪审团展示锡达拉皮兹的案件了，这让我忙个不停。在我们的第一批起诉书中，我们指控了13家公司和个人的价格垄断行为。我以前从未遇到过这么多的被告或这么大的案件。接下来的步骤包括提交所有的议案，以及向辩护律师提供数以千计的文件。我知道我一个人无法应对这么多的工作，所以我和与我共事的律师建立了一个临时办公室和一个可以复制文件的系统。

我知道，我们好几个月之后才会面临审判，现在可以抽身去培训新特工了，我要做的事情更多了，还得离开办公室去办事。几年前，吉姆告诉我，我们的工作除了调查可以起诉的大案子，还得“尽快把它们赶出办公室”。很多事情都有截止日期，如申请人背景调查等案子都有局里规定的时间限制。所以，我们要让事情不断推进，还要向原始办公室汇报根据他们提供的线索调查的结果，这有一点压力。

有一天电话铃响了，响第一声的时候我就拿起了话筒。“嘿，彼得，我是奥马哈的汤姆·摩尔。你过得如何？”

“很好，汤姆，你怎么了？”他上一次打电话给我时，我去接受心理侧写师培训了。我立刻开始猜测这一次他要说些什么。

“嗯，有几件事，但首先问一声，你喜欢心理侧写师培训课程吗？”

“培训课程曾经轰动一时。是的，总的来说，我不得不说，它包含惊人的信息。不过有点超负荷。”

“我不知道。我已经阅读了行为科学组的所有文件，看起来这些人都在认真对待这个计划。你对此有何看法？”

“我认同大部分。它不会消失，这是肯定的。我只是希望它不会成为我的全职工作，因为我已经有很多事情要做了。”

“我们知道，彼得，我们不想累死你，但我有几件事要你做。”

“什么事呢？”

“首先，我们下个月将在得梅因开设一门国家科学院课程，老板希望你做一个关于犯罪心理侧写计划的报告。那里好像有五六十个人。你可以准备吗？”

“嗯，我终于从匡蒂科拿到了幻灯片，但我还没有机会看。为什么我不把这个计划写在清单上方显眼的地方呢？我想我一个月就可以准备好了。”

“很好，如果你可以，老板会很高兴的。他对这个计划很感兴趣，希望你能成为这个计划的负责人。他似乎是你的忠实粉丝。”

“好吧，那很好！”我回答道，“但这种态度可能很快会变化？”

“是的，我懂，我都在这里工作 25 年了。”

“是啊。”

“还有几件事要你去办，”汤姆说，“如果你能准备好下个月的课程，你认为你能在一个月后的锡达拉皮兹做同样的事情吗？”

“这是怎么回事？”

“他们已经准备好了艾奥瓦州的执法部门年度大会。他们计划有 300 人参加，所以我猜，这将给我们提供一个宣传的机会。”

“听起来不错。我想，同样的事情，我既然能做好第一件，就能做好第二件。”

“太好了，我真的很感激，我会向老板汇报的。还有一件事。”

“您说。”

“几个月后我们这里需要一名人质谈判专家，老板告诉我，他想让你来做。”

“该死，”我说道，“在我上了两周犯罪心理侧写课之后还有这种事。汤姆，我们这里没有很多人质绑架事件。事实上，我在这里从来没听说过。”

“事情没有那么简单。他想让你做一些演讲。我会安排好，你就放心去做吧。”

“天哪。如果我离开这里，去做太多心理侧写和人质谈判方面的事，那么，惠伦会杀了我们中的一个，我猜那一定是我。”

“我已经找过他了。他对这个想法并不热衷，但他不能阻挡特工主管。”

我知道人质谈判项目是相当有声望的，但我担心自己贪多嚼不烂。“你知道吗，汤姆，我有个需要起诉13个人的价格垄断案，我的律师告诉我，我们不可能不去审判。那里有工作要做。”

“老板知道这一点，但如果你能把人质谈判工作融入审判中，老板会高兴的。”

“好吧，我是没有意见。这些律师非常拖延，大概要六个月后，我们才会进入审判阶段。”

“所以，我可以告诉老板，你会接手这项工作？”

“当然，为什么不呢？”

这些任务似乎很快就会降临在我的身上，我的脑袋嗡嗡作响。我不知道如何处理好各种问题。如果我要参与一些类似心理侧写课程的工作，我想要做好。这似乎有点让人喘不过气来，但我想，我会在这一过程中发现自己是否能处理好这类问题。这就够了。

22

神探罗伊的精彩推理

在得梅因的第一次演讲之前，我有点紧张，但令人惊讶的是，一切都比我想象的好。我怀疑，我对新计划的热情是显而易见的，但我也花了多一点的时间去仔细研究幻灯片和笔记本上的材料，以确保自己有条不紊地讲解。我在大学和警察学院做过很多教学工作，我从来都不是一个即兴发挥的人，也不打毫无准备之仗。看起来幻灯片演示进行得很顺利，休息之后是播放视频的时间。

鲍勃·莱斯勒谈论过美国家庭电影院专题节目《谋杀：没有明显的动机》又把它发给了我，这是演讲中的一大亮点。这个特别节目的制片人获准进入行为科学组的办公室，并花了相当多的时间与莱斯勒、约翰·道格拉斯和罗伊·海瑟伍德交谈。他们与行为科学组的特工们一起听了心理侧写课程，并在几个地点进行了现场演示，拍摄了一些惊人的镜头，任何一个镜头的信息量都很大。轰动效应不是问题，行为科学组所涉及的案件本身就足以引起轰动。这件事处理得很专业，我无法想象还有什么比我们最终希望在心理侧写课程中学到的东西更有启发性。

这个专题节目中出现的两个例子引人入胜，我很高兴，在给国家科学院的院士们播放之前，我先看了这段视频。在观看的时候，我疯狂地记笔记，并把一些幻灯片和电影里的情节组织起来。所以，我看起来比实际上拥有更多的信息和专业知识。

亚特兰大的儿童被害事件引起了全国的关注，30 多名黑人儿童在几年内陆续被勒死。罗伊·海瑟伍德去亚特兰大看了心理侧写现场，他对当地的侦探不必参与的案子感触颇深。最大的问题是，罗伊认为嫌疑犯是一个黑人男性。我记得，罗伊在匡蒂科的时候说过这个案子。他提供了一些自已收集到的关于心理侧写的其他细节，并提到约翰·道格拉斯也来到亚特兰大和他一起工作。

根据海瑟伍德的说法，这种案件“甚至被美国总统监控。我们每天都向主管汇报，他直接向白宫汇报进展。我们都挣扎在压力之中。有谣言称，3K 党是这次屠杀的幕后黑手，实际上是想在南方挑起一场种族战争”。他告诉我们，心理侧写计划当时还处于起步阶段，他们还向国会申请了额外的资金。“我们必须而且只能把它做好。我们没有选择。如果我们搞砸了，整个计划可能会夭折。我们希望它成功。”

在视频中，海瑟伍德讲述了他如何得出一个非常简单的结论，即嫌疑犯是黑人而不是白人，而白人是所有正在处理此案的调查人员的常规思维。“这只不过是常识而已。我们 4 人在发生绑架事件的地区驾驶一辆没有标记的警车。我是车上唯一的白人，当我们到达一个群众聚集的地方，街上的一切活动都停止了。我问其中一个警探是怎么回事，他说，‘这个地区来了个白人。他们不习惯看见白人’。不必像火箭科学家那样聪明就能知道这意味着什么。我们未知的对象一定是一个黑人。其他人种无法在这个地区自由行动。”

海瑟伍德说：“当道格拉斯来到亚特兰大时，我们一起研究了这个案子，最后终于描绘出了一个年轻的黑人男性的侧写，他要么住在这个地区，要么就在不远的地方。他可能是一个警察迷，甚至可能会利用这一点作为引诱男孩们和他一起坐在车里的策略。没有人会想太多，即便他们看到。”

道格拉斯评论道：“我在警察局遇到一些调查人员。大多数工作组成员仍然认为，我们应该寻找一个白人男性。其中一个人说：‘嘿，道格拉斯，我看了你的心理侧写材料，我认为是一堆废话。’我没有什么可说的，但我当然希望他说的不对。”

道格拉斯和海瑟伍德并没有错。这名嫌疑人韦恩·伯特兰·威廉姆斯几乎符合道格拉斯和海瑟伍德在心理侧写中所预测的一切。海瑟伍德指出，“他戴着警徽，还有一辆看起来像便衣警察开的警车。车里有受害者掉下的头发，受害者身上也粘上了汽车的纤维。此案开庭时，约翰·道格拉斯与原告并肩作战。他表明，控方律师在他出庭做证时侵犯了威廉姆斯的身体空间，这很奏效。威廉姆斯在审判中一直保持冷静和克制，却突然对一个问题做出了愤怒的回答。这让陪审团对‘真正的’韦恩·威廉姆斯有了一点了解，他被判犯有两起谋杀罪。”

视频中描述的另一个著名案子发生在亚特兰大数千英里之外的地方——阿拉斯加州安克雷奇市附近。一些妓女失踪了，警方陷入困境，不知道到底发生了什么，更重要的是，是谁让这一切发生的。阿拉斯加州巡逻警官格伦·弗洛斯谈到，他做过相关的阅读，并在《现代心理学》杂志上找到了一篇文章。这篇题为《心理神探》的文章描述了在匡蒂科的行为科学组如何建立心理侧写计划，并取得一些成功的过程，如亚特兰大的案件。“我们不知道该怎么办，”弗洛斯说，“所以我想，见鬼，我就给他们打个电话吧。最后我和罗伊·海瑟伍德通了电话。”

弗洛斯解释说：“我开始告诉罗伊所有关于我们在此案中发现的嫌疑犯的故事，但是罗伊阻止我说下去。他说，‘不要告诉我有关你的嫌疑犯的事情。告诉我这个案子的情况，让我想一想，以便告诉你嫌疑犯的情况’。我们聊了一会儿，然后他让我发送一些报告以及其他任何我可能拥有的信息。我传真给他一大堆东西，几天后他给我打了电话。罗伊说的每件事都符合我们的猜测。我不敢相信，但我真的无法相信的是罗伊告诉我的一件事。他说，他认为这家伙可能有语言障碍，可能是口吃。我们的嫌疑犯是个说话结巴的人。我依然不知道他是怎么推测出来的。”

“于是，我接收了罗伊提供的信息，并起草了一份证词。罗伊提到过，他们的研究表明，一些凶手保存了受害者身上的物品作为‘纪念品’。他说，他们用那些‘纪念品’来重温过去的记忆。当我们搜查那家伙的房子时，罗伊说的每件事都得到了验证。他有枪，他用锁链把受害者锁在了地下室里，他还有一堆珠宝和其他物品，我们后来发现，那些东西都与受害者有关。”

罗伯特·汉森也许是史上最残忍的连环杀手之一，他性侵了 30 多名阿拉斯加妇女。他至少残忍谋杀了 17 名女性，年龄从 16 岁到 41 岁不等。汉森是一名显赫的安克雷奇公民和技术高超的猎手，他在市中心拥有并经营一家面包店。这个案件又一次证明，大多数连环杀手是如何躲藏在众目睽睽之下作恶多端的。他会在城里的某个地方闲逛，那里也是妓女们出来活动和拉客的地方。他在家中性侵了这些妇女之后，就会拿枪挟持她们登上他停在梅里尔菲尔德的飞机。安全着陆之后，他会把受害者们带到一个他进行大猎杀的地方。一旦到了那里，他就会告诉她们，她们有一个逃跑的机会。他要开始杀戮了，请她们奋力逃跑。结果，没有人可以逃脱，他要么埋葬她们的尸体，要么把她们的尸身留在野外，让动物们尽情享用。在对 4 起谋杀案和各种其他指控认罪之后，根据他《认罪求情协议》的部分内容，汉森被判在联邦监狱服刑 461 年。

23

小小报童，你究竟遭遇了什么

今天又是我们日常办公的日子。电话铃响起的时候，我正想向奥马哈办事处做几份报告。

“彼得，我是汤姆·摩尔。”

“嘿，汤姆。”

“听起来你在国家科学院的表现很不错。”

“真的吗？完成任务之后，我和几个人交谈过，其中一些人似乎很感兴趣。我希望匡蒂科给我们提供一些案件，然后我们再反馈回去。我觉得我已经完成了一些事情。”

“有事吗？”

“是的。我的课程结束后，有一些人跟我交谈，我发出去了几张名片。目前为止，有一个人打电话给我，我下星期要在滑铁卢和他碰头。我怀疑，其他几个人回到自己的办公室后，几乎忘记了我说过的话。你知道，在那些课程期间，他们喝了很多酒。”我说。

“我了解了，”汤姆应道，“但他们并没有完全忘记你。我收到了一些长官和县治安官打来的电话，他们想让你为他们讲一天的课。可以吗？”

“我想，我可以讲几节课，但我自己的工作已经忙得我焦头烂额了。”

“我非常理解。要不你看看日历，看看在接下来的几个月里你有几天时间和我们一起工作？”

“好吧。你是说在艾奥瓦州还是内布拉斯加州？”

“也许两者兼而有之。给我找几个时间，我会向各个特工发送信息。得梅因位于中心位置，所以我认为，这是个好地方，无论是林肯郡还是奥马哈办事处的同人，都可以在这里工作。怎么样？”

“听起来不错。也许我可以在周二去得梅因，然后去奥马哈，周四再去艾奥瓦州。”

“好主意。你可以告诉我怎样安排对你来说比较方便，然后我们可以尽量让大家都方便。我暗自猜测，你会在巡回演讲中成为一个备受欢迎的人。”

“好吧，我希望不要太受欢迎。我还有平时的工作要做。这里有很多事情要做。”

几个月过去了，生活又恢复了正常，正如我以前所熟悉的那样。至少有一段时间是这个样子。

吉姆·惠伦正在策划毒品走私案的调查计划，他准备把调查重心扩大到迪比克、滑铁卢和明尼阿波利斯。后者似乎是可卡因流入锡达拉皮兹的源头城市。我正忙着努力跟上校车价格垄断案的进度要求和我不得不处理的其他事情，此外，我偶尔还要培训另一名新特工。我们在奥马哈的总部领导终于意识到，我们实际上是在锡达拉皮兹工作。他们似乎也明白，我和吉姆是他们的两个勤勤恳恳的特工，他们需要让我们远离烦人的琐事，让我们两个人开发一些有影响力的案子。更不用说还有多项指控和定罪的工作了。我很快就明白了，一切都是统计数据，事实上，数据越大，案件就越被关注。

然后，我们开始调查银行抢劫案。虽然艾奥瓦州的经济状况通常没什么大问题，但此时经济已经陷入低谷，许多人认为，一些犯罪分子试图通过抢劫银行来解决经济上的绝望。这是在大萧条时期发生的事情，一些人认为，我们会再次陷入困境。过去的 3 年里，我在锡达拉皮兹工作，我们的管辖范围内发生了两起银行抢劫案。在接下来的 18 个月里，我们遇到了 24 起银行抢劫案。惠伦完全不了解情况，因为他全身心地投入不断扩大的毒品案件当中。我能理解，但我完全被一个大案所占据，还有几个案件迫在眉睫。美国锡达拉皮兹和得梅因地区联邦检察官办公室以及芝加哥的反垄断办公室，都在和我进行“拔河比赛”。我可能比惠伦更忙，但这似乎不重要。我们的办公室又来了一个新特工，现在一共 5 个人。但我们不能让一群没有经验的新特工每隔几周就尝试解决银行抢劫案。所以我也要参与其中。

工作开始变得十分有压力，有时汤姆·摩尔会打电话给我，让我在某个地方进行心理侧写培训。那些我已经做过的事情会给我带来更多的工作，而这正是我不想要的。特工们有很多他们想让我看看的新案或陈年积案。我头晕目眩，还要风驰电掣地出门破案。休息日对我来说不再有，睡眠也成为难题。我常在半夜醒来，打开灯，写下一些自己需要做的事情。太荒谬了，我向家人不停地抱怨，没有时间思考任何事，除了我的工作。然后，午夜时分，电话铃响了，我得起床，跑到 40 英里外的印第安人聚居地去。那里发生了枪杀、强奸或抢劫事件，警察局需要一名特工来进行调查。由于这不是一个真正的印第安人保护区，联邦调查局就成了负责调查大案重案的机构。

有时，我会想，我是否需要再找一份工作。我手头的工作有点让我应接不暇，我做的越多，后面需要我做的就越多。我渴望当一名巡逻员，每天晚上只做一件事，不必把今天的事情拖到明天。我所要做的就是处理无线电台呼叫、完成报告，并期待着第二天的变化，以及发生变化的原因。

就在你认为事情不会变得更糟的时候——事情却真的变糟了。大约 1 年前，我们在得梅因遇到一起绑架案，引起了全国的关注。约翰尼·戈希，一个 14 岁的男孩，在凌晨离开家去送报纸。不到 1 小时，他的父母就接到了儿子的送报客户打来的投诉电话，说是没有收到报纸。这是一个安静的秋天，9 月的星期天早晨，晴空万里，秋高气爽，约翰尼的父母无法想象发生了什么事。他们跳进车里去找儿子，可惜，他们没有看到儿子的身影，却发现儿子的车里装满了星期天的报纸。“就在他们家之外两个街区的地方”，其他报童说，他们早上看到约翰尼拿起报纸，在离开配送站之前叠好报纸。这并不像约翰尼突然决定旷工和离家出走的迹象。他是一个快乐的孩子，在学校表现很好，他的家庭生活也没有什么明显的问题。然而，约翰尼一去不复返了。

没有人知道约翰尼遇到了什么事。其他送报的小孩当时在该地区的一辆汽车上看到了一个人，但是除这条信息之外，我们一无所知。警察奉命搜查该地区，然后扩大了搜查范围。最终，美国联邦调查局在得梅因的办公室也参与其中，因为这是一起明显的绑架事件，违反了联邦政府的法令。在接下来的几个月里，我们花去了几百甚至几千小时的工作时间，但没有成功破案。这就好比有人在别人家的院子里捡起一件圣诞装饰品，却没有人看见他们。警察和联邦调查局在约翰尼母亲的不断批评下，花了数不清的时间试图跳出常规思维模式来解决这个案子。搜查完成了，但什么也没有发现。报纸上刊登了几周的文章，它成了全国性的新闻。联邦调查局局长不断更新文章，但没有任何可更新的内容。这个男孩失踪了，找不到了。人们猜测，他是被一个儿童猥亵犯从街上抢走和杀害了，谁也不知道真相；也许他被绑架了，但还活着，谁也不知道真相；尽管有无数的猜测，却无人可以证明约翰尼所经历的一切。社区里的同性恋者被警察和联邦调查局的特工逮捕。可惜案子没有进展。最终，这个案子一直搁置着。

在几个月的时间里，约翰尼的母亲试图让这个案子有所进展，不断纠缠着警察、联邦调查局和媒体，但是没有成功。他的父母最终离婚了，显然是由于压力。那位母亲坚持不懈地寻找着自己的儿子，但毫无效果。约翰尼走了，再也见不到了。

虽然我没有直接参与调查，但我还是密切关注着这个案子。同情和共情父母的悲伤，并不是一件难事。我家里有一双儿女，当时 13 岁了。我无法想象，如果遇到同样的遭遇，我能做些什么呢。这成了我的一件私事，但是，调查工作在 100 英里以外的另一座城市展开，我必须处理好自己的工作。所以，我放弃了。我对此无能为力。

得梅因最终恢复了平静，我们都希望这种事不再发生。

24

尸体惊现，又一个报童被杀害

早晨6点半，电话铃就响了，这通常不是什么好事。我正在洗澡，准备去办公室，所以我妻子接了电话。她走进浴室，对我说："彼得，是你主管打来的电话，他要你马上接电话。"

"你能告诉他，我正在洗澡吗？我会马上给他回电话的。"

她在电话里传达了我的意思，然后又转向我："他说他现在就要和你谈谈。"

我一阵紧张，心跳都加速了，我的脑海中浮现出了一连串的想法。我到底做错了什么？我一边很快擦干身子，一边思忖着。一大早打电话就够糟糕的了，还是负责整个办事处的特工主管打来的，这预示着我们摊上大事了。

"嘿，老板，怎么了？"

"彼得，我需要你以最快的速度赶来奥马哈办事处这边。"

我迅速地浏览了一下当天的日程表，意识到我必须于1点在锡达拉皮兹的大陪审团面前做证。"只要审判一结束，我就可以去那里，但这是一段4小时的车程，所以我最早可以在今晚六七点到达。发生了什么事？我是不是搞砸了什么？"

"不，你做得很好，"他说，"这是你的问题。你之前听说过贝尔维尤的一个报童被绑架的案件吗？"

我绞尽脑汁地回想："依稀有点印象，但我这里已经很忙了。"

"几天前，一名13岁的报童在贝尔维尤的街上被人抓走，昨天深夜，我们在奥法特南部的一片田野里发现了他的尸体。"贝尔维尤是奥马哈的郊区，奥法特空军基地是战略上重要的空军基地，在贝尔维尤以南几英里的地方。我只去过基地一两次。

“天哪！”我脱口而出，“听起来就像——”

他打断了我的话：“是的，我知道。就像约翰尼·戈希案件。我们不知道是不是同一个人所为，但你是我的心理侧写师，我需要你尽快到这里来。”

“好的。我马上穿衣服，然后就去办公室。从芝加哥来的人要到今天上午 10 点才到。我们有一些工作要做，他们告诉我，我是第一个目击者，他们会在下午 1 点上听证席。我会告诉他们，我和大陪审团的工作一结束，就会离开那里。”

“好的，谢谢彼得。我们一会儿见。我已经把该死的办公室搬到那里去了，所以，你来之前给我打个电话，我会告诉你我那时在哪里。最好的猜测是在萨皮县治安官办公室。”

“可以。”现在，我的大脑在飞速运转。我不知道在贝尔维尤发生了什么，甚至不知道犯罪现场的情况。当然也不知道我会在奥马哈待多久。

“哦，顺便说一句，”我们挂电话前，他说道，“我要给行为科学组打个电话，看看能不能让他们派一个人过来。如果他们同意派人，你就可以和他们派来的人携手合作了。”

我松了一口气。我认为自己还没准备好独立完成心理侧写工作，这个案子肯定会是这样。

“一切都好吗？”当我下楼来到厨房时，我的妻子玛丽·安问道。我的龙凤胎儿女，凯瑞和罗妮刚刚起床，正在吃早饭，准备去上学。我把我所知道的一切都告诉了他们，并告诉他们三个，我不知道自己将在奥马哈待多久。通常，去总部的旅程要花一两天时间。这一次，谁知道呢？

我到办公室时，很难集中注意力。最后，好奇心占了上风。于是，我打电话给佩吉·桑德斯，她是奥马哈市的一名后勤人员，似乎对办公室的事情了如指掌。

“佩吉，看来我今天下午要去奥马哈了。你能告诉我发生了什么事吗？”

“没有人确切地知道，彼得，”她回答，“每个人都像无头苍蝇一样四处跑来跑去。两天前，这个孩子一大早就出去送报了。他们知道的接下来的事，就是有人发现他的自行车倒在了人行道上，报纸撒得满地都是。”

“没有人看见什么吗？”

“据我所知，没有。我听说，他们在田野里找到了小孩的尸体。我猜是在奥法特南部的某个地方。我们这里没有多少信息。他们在警察局设置了一个指挥所，所以，我们有点圈外人的感觉。办公室里的每个人，要么已经在那里，要么在去那里的路上。我听说，那个小男孩被切成一块块的，他的尸体被肢解了。我真的不知道更多信息了。”

“该死的。好吧，谢谢你的信息。老板要我尽快赶到那儿，我明天可能会见到你。”

“你什么时候出发呢？”

“我抽不开身，恐怕要晚一点儿出发。午饭后我要和大陪审团见面，我属于奥马哈办事处的人。”

根据艾奥瓦州 8 月底 9 月初的降雨量，从锡达拉皮兹市开车到奥马哈 80 号州际公路时，既可以饱览一片片翠绿色的田野风光，又可以观赏又高又大的褐色的玉米秆，它们等待着约翰迪尔牌大型收割机的光临。艾奥瓦州的地形并不平坦，这与大多数人想象中的不一样。实际上，这是在几千年前，经过几十年的冰川融化而形成的地貌。那天我开车时，周围有褐色的玉米秆，但我没有注意到任何风景。我的心思根本就不在那里。

我很高兴听到匡蒂科的一个家伙来了，希望他能快点到那里。很明显，这很像丹尼·科洛斯基的案子，我在匡蒂科讨论过好几次。这是一个备受瞩目的案子，他们希望尽早解决。我曾被派到一个学校去学习两周的心理侧写课程，但我知道，我没有资格去做这个犯罪心理侧写部门的人可以做的事。

我首先想到了特工肯·朗宁在匡蒂科进行的儿童犯罪专题讲座，特别是儿童性骚扰者的部分。我带着活页夹，在朗宁的课堂上做了大量的笔记，我觉得这给了我一些便于工作的资源。他给我们讲述了 4 种不同类型的儿童性骚扰者的特征，这对我来说是非常有趣的，因为我在警察局的经历中很少涉及这些内容。我希望，小小的警察局或者警察厅有一个负责儿童性犯罪的侦探，我们可以彼此交流想法。我很高兴行为科学组的人可以来到奥马哈。

开车穿过得梅因，我情不自禁地想起了约翰尼·戈希的案子，我觉得那个案子与贝尔维尤的案子有某些关联。考虑到时间和地点的距离都比较短，这显然是可能的。奥马哈距离得梅因大约 100 英里，所以一切皆有可能。更有可能的是，我想，是一个当地人做的，但谁知道他在一年以前是否生活在得梅因。真相会按照自己的方式上演，我迟早会发现的。我的猜测是，我将面临一段非常紧张的日子。事实果真如此。

25

扑朔迷离，一波未平一波又起

赫伯·霍金斯是我们的特工主管，他是名副其实的特工老板。他是一名受勋的海军陆战队少校，作为一名特工进入美国联邦调查局。做了10年的特工和特工督察后，在拉斯韦加斯担任助理特工主管。在那里，他监督处理了几起引人注目的案件，其中最突出的是一项重大调查，涉及在雷诺的哈维赌场里安放的一枚1000磅重的炸弹。这个案子得到了解决，尽管大厅里的炸弹爆炸了，对赌场和酒店造成了相当大的损失。肇事者是一名男子，属于匈牙利移民，他试图从哈维身上敲诈300万美元。赫伯也直接参与了拉斯韦加斯的其他几个大案子，所以，他似乎是指导我们在贝尔维尤工作的合适人选。

不幸的是，赫伯管理着两个州的外地办事处，还有很多其他的案子都发生在他管辖的部门，所以他不会成为这场调查的核心队员。特工主管助理阿斯克·约翰·埃文斯将与贝尔维尤警察局局长和萨皮县治安官密切合作。

我睡了个好觉，第二天早上起来时，赫伯已经在指挥所了。他似乎很高兴见到我。“彼得，你准备好了吗？”

“老板，告诉我，你需要我做什么。你让我去哪里，我就去哪里。”

“好吧，先做第一件事。我刚接到鲍勃·莱斯勒的电话，他大约4点钟会飞到奥马哈。你认识他吗？”

“哦，认识。莱斯勒很了不起。他是一个犀利的家伙，处理那类案子已经有一段时间了。我准备去机场接他，因为我可能是这儿唯一认识他的人。”

“好吧。你要不要跟查克·肯普夫一起工作，看看你们在莱斯勒下飞机之前能有什么收获，这样他就可以旗开得胜了？”肯普夫是办公室里最资深的特工之一，他不仅是一个有着辉煌纪录的精英特工，而且每个人都很喜欢他，包括当地的执法人员。他还是一个枪械和自卫教练，所以他在很多警察学院教授基本技能。

“听起来不错，”我说，“知道他在哪儿吗？”

“我想，他要么在现场，要么在验尸官的办公室。今天早上他们正在对这个男孩进行尸检。所以查克可能在那里。看看还有谁在这里。一个资深的家伙可以让你进展迅速。”

犯罪现场的照片无法使用，但我复印了原始报告，并留在一个安静的会议室里，开始阅读这些资料。事实很简单。13 岁的丹尼·乔·埃伯尔很早就起床了，像往常一样，他前往附近一家便利店去取他的 70 份报纸。取完报纸后，他把报纸卷起来，把所有的东西放进自行车的邮袋里，然后上路了。但他只停了三站。这条路线上的一些客户没有按时收到报纸，于是打电话到丹尼的家里。

丹尼的父母被电话搞糊涂了，出门走了那条路线，最后在一个牙医家里的栅栏门口发现了丹尼的自行车。折叠的报纸在邮袋里，但是丹尼·乔无处可寻。没有任何挣扎的迹象。他的父母开车四处转，但没能找到他，于是，他们马上打电话给贝尔维尤警察局。

警方立即开始搜寻这个小男孩，并按部就班地与该地区的人们交谈，但没有人看到任何东西，也没有人见过丹尼。搜寻工作持续了一整天，警察们检查了该地区的每一栋建筑，并搜查了房屋周围。更多的邻居接受了采访，但是没有人见过丹尼·乔。他完全消失了，就像 1 年前的约翰尼·戈希一样，两起案件出奇地相似。

尽管 100 多名市民和警察参与了搜索，但没有发现任何线索。夜幕降临了，搜寻工作被搁置，第二天一早又开始了。然而，搜索队还是在执法人员的指导和组织下呈扇形散开了。警局已经介入，县治安官贝尔维尤联系了奥马哈当地的联邦调查局办公室。他们立即派出了特工去协助调查这个男孩的失踪案。家里没有任何导致他决定离家出走的迹象。相反，他很认真地起床送报纸，每天早上去上学。在学校也没有问题。没人明白他是如何神秘消失的。

第二天，搜索范围扩展到了边远地区，最后是悲剧性的停顿。一位搜查者发现，丹尼·乔的尸体躺在了一个贫困县碎石路上的杂草丛中。事发地点在丹尼·乔的自行车停放处西南 4 英里处。他只穿了内裤，前胸和后背都被捅了很多刀。他的手和脚踝被绳子绑着，嘴巴被胶带缠着，还有一些证据表明，可怜的小男孩在死前被拷打过，这一点后来也得到了尸检结果的证实。

26

鲍勃前辈：我的传奇搭档

下午3点，我读完了自己能找到的每一份报告，并复印了相关的报告。我做了很多笔记，在适当的时候添加了自己的想法。在机场迎接鲍勃·莱斯勒的时候，我希望自己对事态充分掌握。

我们开车回去的时候，鲍勃一直在谈论工作。奥马哈的埃普利机场在警察局的东北部大约30分钟的车程处，藏进了蜿蜒曲折的密苏里河。我选择了一条返回路线，回程将花费我们更多的时间，所以我让鲍勃快速了解一下情况。

“那么，他们是不是一直在缠着你要答案呢？”他问道。

“事实上，不是的，感谢上帝。我的老板刚刚告诉我要尽快起床，然后几乎任我自便。我停在了一个安静的地方，开始温习这些报告。一些是有用的，我自己做了笔记，另外，我还有一些复印件，供我们以后再复习。”

“这会有帮助的。”

“你知道自己想先做什么吗，鲍勃？”

“我啊，如果路途不太遥远的话，我不会介意开车去那个男孩尸体被发现的地方。”

“好的，我们可以做到。我不是很确定它在哪里，但是如果它在奥法特以西的路上，我很确定我能找到它。我猜会有一些人在那里，所以我们可以看到尸体被丢弃的确切位置。”

“这样做总是能给我一些启发，有时我甚至不知道为什么。最终线索都会拼凑在一起。”

“既然如此，我们为什么不能在路上快速寻找一下那个男孩走失的街道呢？我想我能找到它。”

该地区主要是战后的农场房屋，属于砖砌建筑，维护得很好。由于军事基地是推动贝尔维尤经济的主要动力，我告诉鲍勃："我猜这些房子大部分是参军或后勤人员在居住。"我指着左边一幢漂亮的房子："他的自行车就是在那个地方找到的，就在那道门的里面。一个牙医住在那个房子里，但他什么都不知道。"

"有人看到什么了吗？"

"没什么，完全没有。他们挨家挨户地检查各种可能性。建筑物、小块地，凡是你说得出的，什么都没有，他仿佛消失在了稀薄的空气中。'噗'的一声，就像蜡烛被吹灭一样，他便烟消云散了。"

"这个地区有什么不寻常的人物吗？"

"不确定。我怀疑在接下来的几天里会有一些后续行动。当我们到达指挥所的时候，我会把它记下来，然后交由老板们处置。"

"好主意，"鲍勃说，"很难说事情是怎样的。邻居中的某个人可能会抓住这个男孩，把他关在家里几天。以前发生过这样的事。"

"这就是我们把你带到这里来的原因。"

"我只是希望我们能做些好事。"

不知怎的，我利用自己的小聪明，成功地找到了基地东侧的乡村小路。幸运的是，有相当多的人在路的两边四处寻找，寻找更多的线索来判断残忍的不明嫌疑犯的身份。

我找到了一名新探员，意识到他在搜索路边的一个暗渠。

"你能告诉我们，那个男孩的尸体在哪里吗？"我问他。

他转过身来，指向南方："在那边一小群人站立的地方。我想，他们还在研究犯罪现场。"

是的，他们还在研究犯罪现场。我介绍了鲍勃和我自己，他们对鲍勃从匡蒂科到"古老的小奥马哈"一路赶来的印象非常深刻。

"很高兴来到这里。"鲍勃向我眨了眨眼睛。

鲍勃向现场的副手们问了几个有关这个地区的问题，当他似乎对人口统计数据有了一定的了解时，便指着我的车，说道："我们到指挥所去吧。"

我们的时机选择得非常完美。查克·肯普夫和一名萨皮县的警探刚刚尸检归来，正准备给高级警官做简要汇报。我们坐在了我之前用过的会议室里。

“医生说，我们要过几周才能恢复血液循环，”查克解释，“所以他不能告诉我任何关于丹尼被麻醉或者他的身体里有酒精的事。他没有发现任何性侵的迹象，我们使用黑光灯检查了尸体，那里什么也没有。医生说，他一共被捅了 9 次，还被打了好几次脸。他的喉咙也被割断了。”

“你知道死因吗？”县治安官问道。

“说是由于刀伤和割喉的伤口，小男孩失血过多，不幸身亡。他花了一段时间才死去，所以他受苦了，可怜的孩子。”查克哽咽了。不难看出，他处理这件事时投入了感情。每个人都是这样。

“有现场的照片吗？”鲍勃问。

“今晚就会有了，”查克说，“等这里的事情结束后，我们就到办公室去接他们。”他看着鲍勃和我，又问：“你们下一步要去哪里？”

“我们要去 25 号州际公路和 72 街的假日酒店，”我回答，“我住在那里，我给鲍勃留了一个房间。我们一会儿可能会吃点东西，然后住进去。想在那儿见我们吗？”

“可以啊，”查克看了看表，“应该 7 点左右到。”

我把我的房间号码报给了他，然后，我们出发去酒店办理登记手续并吃饭。

27

破案不是变魔术

鲍勃·莱斯勒向我提了一些深刻的问题，这些问题他也曾问过查克·肯普夫和警察局的首席侦探。这两名侦查人员从第一天起就一直沉浸在这一案件中，他们两人在过去的4天里都没有睡几个小时。尽管如此，他们仍然精力充沛，很兴奋地把这些事实告诉我们，希望我们带给他们新的视角去洞察杀手。

但是，鲍勃问了他们一些让他们措手不及的问题。"你们为什么认为，他是那样把小男孩绑起来的？"他一边问，一边看着一幅犯罪现场的照片，并展示给我们所有人看。

"嗯……"查克停了下来，看了看这位侦探，"我不知道。也许是为了让他能做一些自己想做的事？"

"我认为你说的话有一部分是对的，查克，"鲍勃点了点头，又朝我看过来，"你怎么看，彼得？"

"很难说，鲍勃。"我茫然地解释我看到的东西，"这就好像他捆住了小男孩的四肢。一看到这张照片，我就想我们的不明嫌疑犯可能在农场里度过了一段时间。这样想对吗？"

他点了点头。"事实上，我还没想过呢。对此，我稍后可能会私下揣摩一下。但我认为这些就是它要告诉我们的事实。"他指着男孩的手腕和脚踝周围的绳子，说道，"**具有施虐倾向的人喜欢完全固定住受害者，让他动弹不得，这给了他们一种控制的感觉**。他们对受害者有控制欲，这样他就可以毫无阻力地做自己想做的事了。"

"不记得心理侧写培训班上提过这一点。"我评论道。

鲍勃抓起了侦查人员随身携带的那堆照片，并堆叠得整整齐齐，放在我收集的报告上面，看着我们所有人，说："这就是我想要你们做的。我想，我明白这是**怎么**发生的了，我也明确地知道发生了**什么**。"他强调了这两个词，"我们知道是谁发生了什么事，以及在哪里发现了尸体。对吧？"他看了看我们三个人，我们一致点头，我终于知道这次会议的方向了。

我记得鲍勃给我们做过的几次讲座。"你们想知道的是，这些事情为什么会发生，对吗？"

鲍勃回答说："我很高兴看到彼得从他在匡蒂科的两周中收获了一些东西，而不只是每天晚上和伙伴们一起喝酒。"这让我们大家都笑了。

"我真幸运，"我大笑着说，"那些家伙真糟糕。"

鲍勃咯咯地笑了："是啊，我猜，你们每天晚上去会议室的时候，他们都会逼你喝酒。"

"可能只是一点点。"

"好吧，下面是我想要你们做的。你们每个人都对这个案子有很好的理解了，但我想知道的是，为什么那个家伙会这么做？当他把小男孩从街上带走时，他冒了很大的风险吗？你们可以从中得到什么启发呢？他必须对男孩使用武力吗？还是他随身携带了凶器？我们可以从中得到什么启发呢？他留了小男孩多长时间？没有明显的性侵痕迹又说明什么呢？我们看到的是一时冲动或不加思索的犯罪行为，还是这家伙提前计划了一番？"我们三个人盯着鲍勃，好像他刚从一艘宇宙飞船上跳下来一样。

萨皮县的侦探首先回答道："我当警察已经有20多年了，但我从没想过这个问题。它总是关注是谁、做什么、何地、何时，以及如何做。所以你们想说的是，你们想把所有这些放在一边，然后想一想作案动机？"

"我说的就是这个意思，"鲍勃回答，"你们开始明白了。让我们看看我们能不能一起工作，找出我问你们的一些问题的原因，只想一分钟就可以了。如果不是完全控制和支配了这个小男孩，为什么他要把小男孩绑起来呢？更重要的是，他为什么用胶带封住小男孩的嘴巴呢？"

查克恼怒了。"他显然不想让小男孩说什么和做什么。该死的，我想，我应该开始用点儿不同的方式思考这个案子了？"

“不,”鲍勃说,“你是这个案子的特工，他是这个案子的侦探。在调查的每一个阶段，你俩都需要完全掌握调查的每一个可能的事实。我希望你们知道一切，因为有了这些信息，你们对我来说是不可或缺的。我只是想让你们在思考中增加一个元素。在这些情况下，他为什么要做这样的事情？这将给我们提供一些关于这家伙背后动机的重要线索。你们明白我的意思吗？”

萨皮县的侦探拿起了照片，看着鲍勃和我，问道:“这些照片有用吗？”

“很有帮助,”鲍勃回答，“我想挑几张照片，晚些时候再看，明天早上再看吧。”

“你认为你现在有足够的能力给这家伙做个心理侧写吗？”查克几乎是在恳求地问道。我能感觉到他声音里的焦虑。他们希望这个案子得到解决。不是明天，而是现在。这是一个社区所能经历的最可怕的罪行。如果一个无辜的小男孩可以被人从街上抢走并夺去生命，在社区里谁会感到安全呢？

鲍勃伸手去拿照片，并挑选了一些。“现在有一堆东西在我脑子里闪过,”他说，“这个过程比很多人想象的要复杂得多。没有水晶球，也没有神话思维。我脑袋里有几百个案子，我需要做的就是把这个案子插到某个地方。这就像把一圈胶带滚过地板，看看什么东西附着在上面一样。早上或者明天的某个时候，线索会聚集在一起。我依然觉得，我还没有掌握所有的事实，但它会来的。”

“有一个最初印象了吗，鲍勃？”我问。

“有一些，但我还不是很确定。我想，这家伙可能更年轻，可能是20岁刚出头，我认为，这和约翰尼·戈希的案子没有什么关系。我觉得他刚来到镇子里，可能和军事基地有某种联系。”

“有意思,”查克说，“你认为我们在对付一个连环杀手吗？”

“现在还很难说。我得说，这可能是他第一次杀人。问题是，一旦他尝到了控制受害者的快感，就会开始幻想自己所做的事情。然后，幻想变成一种痴迷，最终成为一种冲动，驱使他们再次作案，因为幻想在某种程度上让他们感到兴奋。当他们无法克服自己的困扰时，就会再次作案。”

侦探摇了摇头：“如果我们不尽快找到这个人，惨案可能会再次发生，是吗？”

“很有可能，”鲍勃回答说。

“多久？”侦探再次抓起照片，一张一张地翻看着。

“很难说。我们现在没有找到他的任何作案模式。我希望我们能在他杀死另一个孩子之前抓住他。可能是几天，甚至是几周。我的倾向是，需要几周。他很清楚，我们现在全力出击，在事态稳定下来之前，他很有可能被抓住。如果他想再次作案，那他肯定不想被抓住。但一旦开始犯罪，他会蠢蠢欲动，欲罢不能，最终会再次作案，以满足内心的渴望。”

查克挥了挥手，强调他接下来要说的话：“这家伙疯了吗？”

鲍勃摇了摇头：“我意识到，大多数人是这么想的，但答案大部分不是这样的。‘疯’这个字有几个意思，但在我们讨论的语境中，它并不适用。我几乎可以保证这家伙没有疯掉，而且他会成为你们最不希望的人。”

“我们的老板确信，这家伙是一个想要折磨幼小受害者的同性恋。你有什么想法吗？”这位来自萨皮县的侦探提出了一个很好的观点，而传统观点认为这一点是正确的。

“我表示怀疑，”鲍勃说，“这是你们想到的第一种可能，但请记住，这一案件显然没有涉及性行为。我们不是在处理这样的人——在同性恋酒吧里闲逛，或在男人喜欢去的地方寻欢作乐的人。这家伙完全有可能成为杀人机器。如果他只是同性恋，那他可以处理这些冲动，而不必杀死一个孩子。”

查克·肯普夫用手摩挲着下巴：“我们的特工主管助理对此非常热衷。他想让我们一些人出去搜查同性恋者，因为他确信那就是我们要找的人。我不知道，我们是否能让他摆脱这种想法。你的意思是他不是同性恋，对吧？”

“我对此表示怀疑。我们要看得更远。在我看来，不会是一个30岁或40岁的同性恋者，因为年长者已经在行为上做了很大的改变。在这一点上，我几乎是乐观的，我们要寻找一个更年轻的人，刚刚开始将自己的幻想发展成现实。这些需要都存在于他的脑海中。”

“这给了我们一个完全不同的思考，”侦探说，“我们的县治安官思考起来就像查克的老板一样。关于同性恋者，他们有自己的想法，但没有成熟的念头。”

“让我来处理吧，”鲍勃看了看手表，注意到已是深夜，于是说道，“我们已经干了好几个小时了，我们都需要好好睡一觉。尤其是你们，我猜。我们把这件事放一放去睡吧，明天一大早我会在专案组办公室里见到清醒的你们。”

侦探离开后，我告诉鲍勃：“我真高兴你来了。我不知道我能不能打破他们的思维定式。我说的‘他们’是‘老板们’的意思。这真的可以帮助大家看到我们不是在坚守传统，而是在改变他们的思维定式，这项工作需要认真对待。”

“是的，总会有帮助。让我们睡个好觉，早上 7 点左右我在餐厅和你见面，好不好？”

“明早见。”

28

泯灭人性的儿童凶杀案

那天早上，当鲍勃·莱斯勒来到沉闷的专案组办公室时，我的主管助理和萨皮县治安官兴奋地看着他。两人都认为他有时间向工作人员、副手和特工们提供一份心理侧写材料，但鲍勃很快就打消了大家的这个念头。

“对不起，伙计们，”鲍勃说话时有点生气，“这里还没有任何心灵的思考。这是一个过程，我觉得我没有足够的时间来完全消化所有的信息。”

“你昨晚和主要侦查人员见面了吗？”特工主管助理约翰·埃文斯问道。

“是的，当他们离开的时候，我和彼得讨论了这些事情。今天早上吃早餐时，我们还一起度过了美好的时光。还有几件事需要我去思考。我要说的是，我们会花很长时间去做这件事，如果我觉得我对这些情况有把握，我可能在早上就准备好了。我想给你们一些有用的信息，并尽可能准确。先让我有机会对所有这些信息进行深入研究。”

两位老板看上去有点儿失望，但我完全明白鲍勃在说什么。我们的训练帮助我了解到，我们必须考虑一些事情，比如，我们的不明嫌疑犯可能在大街上绑架那个小男孩。然后，我们想知道，小男孩和不明嫌疑犯在一起待了多久，为什么嫌疑犯选择了这个特别的受害者，还有他为什么把尸体扔在一条杳无人烟的乡间小路上。他熟悉那个地区吗？如果他熟悉，为什么呢？从他所使用的凶器种类，甚至是用来捆绑受害者的绳子上看，我们还能进一步了解他吗？为什么他选择了那样的方式来捆绑受害者？有没有什么线索可以让我们了解他的性格，从而了解他的故事？鲍勃在了解更多之前，觉得自己什么都不能做，否则就是鲁莽行事，而且他也不想那样做，尽管那些管事的人显然很焦虑。

“我知道他们现在想要一些答案，”当我们走出警局，上了警车的时候，鲍勃说道，“我不会轻易告诉他们，直到我认为自己所掌握的信息合情合理。”

“我知道他们是怎么想的。”我开车上了主路，向东开往贝尔维尤市，“他们承受着巨大的压力，要尽快解决这个问题。但我认为他们不理解的是，你为什么不能准确地查明嫌疑犯的身份，他住在哪里，他叫什么名字。”

“没错。我可以给他们提供一些关于这个嫌疑犯的相当具体的信息，还有一些基本信息。但我要花一点时间来处理所有的信息，显然有很多信息。”

“顺便问一下，你想先去哪儿？”我问。

“我们再去一趟小男孩被绑架的地方，然后我想好好侦查一下弃尸的地方，分析该区其他方面的特点。”

“你想让本案特工到那里去接我们吗？”

“不。我认为，我们可以查阅这个地方一段时间，研究一下凶手可能选择的直接路线，分析他为什么选择这个弃尸点，而不是沿着这条路往前走，或许，我们可以去一些好几个月也不会被发现的其他位置。”

“好主意。有一些罪犯，比如邦迪，尽其所能把尸体留在可能永远找不到的地方。”

“你说得对，所以，这可能会给我们更多的线索去了解他的思维过程。有一件事我可以肯定——当他开车带着一个孩子兜风时，一定感到非常焦虑。我们可以从中得到什么启发呢？”

环视丹尼·乔·埃伯勒被绑架的这条街，似乎给了鲍勃一些线索，让他了解了不明嫌疑犯缺乏绑架小男孩的合理计划。“我觉得这更像是冲动作案，而不是精心策划的案件，”当我们第二次经过绑架地点的时候，他说，“如果是这样，你们会得出什么结论？”

“我的灵感来自你在学院的一席讲话，”我回答道，“缺乏计划和冲动的行为告诉我们，我们正在和一个年轻人打交道。”

“正确。我现在的感觉是，我们正在和一个 20 岁刚出头的小伙子打交道。我们还能得出什么结论呢？”

“好吧，让我们想一想。**我想是一个白人男性，也许不是非常高大。他发现了一个年幼而瘦小的受害者，可以更容易地控制他。受害者是个白**

人小孩，这些犯罪倾向于发生在同种族之间。很容易得出结论，我们正在寻找一名白人男性，从该地区的一般人口统计数据来看，这里大部分是白色人种。”

鲍勃朝我看来：“也许你真的从我们的培训中学到了一些东西！”

“我作弊了。我昨晚浏览了笔记。”

“不错。你不可能把所有这些东西都记在脑子里。”

“你说得太对了。让我再说一遍，我很高兴你能来到这里。我知道，这些人会认为我是专家，因为我参加了一些培训。我很乐意承认，我一点也不觉得自己像一个专家。”

“是的，但是你的想法是正确的。”

当我们到达小男孩尸体存放的位置时，我们花了更多的时间，找出了一些我们认为可以用到的其他线索。“有一件事我很确定，就是这个家伙不知怎么和那里的军事基地扯上了关系。”鲍勃指着奥法特空军基地，我们沿着土路行驶时，基地就在我们的东边。“我怀疑，这是一个舒适区，我指的是一个他想逃离一切时可以四处转转的地方。我要给县治安官的一个线索就是，检查他们是否有一名副手在这里发现了一辆车并与人交谈过。机会不大，但以前发生过。”

显然，鲍勃开始萌生了很多想法。他补充说：“如果他是一个年轻人，那么，我认为，我可以确信，他是一个底层的士兵，很可能很久没有在基地了。这里发生的事告诉我，这个孩子是他的第一个受害者。我不知道我为什么这么说，只是我的感觉。”

“所以，你的意思是，不管他从哪里来，都可能不会继续在那里开始疯狂的杀戮？”

“你说得对。他可能因为其他原因离开了那里。我得说，这家伙的家庭生活很糟糕，我的意思是，他的家庭状况对他来说是个问题。他的父母很可能不在一起，他和他的母亲住在一起。通常在这些人会和一个有虐儿倾向的单亲母亲一起长大，而父亲不在身边。他可能在学校表现不佳，其中很大一部分原因是这些暴力幻想一直在作祟。”

我想了一会儿。“嗯，这听起来很熟悉。这就是我 17 岁时去海军服役的原因。”

“同样，也许，他在挣扎，进入军队给了他一些生活中的方向感。”

“跟我一样。军队帮助我成长，使我为生活做好了准备。但进入军队没有消除他的暴力幻想，对吧？”

“你说得对。从他还是个小孩子的时候，他就有过这些暴力幻想。”

“我们一项一项地进行心理侧写吧。”

“好的。”

我把车停在路上，靠近丹尼·乔尸体被发现的地方。“让我做点什么吧，”鲍勃说，“我想在这里花点时间思考一下自己的想法。我开始萌生一些想法了，但我想在这里花点时间思考。你沿着道路往前走，顺便了解一下这个地区吧。这个基地有南出口吗？你们看到的任何东西都能帮助我们。”

“听起来是个好主意。”

我沿着这条路慢慢开车，头靠在了椅背上。整个区域都被搜查了一遍又一遍，我没有在路上找到任何明显的证据。但是，也许会有一些暗示，让我获得一些信息吧。可惜没有。然而，我可以清楚地看到基地和塔楼，那座塔楼是该县一个平坦贫瘠的地方最突出的地标。我不由自主地想，丹尼·乔曾经遭遇了一段多么孤独和可怕的经历，一个人在这么偏僻的地方，自己不知道身在何处，有一个男人正在做你不懂的事情，他还会杀了你。这个小男孩才 13 岁呀。我想起了我自己的儿子，和丹尼·乔一样大。顿时，我感到一阵寒战，脑袋嗡嗡作响，这种痛楚无法言表。

我回去的时候，鲍勃在路上到处闲逛。“没白来，”他系好安全带，关上了车门，“我们回酒店吃点东西，怎么样？然后，我想单独在房间里待一会儿，再看一遍报告和图片。我想，今天下午晚些时候或晚上我会准备好做侧写。”

29

罪恶的源头是幻想

第二天早上，我们开车去县治安官办公室时，鲍勃仔细看了一下他的笔记。我们吃了一顿丰盛的早餐，显然他已经准备好了。我停车的时候说："貌似有好戏看了。"

"是的。"

"紧张吗？"

"不是很紧张。我觉得我现在对这件事掌握得很好。可能有几件事我不太确定，但如果以后有相关信息，我可以把这些部分加进去。现在我有一些东西可以帮助这些家伙。"

我们走进去的时候，大部分侦查小组成员聚集在警察局的集合厅。县治安官帕特·托马斯介绍了鲍勃，鲍勃负责剩下的部分。

"我首先要感谢所有从你们那里得到的帮助和每个人在这件事上所做的努力，"鲍勃说，"我想试着给你们一些我在这个节骨眼上从一切有效事件中推断出的信息。我不相信这次绑架和约翰尼·戈希案有任何关联。有几个我觉得很合理的原因。一个原因是约翰尼的尸体从来没有被发现过。在这个案子里，尸体在受害者失踪几天后被发现，事实上，可能是在他被绑架的那天留在那里的。真正区别这两个案子的是，在这次绑架中，不明嫌疑犯以一种非常随机和匆忙的方式作案。因此，我断定这不是同一个人。"

他环顾四周，看大家是否有什么问题，然后继续说："嫌疑人可能是一个白人男性，十几岁或20岁出头。他的作案手法说明我们在对付一个没有经验的杀手。我相信这是他杀死的第一个人，所以在这一点上，我们并不是在对付连环杀手。我相信他做了一些事情，使他可以接触到那个年龄的受害者。我不知道是什么事。也许是训练一支青年足球队，或者类似的事情。他的身材可能十分矮小，我指的是身高低于 6 英尺（1.82 米），体型更小。我之所以这么说，是因为他选择了一个十分矮小的受害者，如果有冲突的话，他可以处理。”

房间里的人都在疯狂地记笔记。“现在，我想让你仔细考虑另一件事。我坚信这个不明嫌疑犯是空军基地的一个级别较低的飞行员。你们需要了解过去几个月里有多少人被分配到那里。时间可能要向前推算 6 个月。我不知道会有多少人，我把它留给你们来计算。在这群人中，你们会找到这个人。”

“让我再补充一些东西。他的学历不会超过高中，他的工作是相当卑微和非技术性的。他认识的人会认为，他很古怪，很安静。他有奇奇怪怪的性幻想，但他不太可能向与他共事的人提及这些。所有这些奇怪的性幻想不都是几个星期前才开始的。他一生中大部分时间沉迷于此，甚至在他十几岁之前就这样了。他会收集一些色情资料，还可能买了一些侦探杂志。我们发现过不少这样的罪犯。所以，可能的情况是，如果他有一个室友，这个室友可能会在他阅读这些东西的时候进过他的房间。或者甚至撞到他手淫的现场。”鲍勃又审视了一下房间里的每个人，“现在，还有人有问题吗？”

大家似乎都在忙着记笔记，恨不得记住他所说的每一句话。我知道他们想要的是一条线索，这条线索会把他们引向犯下这一可怕罪行的人。整个地区的人都很紧张，父母们甚至不愿意送孩子去上学。

“我们正在寻找一个在最近的生活中经历了压力事件的人，这可能会让他把幻想变成现实，”鲍勃说，“压力事件有很多种可能，比如，他的父母离婚、他与女友分手、他被解雇或受到处分。**他是个孤独的人，所以，也许从一个地方搬到另一个地方让他承受了很大的压力，这让他变得很暴力。**我认为这个人有一些潜在的同性恋倾向，但他不会成为一个活跃在镇上同性恋场所的人。他不会在同性恋者们常去的地方闲逛，如同性恋酒吧或其他的聚会场所。”

“我相信他很熟悉那个男孩的尸体被遗弃的地方。彼得和我花了很多时间侦查那里，我想这是一个他可能会去思考和开车兜风的地方。外面很安静，他可能就在路边停车。他有可能杀了那个男孩后，又回过作案现场。这听起来像是他想要被抓住，但事实是，很多人会回到现场去幻想他们做了什么。尽管可能很难相信，但他只要回顾一下那个事件，以及他当时的所作所为，就会倍感刺激。他会继续幻想。另外，不幸的是，我还有一件更重要的事需要告诉你们。"

鲍勃停了下来，阴沉地望着那群细心的警官、副手和特工。"如果我们不弄清楚他是谁，热度过去之后，他会再次作案的。这是迟早的事。现在，他觉得自己终于梦想成真了。但是，事情可能并没有完全按照他计划的那样进行，他将进一步完善自己的幻想，他将被迫再次作案。"

这话没错。

"我不想再给你们施加你们无法承受的压力了，"他接着说，"但我确实认为，如果你们使用这些线索，就会知道他是谁。我要祝你们好运。如果你们有任何问题，彼得和我今天会在这里。我明天要回匡蒂科，我想彼得需要回锡达拉皮兹。祝你们有好的收获。"

第二天早上，我把鲍勃送到机场，然后返回锡达拉皮兹。是时候让我的生活恢复正常了。这是一段充满压力的日子，但也是一次很棒的学习经历。我觉得自己的导师就是一位大师，他是一个知识渊博的人，世上少有的智者。我不知道自己是否能做到这一点，但我很自豪地认识了鲍勃，并把他视为我的朋友和知己。

30
家庭生活

渐渐地，一切开始恢复正常，无论是我的工作，还是我的家庭生活，都开始步入正轨。我的孩子们在锡达拉皮兹的约翰·肯尼迪高中开始了二年级的学习，当然，像其他人一样，会对结交新朋友和适应一所全新的学校而感到不安。

我的儿子凯瑞在夏天的时候，已经到了成长高峰，长高了好多，身高到了6英尺4英寸（1.95米），但是他仍然像栅栏一样瘦。踢足球是不可能的。他想去参加篮球队，但是没有任何经验，他甚至很少有机会成为校队的队员。他选择了室内体育活动，似乎满足于此，并参加了一些室内比赛。

我女儿罗妮患有哮喘，所以运动不在议程内了。我想确保他俩都比我有更好的高中生活经验，所以，有一天晚上，我们坐下来一起探讨了我们的想法。

"都有哪些户外活动可以选择？"玛丽·安问。

"我不知道，"我看着孩子们，"你们怎么看？"

两个孩子中，罗妮的性格更加坦率，她似乎不愿意和我说话："我不知道，爸爸。为什么我们必须要做点什么呢？"

"因为我不想让发生在我身上的事情发生在你们身上。如果我高中时参加体育运动或其他活动，我怀疑我就不会退学了。"

"但是您试过打篮球和踢足球，是吗？"凯瑞问道。

"是的。但我不够好。坦率地说，我认为也没什么太大的帮助。"

罗妮问道："你们想让我们做什么呢？"

玛丽·安回答说："这不是我和你们的爸爸想让你们做什么的问题。更重要的是，你们选择你们认为自己会喜欢的东西。”

“没错，”我附和道，“我不想强迫你们去做你们不想做的事，因为那样你们就不会快乐，这绝对不是我想要的结果。但是，我们要解决一些问题。”

我们讨论了一些选项，温习了学校手册。最后，我们看到了手册中以“T”开头的项目，找到了戏剧艺术（Theater Arts）。“这个怎么样，孩子们？”因为孩子们已经足够大，能够欣赏现场表演，所以我们带他们去过很多次社区剧院，也看过百老汇音乐剧和艾奥瓦大学的其他演出节目。

罗妮又表现出不情愿的样子：“但是，爸爸，我们没有任何经验。我俩都没有做过此类的事情。”

“我知道，”我答道，“但这正是你们获取经验的地方。你们在戏剧节目中认识的孩子会是好学生，我想，他们也是好孩子。我真的认为这是可行的。你们俩都喜欢戏剧。”

凯瑞也同样不情愿，处于那个人生阶段的他，比他的双胞胎妹妹更加消极：“我不知道，爸爸。”

我已经准备好了一个妥协方案：“好，我们这样做吧，我希望你们都能好好想想这件事，好好谈谈。可以吗？”

“可以，”罗妮说，“如果我们必须做点什么，戏剧可能行得通，但是，让我们考虑一下吧。您想让我们什么时候向您汇报呢？”

“星期五晚上我们坐在这里谈一谈怎么样？不，等等，我有个更好的主意。我们已经有一段时间没出去吃饭了，我们出去吃饭吧，好吗？”他们都点点头。我家里没有人拒绝出去吃饭的想法。我们并不会经常出去吃饭，所以这成为一种享受。这就是我的策略。我真希望孩子们回心转意。

他们做到了。

与此同时，吉姆·惠伦在艾奥瓦州迪比克市花了越来越多的时间，这是他们发现的毒品网络的主要分布点之一。另外，他们有几个可靠的线人，这些线人正在给他们提供有效信息，吉姆已经把这些信息编译成内容丰富的证词，以支持迪比克、锡达拉皮兹和明尼阿波里斯市的电话窃听。

“你到底要怎么做到这一切？”有一天，他在办公室的时候，我问道。

“简单。我们将有三条电话线用来监控，我们将在这里完成所有的程序。”

“那么，谁来监督呢？我在洛杉矶做过几次这样的事，我们每周要工作 7 天，每天要轮流值班 24 小时。这些家伙和我们的工作时间不一样。另外，联邦窃听设备只能由联邦特工来监控。你知道，我们这里没有很多这样的人，我对一天 24 小时的工作不感兴趣。”

“别担心，我有办法。”吉姆笑了，“联邦调查局已经提出了一项新协议，司法部已经签署了这项协议。所有这些毒品案件都是在全国范围内发生，他们必须做点什么。”

“那将是什么？”

“我们将在这里找一些当地和迪比克的官员，宣誓就任联邦执法局的副手。”

“你在开玩笑。”

“没有啊，老板下星期要到这里来。他有权以联邦官员的名义带领每个人当众宣誓，我们都准备好了。”

“嗯，这对我来说是新闻。”

“是的。顺便说一下，我需要你参与。这里只有一个人做过这些事情，那个人就是你。”

“该死。听起来很有趣，吉姆，但我真的有点忙。我们拘留了一群银行抢劫犯，校车价格垄断案依然悬而未决。一旦我们接到大陪审团的起诉，我就会去忙于那些破事儿了。”

“我知道，但如果可以的话，我需要你的经验帮我们几周的时间。我们可以想办法让年轻的特工参与进来，但是他们需要导师指点方向。再说一遍，那个人就是你。”

“我会尽力的。”我说。

“我知道。顺便说一下，前几天老板打电话来，我俩都打算要 OSI（资历递增）证书。我知道，不久之前，你已经得到一次提升了，但是，一旦校车价格垄断案的起诉书出来，你就会再得到一次提升。”

“哇。你觉得怎么样？”再次涨工资意味着多挣点儿钱，也意味着我能提前成为GS13级特工。

“这是你应得的，彼得。自从到这儿以来，你就一直在努力工作。”

“嗯，我想是这样的，但我真的希望也能多花点时间和家人在一起。”

“是的，我完全理解。”

31
不可思议的银行抢劫案

接下来的一星期，我们管辖区域内发生了不只一起，而是两起银行抢劫案。我在锡达拉皮兹这么多年来第一次遇到。

在一个宁静的星期二下午，当第一个电话打来的时候，吉姆正在迪比克。办公室里只有我一个，我们的新特工都外出去处理一些一次性任务和背景调查事宜。

大约在我准备好结束一天的事情回家的时候，电话铃响了。

“彼得，我是塔玛的迈克·理查森。”迈克是一个老朋友，在塔玛郡当了大约 10 年的县治安官。塔玛位于锡达拉皮兹 30 号高速公路以西约 40 英里处，这个地方很出名，是一个臭名昭著的印度殖民地的所在地。并不是保留地，因为它的所有者是梅斯克瓦基部落，但它有一段复杂的历史，可以追溯到古代的索克族和福克斯族印第安人，还有一个著名的印第安酋长奇奥库克，艾奥瓦州有一个小镇就是以他的名字命名的。

“别告诉我，镇上发生了一起抢劫案。”

“不，再往坏里猜猜看。银行抢劫案！”

“哦，该死的。但那个镇不是没有银行吗？”

“镇上没有，是在城里。但是我打算让你轻松一点儿。我们拘留了一名嫌疑犯。”

“不要开玩笑。发生了什么事？”

“你坐着吗？”

“当然。要不 FBI 特工整天做什么呢？”

“是的，我懂。”他咯咯地笑了起来。大多数当地和县里的执法人员不知道联邦调查局特工在一天或一个星期里做了什么，所以很多人认为我们什么也没做。迈克比较了解我们。我曾多次外出去那个镇，与迈克和他的副手们密切合作，进行了无数次调查。

“所以长官，在我跳进蝙蝠车，以每小时500英里的速度赶到之前，告诉我，我们得到了哪些信息？”

“你会喜欢这个案子的。一个年轻的女孩打扮成男人的模样，带着枪走进银行。小左轮手枪。没有开火。”

“这通常是一件好事。”我笑着说。

“是的。不管怎样，她实施了抢劫，跑出了银行。一位女出纳员跑到外面，看到女孩沿着街道跑到一个停车场，跳上一辆车。她看到了女孩的样子，没有穷追不舍地看牌照，但还不算太坏。”

“是的，这很好。”

“出纳员回来后就给我们打电话了。我的几个副手赶到那边，女出纳员向我们描述了汽车的细节。”

“很好。有人驱车抓住了她吗？”

“不，情况更好。那个停车场结冰了。她试着发动汽车，但她的车高高地矗立在了停车场的雪堆中央。”

“漂亮。之后发生了什么？”

“她被困住了，她跑到一个加油站看那里的家伙能不能把她的车拖出来。拖车司机刚看到警察发布的信息。他们返回到她的车里，注意到汽车的细节与他们刚刚听到的内容相匹配，就知道是怎么回事了。”

“希望他没有试图直接逮捕她。”

“不，比那更聪明，”迈克说，“他认为她有枪，所以他骗她说，他忘记了自己的拖链。他让她待在那里，然后回加油站给我们打电话。当她知道发生了什么事的时候，我在那里的副手抓住了她。她没有反抗，所以我们现在抓到她了。”

“这是我遇到的最容易的银行抢劫案，”我靠在椅背上说，“你懂的，我们会得到很高的评价。”

“是的，我了解这种套路。这个案子很轻松。”

“她有什么故事呢？”

“这个也很容易问出。她说，她的一些女性朋友要去佛罗里达过冬，但她没有钱。她想不出什么办法来挣钱，所以她想可以去抢银行。”

“确实是个选择。”

“毫无疑问”。

“她抢了多少钱？”

“大约 9000 美元。”

“哇。这是一笔不小的数目。”

“是的，当时银行里有很多现金，但她还是没有得到全部。”

“好吧，我大约 1 小时后到那儿。我把蝙蝠车的速度调慢一点。”

“一会儿见。路上小心。”

“好的”。

我打开无线电广播，想看看我是否能找到两名新特工，幸运的是，他们俩都回到了办公室。我们是差不多同一时间到达银行的。我告诉他们：“你们做一些问话，我要去县治安官办公室。”我们在几小时内就搞定了一切。我让那个女强盗坐在我的车后座上，然后返回锡达拉皮兹，把她押送到县里的联邦监狱。我向迈克表示感谢，并告诉他，我要用联邦调查局的信笺写一封漂亮的信，把信寄给我们的主管，让他签字，然后寄给迈克和他的部门。

多亏了他们的出色工作，这位年轻女子获得了一份为期 10 年的监禁，在南达科塔州杨克顿的一个中等安全性的联邦监狱。至少她离家很近。但是，杨克顿和佛罗里达一点儿也不像，特别是严冬时。

第二次银行抢劫案发生在星期五早上 10 点左右。事实证明，这次更具有挑战性。

艾奥瓦州的小型农村公社坐落在锡达拉皮兹东北约 40 英里的优质农业土地上，位于迪比克县境内遥远的西南边，如果你在此一游，恭喜你，一天都走不出这个县。和大多数艾奥瓦州的小型农村公社一样，该银行不仅是农民的收入来源，也是社区集会的场所。进城的农民经常会遇到朋友，他们不急着去任何地方，会花一些时间享受一两杯免费的咖啡，和银行行长聊聊天。在当地的历史长河中，从19世纪末起，这家银行从来没有被抢劫过。

那个星期五的早上，当两名武装人员出现在大厅时，情况发生了变化。他们都戴着土匪的面具，只遮住他们的脸部下方，所以银行里的出纳员和顾客很容易看到，一个是黑人男性，另一个是白人。两个人都很矮，身高不到5英尺10英寸（1.78米），身材都很苗条。每个人都戴着一顶棒球帽，一顶帽子带有先锋玉米种子图案，另一顶帽子的前面是艾奥瓦州的“老虎鹰”徽章。

进入大厅时，黑人男子喊道：“抢劫！”然后立即开枪射击，根据目击者的描述，那枪声真是“震耳欲聋”啊。幸运的是，子弹瞄准了天花板。他喊道：“你们所有人都快给我趴下！”他只说了一次，大家都趴下了。银行里有4名顾客和4名员工，他们中没有人逞英雄。那个白人男子径直走向银行的金库，金库在营业时间里一直是开着的。一个出纳员注意到他一只手拿着一个貌似白色枕套的东西，另一只手拿着一支手枪。黑人男子留在门厅里，守着顾客和员工，据推测，没有其他人来银行。

就在几分钟内，那个白人男子跑出了金库，大声喊道：“好了，我们离开这里吧！”黑人男子尖叫道：“好吧，你们这些人继续趴在地上5分钟。如果你们有人站起来，我就会站在这里射击他的屁股。”员工和顾客都惊呆了，简直不敢相信，一直趴在地板上，直到最后有一个人抬起头来，断定这两个人都早已走了。

当地警方和迪比克县警察局立即接到了银行员工的通知。警官和副手们跑到银行，从目击者那里得到了证词。很快就弄清了那辆汽车的细节，并向当地所有的特工发出了无线电广播。县里的副手们开始检查当地的道路，寻找一辆深色的福特轿车。由于描述太笼统，没有找到。

当电话打进来的时候，吉姆·惠伦正好在迪比克县警察局。他试着给办公室打电话，但没有人在。我在艾奥瓦市，我们的新特工们都出去工作了。吉姆给我打电话，我给他回了个电话。我完成了我正在做的事情，然后前往喀斯喀特，同时用无线电呼叫了我们的两个新特工。最后，我和他们取得了联系，并告诉他们在喀斯喀特银行与我见面。我花了一个半小时才到达那里。当我到达时，吉姆正与治安队长在一起。我到那儿之前的一个小时，他们就已经展开工作了，并且从目击者那里得到了一些有用的信息。

“这是一支胡椒盐组合，”吉姆说，“一黑一白。”

“这说明一个重要线索，”我回答，“这两个是本地人。”在喀斯喀特或者在迪比克县的任何地方都没有黑人，除了迪比克镇。

“是的，我觉得我们有了一些线索，”吉姆一边继续说，一边向治安队长示意，“帕特在这里查看了一些消息来源，发现一个黑人和一个白人在今天早上离开了迪比克的教习所。他们本来都应该出现在工作岗位，但他们都没有出现。”

“这很有趣。他们有一辆车吗？”

“我们正在检查。”

“很好。”我看着治安队长，“如果我们能得到侧写信息，你们的人可以发布全面通缉吗？我可以通过我们在奥马哈的办公室来做这件事，但这要花很多时间，而且还没有开始。”

“没问题，”他说，“一旦我们得到信息，我们就会发布给东艾奥瓦州、威斯康星州和伊利诺伊州的所有人。”喀斯喀特离这两个州的边界相当近。

“这听起来不错，”我转向吉姆，问道，“你能和我们一起处理这个案件吗？”

“当然，让我们想一想下面要做什么。”我知道吉姆会尽可能地帮助我，但如果有一些文书工作要做，我就得去做，或者我得让一个年轻人去处理。现实很快就向我们涌来，我疯狂地记笔记。在某些时刻，我怀疑需要一份搜查令。而我知道，当那一刻到来的时候，谁需要去写宣誓书。

32

当美女警官来敲门

埃德加·胡佛被誉为既令人厌恶又对常驻特工处和特工心存疑虑的人，他曾经描述特工们是“不怎么样但必不可少的人”。特工总部同样怀疑常驻特工处，在他们的想象中，特工们都在边远城市打高尔夫球，或者只知道浪费所有的时间来混日子。以前可能是有些道理，但我在锡达拉皮兹市的经验恰恰相反。吉姆·惠伦和我是奥马哈外地办事处的60名特工中的两名。我和吉姆连续两年解决了整个办事处1/3的起诉和定罪工作。在吉姆的毒品案和我的校车价格垄断案过程中，这些数字也没有改变。如果有改变的话，也只能是上升。

多年以后，我评估那段日子，仍然觉得吉姆和我只是两个非常有竞争意识的人。我下定决心要和他一样好，但不确定是否做到了。他知道他要面对的是什么，他不会让我追上他的。来来回回折腾了好久。这个银行抢劫案是努力工作的常驻特工与当地州执法人员紧密合作时顺利解决的典型案件，事情就要结束了。也许是简单的惯性，但不管怎样，吉姆和我都设法完成了工作，而且远不止于此。

那天晚上8点钟，我们从银行和镇上的目击者那里收集了所有的信息。吉姆·惠伦在警察局召开了一次会议。我们有来自全国各地的警官和副手，还有来自锡达拉皮兹的4名特工，所以，简报室里挤得满满的。

吉姆站在讲台前面，治安队长帕特·奥唐纳站在他的身边。会议开始了。“好了，伙计们，这就是我们的成果。喀斯喀特银行今天早上大约10点钟被抢劫了。其中一名男子把猎枪对准银行的屋顶，但没有人受伤。感谢上帝。长话短说，我们已经锁定了两名嫌疑犯。第一个人是丹尼斯·林格，他是一名白人男性，因为各式各样的罪行被判刑，而后获假释。第二个人是罗伯特·亨德森，人称‘好莱坞亨德森’。他是一个黑人男性，几个月前因银行抢劫案被捕。这两个家伙都被假释到迪比克的一所教习所。”

吉姆做了一件令人惊异的工作，把事实按逻辑格式写出来。与他共事多年，我一直感到很幸运，这次会议又一次告诉我，我是多么幸运。他是我所见过的最聪明的人之一，他的口才足以让他竞选政治职务。这家伙真是魅力十足。

“我们认为他们把一辆车从教习所里偷走，开到了几个街区之外，然后把车开到喀斯喀特去实施抢劫，”他拿起一张纸，“你们每个人都有汽车和嫌疑人细节描述的名单了吗？”

每人似乎都有一张，于是他继续说：“我们不知道这些人现在在哪里。林格来自康瑟尔布拉夫斯，所以这可能是他的目的地。亨德森可能是一个不受控制的危险人物。他来自芝加哥，但在东圣路易斯长大。他在得梅因待了一段时间，几年前在伯灵顿南部被捕，”他举起另一张放在他手肘下的纸，“这是他的前科。我不知道为什么这个家伙出狱了。”每个人都点了点头。“4 页，伙计们。这个人就是不开窍。”

“所以现在的情况是，”吉姆继续说，“我们不知道这些人是否还在这里，或者他们是否已经前往自己的舒适区，无论是哪里。如果他们在这里，我们认为他们很有可能住在酒店或汽车旅馆，但我们不知道他们是否还在一起。如果让我猜的话，我会说他们把钱分了，然后分道扬镳。他们从抢劫案中得到了 4.8 万美元，但是媒体不知道，如果媒体问你们，我不希望你们说出去。我们从来没有公布银行抢劫案的金额。大家都认同吧？”

没有人发表评论，但他们似乎对钱数感到惊讶。许多罪犯认为，他们可以通过抢劫银行 10 万美元来解决他们所有的财务问题。他们几乎不知道，银行抢劫案的平均损失接近 2500 美元，很多时候比这还要少。

“我已经和媒体谈过了，告诉他们，‘数额未定’，”吉姆说，“这是我们的标准答案，大多数人知道。但是他们会要求你说出确切的数额，我们绝对不想告诉他们在这次抢劫中失窃的数额。这一年里，我们遇到的银行抢劫案次数史无前例，而且这个案子涉及的数额庞大。如果潜在的银行抢劫犯得到一个数字，我们可以猜出未来哪些银行会遭遇抢劫。”这个说法很对。显然，会是偏僻地区的银行。

“让我听从治安队长奥唐纳的意见。他会给我们一些具体的任务，看看我们能不能找到这些人或车。”

治安队长给房间里的每个人都发了一张纸。“这就是我们要做的。我记录了迪比克地区的每个酒店和汽车旅馆，你们两人一组，检查汽车旅馆和酒店，看看我们是否能在其中一个地方找到嫌疑犯或汽车，或者两者都能找到。我们要让联邦特工越过边境，进入威斯康星州和伊利诺伊州，进行同样的检查。有什么问题吗？”

清单非常清楚，每个团队都被安排了任务。这将需要一段时间，但目标对每个参与者来说都是显而易见的。到 9 点钟时，8 个二人组都跑到街上去了。

11 点半左右，一支搜查小队在迪比克市中心附近主要街道上的假日酒店做最后一次指定的检查。“我们有一辆车，”一名副手用无线电呼叫警察局。这引起了一阵骚动，当然，还有其他的搜查小队前往酒店。吉姆和我在治安队长奥唐纳的陪同下挤进一辆车，前往酒店，直接搜寻银行劫匪。

幸运的是，大多数警官、特工和副手没穿制服。“我们假设他们都在那里，”吉姆说，“最可能找到他们的地方在哪儿？”

“很可能是酒吧。”一个警官回答。

“我也这么想，”吉姆回答，“好吧，这是我想做的。你们两个去酒吧，要看起来很随意的样子。在休息室喝杯啤酒，四处看看，在那里待一会儿。如果他们在那里，不要突袭他们，记住他们可能有凶器。我们不希望任何人被射杀。明白了吗？”

吉姆向四周看了看，挑了两个人去查看酒吧。“一旦你们感觉环境安全，如果他们当中的一个或两个不在那里，请和服务员、调酒师谈谈。看看这些家伙是不是在休息室。看看你们可以做点什么。他们有很多钱可以挥霍，所以现在可能都醉了。你们其余的人在外面等着。治安队长奥唐纳和我要到登记处去看看我们是否已经登记了他们中的一个或两个。尽量远离视线，我们会与你们保持联系，及时向你们提供消息。有什么问题吗？”没有问题。“就这样吧。你们这些人可能需要小心盯车，以防万一。别忘了，我们至少需要对付一把短火枪和一把左轮手枪。我不知道他们有多危险，但是如果他们身上带着枪，那就危险了。请你们务必小心。我们今晚都得活着回家。”

大约 10 分钟后，治安队长和吉姆回来了，后面跟着两个去酒吧的人。我们大家围成一圈。此时我们大约有 20 个人。“我们发现他们中的一个签了名，”吉姆说，“登记处确认了丹尼斯·林格，但他们从未见过亨德森。看起来这两个人分道扬镳了。我们有他的房间号，但我们不知道他现在是否在那里。”

“他大概——”其中一个查看酒吧的人说，“看起来他在酒吧里度过了大约 4 个小时，到处乱花钱，为每个人买酒，并试图去和每个女人搭讪。”

“结果怎样呢？”奥唐纳问道。

军官笑了。“不太好，但他就像性欲强烈的雄山羊一样饥渴。他几乎帮酒吧里的每个女人买了一杯饮料，瞬间花完了一大笔钱。他给了女服务员 20 美元的小费。没有一个女人会和他有任何瓜葛，因为他是一个矮小丑陋的秃头男人，样子还鬼鬼祟祟的。至少女服务员是这么说的，但他一定认为，口袋里有一大笔钱，自己比跳舞的山猫更性感。”

“他是什么时候离开酒吧的？”吉姆问。

“大约 1 小时前。女服务员说他酩酊大醉，她拒绝再服侍他了。”

“那么，假设他现在已经在他的房间里昏睡过去了，”吉姆说，“我们有他的房间号，所以，我想我们要做的就是给房间打个电话，看看他是否在那里。假装我们打错电话了，然后向他道歉，我们先这样做。然后，我们会想出一个计划来让他离开那里。”吉姆环顾四周，然后目光停在了我身上，“彼得，你去那里给他的房间打电话，等你回来后我们再看下一步做什么。”

当我回来报告颇有收获的时候，吉姆想出了一个好计划。他派了一名副手去找酒店职员，让他给林格周围的房间打电话，以防万一。“我们让他向他们解释发生了什么事，让他们暂时离开房间。现在应该已经完成了。”

其中一个副手是一个相当有魅力的年轻女子，吉姆认为她可以引诱他离开房间，特别是如果他喝醉了，他的防御心理就会下降。我们会有几个人站在门外，紧贴着墙壁。她敲了敲房间，喊出他的名字，声音听起来很诱人。

“你没事吧，道恩？”吉姆问道，她点了点头。“以防万一，我希望你穿上背心，涂上口红，把头发弄蓬松。他可能会认为，他在酒吧里的努力终于有了回报。当他开门的时候，你要做的就是向他瞪大眼睛，问他是否记得你。在你说话之前，这些家伙会偷溜进门里，紧紧地跟在他的屁股后面。”

吉姆对我说：“彼得，我要你准备好，你要第一个溜进门去。”

他指着我们的新特工迈克·达德利：“迈克，你要紧跟在彼得的后面。”

然后，他指着另外两名大个子警官，问道：“你们准备好了吗？”他俩都点了点头，答道：“准备好了，我们开始吧。”

这个计划很成功。道恩敲了几下门，然后用她最诱人的声音喊道：“丹尼斯，你在里面吗？哦，丹尼斯，”她大声喊出了他的名字，“丹尼斯，你在里面吗？”

一会儿，我们听到门口传来一个男人的声音：“你是谁？”

“我是在酒吧认识的你，丹尼斯，你给我买了一杯饮料。”他很可能是在看那个门镜，他在酒醉中看到的只是一个漂亮的女人站在那里想进房间。当然，他认为他的运气即将改变。我们听到安全锁解开的声音，门咯吱咯吱地开了。门一开，道恩就后退了，我一进来就“砰”地一声关上了门。林格被迫靠在了墙上，我伸手抓住他的脖子，把他扔到地上，这一切只花了5秒钟。其他人跑进了房间，从我俩身上跨来跨去。我紧紧地掐住林格的脖子，让他无法呼吸。他哪儿也去不了了。

林格自己在房间里，但他的38口径的左轮手枪和钱都在床边。他还没有睡下，有一个半空的酒瓶，里面装着五分之一的杰克丹尼威士忌酒。我们把林格送进了迪比克县监狱，并派一名副手第二天带他去锡达拉皮兹，在美国地方法官面前首次露面。

有些计划注定要成功。

林格告诉我们，和亨德森分钱之后，他就不知道亨德森的事情了。“他说，他要去买辆车离开这个鬼地方。我把他送到城外的车辆展销中心，我就来这里了。我不知道他现在在哪里。”第二天，我们发现了这个车辆展销中心，确定了“好莱坞亨德森”用现金买了一辆栗色的二手林肯大陆豪华汽车，然后开车向南驶去。除此之外，汽车经销商什么都不知道，只知道亨德森用了他的真名，花了5000美元的现金，他认为这很不寻常，但没有拒绝。

大约一个月后，我接到了来自艾奥瓦州伯灵顿市警察局局长泰德·本恩的电话。他的一个下属警官在他们的小型黑人社区里有几个熟人，知道有一个新来的家伙在外面闲逛，他看上去很有钱，而且更凑巧的是，他开着一辆栗色的林肯车。

迈克·达德利和我在几小时内到达伯灵顿，和当地警察并肩作战，我们发现林肯车停在一所房子后面。伯灵顿的警官协助我们与当地居民交谈，但他们不知道亨德森的下落。“如果他不在这儿，你们介意我们检查一下，确认一下吗？”我在征询意见，“我们一路开车来到这里，我觉得，如果我们不检查的话，我们就没做好本职工作。检查完毕，我们就不打扰你们了，我们回去做自己该做的事情。”

后来，我们发现亨德森藏在阁楼里。达德利在警察局把他狠狠责备了一顿，我和局长谈了他对房子里的人的窝藏指控。我们决定去做更有价值的事情——寻找林肯车。寻找汽车的时候，我们在后备厢里找到了1.5万美元的现金。

这两名银行劫匪都在联邦监狱里待了20年，我们还会有更多的统计数据为我们的办公室加分。

以后还会有更多的数据。

33

窃听是个技术活

贝尔维尤的绑架事件已经过去几个星期了，我想，我们有必要了解一下最新动态，然后打电话给鲍勃·莱斯勒，告诉他最新的细节。我知道他会很感激的，他曾经丢下所有的东西，去了奥马哈，这是他应得的。再说，我可能花去的时间还不足几分钟。所以，在接下来的星期一下午，我给查克·肯普夫打了个电话。

“你离开后，我们的收获并不多，”查克说，“我们有几名嫌疑犯，但什么也没有查出。我们还在努力，但我们并没有完成任何事情。”

“那个家伙是基地新来的飞行员的可能性大不大？”

“不知道，还在研究中。那里有很多人，比你想象的人员流动更复杂。”

“我可以想象。我知道这是一个很大的基地。莱斯勒听起来非常热衷于认为，这是新分配来基地的新人，但这是你的案子，你必须做你认为最好的事情。”

“我们还有几件事要做，但还没有什么运气。”查克接着告诉我，“特工主管助理已经提出了他们所谓的‘变态色狼调查组’，他们正在做的正是莱斯勒所说的不会有成效的事情：唤醒奥马哈地区的一些同性恋者。我们想出了一些可能性，甚至是空军少校，虽然观点看起来都很有趣，却没有成功。所以我们又回到了原点。”

我在匡蒂科给鲍勃·莱斯勒打了电话，告诉他进展情况，或者说没有进展。他对小组中到处追捕同性恋者的组员感到非常不安。“我不知道我怎么能更清楚地表达这一点，”他的声音听起来有点恼火，“他们只是在浪费时间。最好的线索就是去那个基地，该死的。我猜，你能把马牵到河边，但你不能强迫马饮水（译者注：意思是你能为别人提供机会，但不能强迫他们把握这个机会）……"

"我想他们得继续做些什么，"我说，"查克把主要精力放在了正确的地方，但不是所有的老板都可以做到鹤立鸡群。"

"是的，我也有这种感觉。好吧，谢谢你的信息，随时告知我最新的进展。"

"没问题。"

我一点儿也不知道我多久会再给他打电话。

到了 11 月中旬，吉姆·惠伦差不多让他的窃听装置进入了正常运行状态。他已经在联邦大厦的地下室里找到了一间屋子，并且准备好了一切，除了获得书面批准和由联邦法官签署的窃听指令。

在我们开始布置监控线路的前几天，他说："彼得，你是这里唯一一个做过这些事情的人。"

"事实上，我自己有一个窃听器，并且监视着另外两个窃听器。"

"很好。我需要你在我们开始窃听的时候帮我，但是在我们开始之前，我需要你为我做一件事。"

"没问题告诉我是什么。"

"在开始监控之前，我们会让一位联邦检察官助理给我们做简要报告，但你和我都知道，他们从来没有审理过这样的案子，从来没做过实际的工作。所以我需要你。"

"好的，你需要我走一遍具体流程，了解它是如何运作的，对吧？"

"没错。"

"没问题。告诉我日期，我会准时完成任务。"

"好的。我知道你有很多事要做，所以我不想让你一直监听。也许一周只做几天，效果会更好。当然，最初的几天，主要是为了让这些人接受训练，让他们了解我们是如何减少私人电话的干扰的。"

"一直以来，这都是一个有趣的问题。我们在洛杉矶的有些坏家伙让他们的女朋友接电话。他们会让他们聊一段时间，我们认为这只是女孩的谈话，所以我们就切断了窃听装置。然后，我们开始弄清楚了他们在做什么。这些家伙会让她们先聊几分钟，然后他们自己接手。所以，这可能是个问题。”

“我们会随机应变，我想，我们很快就能找到答案。在艾奥瓦州从未有过窃听事件，所以，这些家伙不会以为自己被监听了。他们可能会小心谨慎，使用代码，但我们很快就能找到答案。”

一周后，我们的窃听电话畅通无阻，我在办公室时，电话铃响了。“彼得，我是马克·柯蒂斯。”马克是校车价格垄断案的第二律师，我几乎把这件事忘得一干二净。

“马克，很高兴接到你的电话。已经好几个月没联系了，不是吗？”

“好像是的。”

“那么，有什么事吗？”几个月来，我的老板一直在烦我，因为我们要起诉价格垄断案。虽然我是负责此案件的特工，但我并不是最终决定案件何时向大陪审团起诉的那个人。这已经是我几个月以来的事了，而芝加哥的反垄断办公室的工作节奏似乎非常缓慢。我完全无法控制决策。我不是检察官。

马克说：“我刚刚在一个大型电话会议上与检察长办公室的阿朗佐和我们的老板谈话了。他们希望我们下周向大陪审团提起诉讼。”

我怀疑他没听见我说的话。“哇。这一天终于来了。”

“是的，花了不少工夫，你懂的。”我确实懂，因为那年夏天我去了他们的办公室一个星期，想看看我能帮上什么忙。我还真帮不上太多的忙。他们正在处理大量的文书工作，还有几个检察官和律师助理在处理这些文件。“这将是一个文件密集型的案子。但我们觉得所有的人员都各就各位，准备好大干一场啦。”

“我也是，现在我终于可以把我的老板们轰走了。我要让他们知道我的计划是什么，我会做好准备的。我还想成为大陪审团的总结证人呢！”

“你会成为总结证人的。我们会让你归还一些文件，并向大陪审团解释这些文件，差不多该把案子结了，在它的周围系上一条大丝带。”

“不如你事先告诉我，你要问我什么？我不喜欢在大陪审团面前看起来像个白痴。我曾多次做证，总是受到陪审团成员的质疑。”

“好主意。我会在接下来的几天里把它交给你。当然，是在周末之前。”

“这会很有帮助。之后再聊，下周见。”

我立刻给我的主管和监督人起草了一份备忘录。我知道他们当时如坐针毡，因为一个小部门的大案子也能让他们得到上级的赏识。

34

窃听装置与校车案

到了下一周的星期五，我离开办公室后，准备坐下来，喝上一两杯葡萄酒。我也确实那么做了。玛丽·安和我打算带孩子们出去吃饭，这样我们就能像一家人一样聚在一起。然而，孩子们为《西区故事》做了彩排，第二天会在学校首次演出。所以这些计划都付诸东流了。我们点了一些中餐外卖，决定在家里看电视。对我来说，这是一个美好的周末。我喝了好几杯酒，睡得早了点。

孩子们彩排时投入了很长时间，通常在晚上 9 点或 10 点才能回家。我不知道他们是怎么把功课做完的，但我没有看到任何有问题的迹象。罗妮非常自律，善于管理自己的时间和学业。凯瑞非常聪明，可以轻松地搞定一切。两个孩子的日程排得满满的，我很少见到他们。

吉姆·惠伦的窃听装置已经得到批准，会在周一晚上启动并运行。那天早上，一场暴风雪袭击了艾奥瓦州，封锁了通往锡达拉皮兹的大部分道路。旅行是危险的，所以一些抵达并宣誓就任县治安官助手的警察和警官们被困住了。

冬天，艾奥瓦州很快就会变成一个糟糕的地方。我在锡达拉皮兹的第一个冬天时就已发现。这里有高 4 英尺多的积雪，三个周末的气温是 -30℃，寒风凛冽，就像萧瑟的六七十年代。我从来没见过这样的天气。低北极笼罩着中西部，艾奥瓦州处于风暴眼中。取暖费用是深不可测的，更不用说我们像是家里的囚犯。我想知道自己为什么决定离开加利福尼亚州。第四个周末时，天气好转了，我们出去吃饭，却发现镇上的其他人都决定出去吃饭。锡达拉皮兹有一种集体幽居病（译者注：因长期离群索居而引起的忧虑、烦躁等情绪，冬季尤甚）。我们很幸运地找到了一家餐馆。

我们的主管是在下雪的前一天到达镇上的，所以他躲过了暴风雪。但他却被困在了五季中心酒店，由于缺乏可信赖的人，他决定待在自己的房间里。远离街道就是明智的决定，那里要么积雪，要么结冰，或两者兼而有之。

吉姆感到沮丧：“这是艾奥瓦州历史上的首批联邦窃听装置，我们却不能让它运转起来。”他在周末给我打了几次电话，主要询问有关监控进行的细节和机制。我们经过技术训练的特工星期五乘一辆面包车进城，把大量的录音机和其他设备拖进了联邦大楼的地下室。吉姆在那里待了一段时间，看着他们安装设备，做所有的测试，似乎到处都有电线。在几个不同城市的电话上安装窃听器，比带着两个弹簧夹去爬电线杆，把它们放在一些挑选出来的电线上，然后装上一套耳机这样的事情还要复杂，后者就是联邦调查局“过去”的做法。

第二天早晨，暴风雪已经过去了，雪犁已经完成了它们的使命，每一个需要到达的人都在中午之前到达了。我们的技术人员解释了他们所设置的具体细节，向他们展示了如何使用这些设备，然后由我们的联邦检察官助理里奇·马霍尼解释了窃听电话的法律问题。“当谈话内容涉及私密问题，你可以听下去，直到你感觉这是一场彻头彻尾的私人谈话为止。一旦发生这种情况，你需要关闭录音机。然而，你可以在30秒后打开设备，看看谈话是否已经变成了相关的话题或犯罪的问题。如果发生了这种情况，你可以继续记录。”房间里的一些人互相看了看，虽然他们似乎理解马霍尼的意思，但他们没有意识到，他们不能监控整个对话。

我的主管尽职尽责地监督了所有在监控室里聚集的警官和副手们的宣誓，并向他们每人出示了一张名片，上面标明他们是美国联邦执法局的特派代表。这是一种形式，但对一些当地官员来说，可能是一项重要的职业活动。

我们的联邦检察官助理离开后，我花了一段时间与那些将会负责监测电话的警官和副手们在一起。

“里奇说得对，”我解释道，“电话就是电话，我们要窃听的对象不会在每次电话中都谈论犯罪性质的话题。但是，当他们这样做的时候，我们不仅需要倾听和记录与毒品有关的电话，而且还需要记录通话的大致内容。”我指着他们记下的日志，解释他们要怎么记录电话的内容，如果是私人谈话，就说明这一点。他们还需要注意在电话中确认，私人谈话没有变成涉及毒品交易的谈话。

“当你做笔记的时候，在日志上注明通话时间，这样，吉姆就可以抽取磁带，以后再听。他将最终判定电话的性质。如果你不想犯错，就谨慎行事。如果我们记录了太多的私人电话，整个窃听事件可能会被法庭驳回。我们不希望这种情况发生。”每一个将要监控的人都有机会用我们建立的几个测试电话来测试这个系统，所以我们做的训练是尽可能的彻底。希望他们都遵守法律规定，因为法院已经制定了明确的指导方针，因为我们希望在保持高度的人身安全的同时，让人们敞开心扉，畅所欲言。

这一周的其余时间也都是忙碌的。来自芝加哥反垄断办公室的律师们在风暴来临之前的星期三早上到达。首席律师阿朗佐·布拉德利和我花了几个小时在大陪审团面前陈述我的证词。我已经陈述了很多次，但是，当我们完工的时候，我感到这次的准备充分得前所未有。我想，这些家伙真的很细心。

阿朗佐和马克·柯蒂斯也花了一点儿时间问了我一些可能来自陪审团成员的问题，但阿朗佐说：“你永远无法预料他们会问你什么。如果你不知道说什么，就请朝我看，我会给他们一个答案。”从以前面对大陪审团的经验来看，我知道这些问题很容易变得很世俗，就像“学生在校车上可以做些什么？”或者甚至“校车使用什么样的引擎？”。我们无法预料他们会问什么。我已经发现了很多次，我们回答他们的简单答案满足了他们的好奇心，而不是被作为证据。

周四的情况有点疯狂。那天早上，反垄断办公室的负责人从芝加哥飞来锡达拉皮兹。我以前没有见过他，所以情况变了。他向我强调，联邦检察长认为，我的案子很重要。我一直认为事实就是这样，就像我曾经工作过的任何其他案子一样。我做了我的工作，尽我所能，把我的调查推到了下一个阶段。现在轮到检察官们来决定他们要做什么了。毫无疑问，这是他们的一个重要案件。

阿朗佐和马克同我一起坐下来，回顾了他们打算向大陪审团提交的起诉书。我看过很多起诉书，但这完全是另外一码事。他们列举了一系列难以想象的具体行为和事件，这些行为和事件显示了不同的校车制造商、企业老板和员工之间的阴谋，都是多年前发生的，而且都在法定范围内。每一个行为和事件都标明了日期和细节。起诉书比我在研究生院做过的任何一篇学期论文都要厚，引经据典，还要求大陪审团考虑起诉长期策划阴谋的 14 家公司和个人。我知道我们要起诉一些公司和个人，但我不知道这个数字是 14。几年前，我们在艾奥瓦州的赌博案件中起诉了 10 个人。到目前为止，这是我所涉及的最大的案子。不难想象，我在奥马哈的老板们会对这些数字感到满意。再一次，吉姆·惠伦和我将会领导统计方面的工作。他的毒品案最终会导致 12 人被起诉。常驻特工处的两名特工在两宗案件中起诉了 26 人，这还不包括很多银行抢劫案。今年真可谓收获颇丰的一年啊。

到了周五晚上 9 点左右，我的肚子里已经有了几杯加利福尼亚州泰勒的洛西葡萄酒，我对生活和自己都有了一种温暖和满足的感觉。该睡觉了。我度过了一个愉快的周末。

或者说，我当时是这么想的。

35

又一个失踪的男孩

一个平静的星期五下午，我正在享受我的第二杯酒，在奥马哈小城的市郊帕皮利恩，有一对父母正疯狂地寻找他们12岁的儿子。放学后，他从不晚回家，但12月2日这天是个例外。

史蒂夫和苏·瓦尔登夫妇今年7月搬到奥马哈地区，还没有在社区里结识任何人或交朋友。他们当然听说过几个月前丹尼·乔·埃伯尔被绑架和谋杀的事，并告诉他们的儿子克里斯，不要和陌生人说话。克里斯似乎明白这一点，并向他的父母保证，他不会和任何不认识的人交谈。当然也不会钻进陌生人的车里。

史蒂夫·瓦尔登是一位空军气象学家，曾在夏威夷驻扎。在那里，瓦尔登夫妇遇到了一些与克里斯有关的问题，他们觉得这些问题已经解决了。有好几次，苏和邻居的钱被盗了，于是，苏开始质问儿子。克里斯承认从她的钱包和邻居那里偷钱，这样他就可以和朋友玩电子游戏了。

瓦尔登夫妇对孩子进行了几次教育，然后觉得问题已经解决了。回到位于奥马哈的前空军基地后，他们认为可以开始新的生活了，所有的一切都朝着正确的方向发展。苏担心克里斯在适应新学校方面会遇到困难，就像许多军人家庭一样。但他似乎没有遇到任何直接的问题，所以他们在安稳地生活——至少在12月初的星期五之前，他们在安稳地生活。

那天早上7点45分，克里斯和他的母亲就他穿一双新网球鞋去学校的事发生了小小的争执。苏坚持要克里斯穿暖和的冬鞋，因为昨天晚上下雪了。最后，克里斯妥协了。吃完花生酱和糖麦片后，克里斯怒气冲冲地离开了家，走着去八个街区之外的波尼小学。苏不喜欢在早上与儿子争吵，但至少她对结果很满意，因为那天早上他走路去学校时，儿子会感到温暖和干爽。

现在是 4 点半了，比克里斯回家平常到家的时间晚了半小时。苏与其说是担心，不如说是发狂。很快，天就黑了。儿子到底在哪里？她猜想，儿子沉迷于电子游戏，可能会在某个人的家里逗留，并狂打游戏。每隔几分钟，她就会凝视一次窗外，因为克里斯从未这么晚回家。她每次向窗外张望后，都很失望，因为她看不到儿子在人行道上行走的身影。

最后，她穿上暖和的衣服，走到外面去看他在哪里。她这样想，等我找到他，我要关他一个月禁闭。她确信儿子正在玩面对面的视频游戏，左推右攻地杀外星人，即便他知道现在什么时间，也不想回家。苏以为克里斯因为认识了一个新朋友，完全丧失了时间感。

她开车沿着儿子本应走的路来到了学校，没有发现克里斯可能在回家的路上停下来的明显迹象。克里斯因为这样或那样的原因被留了几次课后，苏改变了她的思路，认为这一次他又被留下来了。当她到达学校时，学校大厅里空无一人。学校的秘书告诉她，没有学生被扣留下来，事实上，学校里没有学生。苏离开学校，开车回家，沿着同样的路线往回走。她注意到一些孩子在山上滑雪，她停下来看看克里斯是否在那里，但他不在那里。她开车来到她知道的克里斯的一个朋友家。她不知道这个男孩的名字，但看见他在前院玩耍。

“你见过克里斯吗？”她问道。

男孩看起来很困惑，说：“今天他没来学校。”

“当时，我的心情从愤怒变成了恐慌，”她后来告诉调查人员，“我回到车里，加速开回家去。”这只是一个四街区的车道，当她到达时，她的丈夫正把车开到车道上。他看着她，马上看到她脸上的惊慌。

“出什么事了？”他问道。

“克里斯今天没去上学。”

“你说他没去上学是什么意思？”

“他今天早上去上学了，但他没有在学校露面。我到学校去了，他们没看见他。他哪儿也没去。我到处找遍了，我向他在这条街上的一个小朋友打听，他说他一整天都不在学校。我不知道他在哪儿。”

“报警吧。”

苏跑进屋里，按照丈夫的吩咐做了。这时，她思路清楚了一些，试着给克里斯的老师打电话。但是她仍然处于恐惧状态，找不到老师家的电话号码。

这时，史蒂夫进了屋子。他试图保持镇静。“也许他们记错了，或者他逃课去了别人家。”就像他说的，他知道，不回家吃晚饭完全违背儿子的本性。现在，儿子一定饿了。他后来承认，他儿子被绑架的想法从未进入他的脑海。他只知道他的儿子不在家，天很黑，克里斯在附近游荡，外面太冷了。他不禁纳闷：我的儿子在哪儿？但他试图在妻子面前表现得坚强，他的妻子显然惊慌失措了。

大约 15 分钟后，帕皮利恩警察局的一名警官来到了瓦尔登家。克里斯的父母向他解释了情况，警官安慰他们说：“别担心，我们会找到你们的儿子。”

36

又一具儿童尸体

内布拉斯加州的奥马哈市是一个距离乡村很近的小城。帕皮利恩位于奥马哈南部的郊区，它的南面是田野和广阔的空间。在一个寒冷的星期六早晨，专案组的警官们在萨皮县警察局重新集合，由县治安官帕特·托马斯给他们做简要汇报。

“我们不知道克里斯托弗·瓦尔登在哪里，”这位脸色苍白的县治安官对挤在警察局办公室里的一大群人说，“我们知道他昨天早上大约7点45分离家去上学，据我们所知，从那时起就再也没人见过他。看起来不太好，伙计们。他不是那种会逃跑的孩子，所以我们都知道，我们要找回他，而不是救援。如果他被困住了，不得不在外面过夜，这么冷的天气，恐怕他今天早上已经冻死了。虽然这是可能的，但我们怀疑克里斯是继丹尼·乔·埃伯尔之后第二个被绑架的受害者。”

县治安官指着他的副手，解释说，他的副手已经制订了一个网格搜索计划。“我们可能会从社区找一些志愿者，”托马斯继续说，“如果发生这种情况，我们会分配他们到我们没有覆盖的区域。那里有很多地方可以搜寻，所以，让我们分配任务，然后开始工作。”

当天上午10点左右，监控室里的电话铃响了。吉姆·惠伦已经听过了前一天的电话录音，他在回电话。

“噢，我的上帝！”吉姆喊道，“是的，彼得来了，等一下。”他把电话递给了我。

令人惊讶的是，在短短几秒钟内，你的脑子里就会有那么多的想法，但我的第一个想法是，这是我的妻子打来的，我的一个孩子发生了什么事。

我猜错了。是查克·肯普夫从奥马哈打来的电话。“彼得，看来我们这儿又有一个失踪的男孩了。”

“你在骗我。”

“我希望我是在骗你。昨天，一个12岁的男孩离开家去上学，结果却没有到学校。我们现在已经有搜救小组出去了，老板们希望你尽快到这里来。”

“我猜你们还没找到尸体吧？”

“没有，但我们要继续寻找，直到找到他为止。”

“好。我和吉姆在一起负责窃听装置，现在我要把这个差事全权交由他负责，我会告诉你我什么时候出发。我一会儿再打给你。”

我向吉姆解释了发生了什么事，以及特工主管和主管助理想让我尽快赶到奥马哈的情况。

吉姆一副听天由命的模样。“我想我们在这里会没事的，所以做你必须做的事吧，等你回来的时候我再来看你。”他在一周多的时间里向联邦法官提交了一份报告，详细描述了窃听的进展，并提供了相关谈话的摘要。

“希望我能及时赶回来和你一起向法庭报告。”我说。

我回家收拾了必备的衣服，因为奥马哈的天气可能不比锡达拉皮兹好，所以我一定要带上厚厚的皮大衣。

“我不确定我什么时候回来，”我告诉玛丽·安。

“我明白了。在那里开车要小心，道路情况可能还不是很好。”

“好的。”于是我出门了。

我妻子对道路的猜测是对的。80号州际公路被雪覆盖着，我开车向西穿过得梅因的时候，道路情况甚至更糟糕。这段路我开车通常花4个小时，这次我花了6个小时，6点才到县治安官办公室。那时，天色渐暗，搜救小组回来了，他们根本没有发现这个男孩的尸体。

周日和周一的搜救结果相同，但他们在周一下午晚些时候得到了必要的休息时间。由于极端寒冷的气温，两名混凝土工人在这一天放假了。由于那天他们不能浇筑混凝土，他们决定前往农村他们最喜欢的地方猎兔。他们离开108号街，在树林里漫步，感受着寒风呼啸着穿过树林和高高的灌木丛。其中一人吓到了一只兔子，他举起猎枪开始射击。

“我打到一只兔子啦，”他对他的朋友喊道。

当他慢慢地穿过灌木丛，走到他认为兔子应该躺着的地方时，他突然停住了脚步，警惕着其他的动物突然出现。他转身向他的朋友和他们的卡车跑去。

“我们得离开这里！”他尖叫，“有一具尸体。”

“不可能，也许是一只鹿吧。”他的朋友嘲笑道。

“真不是鹿。那里有一具尸体，看起来像个小孩。”

他的朋友看着他。“你不觉得……”这句话没说完，他就做了一个决定，“我得去看看。”

那位朋友开始艰难地穿过灌木丛和雪地，走了 10 码、20 码，最后大约 40 码远，才看到那具尸体。这个小男孩只穿了内裤。他注意到雪地上有几个红色的斑点。接着，他跑回到卡车旁边。

“一定是那个小孩，”他一边说一边和朋友拿起枪，跳上了卡车。他们跑上了土路，但不知道自己要去哪里。

“我们要做什么？”第一个看到尸体的人说。

“见鬼，我不知道，不过我们最好回家去叫警察。”

查克·肯普夫和我开着车赶到现场，因为他了解这个区域，而我不了解。距离警察局大约只有 5 英里的路程，一路上，我俩谁也没说一句话。我们到达时，一辆有标记的巡逻车停在路边，查克打开了无线电。“我们需要成立证据侦查小组（简称 ERT），并请求得到国家犯罪实验室的支持。我们也需要他们在这里。”

“你看到尸体了吗？”查克问现场的第一个警官。

“是的，我看到了。”

“你怎么看？”

“是那个失踪的小孩。在我看来，这是毫无疑问的。他冻僵了，只穿了一条内裤。我摸了摸尸体，就像这该死的冬天一样冰冷。”

“好吧，”查克说，“我们似乎还看到了其他的脚印，也许有一组脚印是我们的嫌疑犯的。你的后备厢里有犯罪现场的胶带吗？”

“有。”警官打开后备厢，拿出一大卷黄色塑料胶带，标签上写着“犯罪现场，禁止跨越”的字样。

查克说：“我现在就想保护现场，之后会有各式各样的人来这里破坏证据。我现在不需要看尸体，我相信你的话。”

“让我把车开到前面，你可以把你的车往后挪一点儿。我们可以把这些东西从我的保险杠移向你的保险杠，然后我们在这个区域的两边都放一些东西，禁止人入内。”

“听起来不错”。

不到一个小时，至少有40名警察、县治安官和联邦调查局的车辆在108号街排成了长队。在北部和南部的十字路口设置了有标记巡逻单位的官员，只允许执法人员进入现场。此时，夜幕降临了。

“我想让你做的第一件事，”查克告诉证据侦查小组的技术主管，“就是从鞋印中取一些石膏模型。风这么大，我担心这些鞋印会被掩盖起来。我们要到明天早上才能在现场调查。”他看着那些聚集在证据侦查小组的货车前面的治安官和联邦调查局的老板们，问道：“你们还好吗？”

“如果你想要那些鞋印，让我在这里弄点灯光吧。”县治安官说，“我同意你对明天调查的看法。他已经死了，这是不会改变的事实，所以我们要接受这样的结果，直到我们可以进行下一步有效的操作。”

卡车周围的人都同意了，证据侦查小组的一些人开始把几批白色粉末和水混合在一起。这些混合物看起来就像刷墙壁的白色水泥，他们小心地开始浇铸石膏。一辆配备了几盏移动灯的警察局卡车开动起来，县治安官助手打开了发电机。

“我应该给鲍勃·莱斯勒打个电话。”我对他说，“我猜，还没有人叫他吧？”

他摇了摇头，我立刻明白他的意思了。“查克，我把你的警车送到办公室去，我一会儿就回来。”我身上穿着沉重的皮大衣，但我还是很冷，不介意避开大风一会儿，暖和一下。

快到 7 点钟了。我知道在办公室里找不到莱斯勒，所以我在家里给他打了个电话。

“看来我们又有一个儿童遇害了。”我打破了沉默。

“该死的。好吧，好几天内我都不能离开这里。我们这里发生了一次大危机，我不确定我们什么时候可以离开。”

“如果你被困在那里，我能在匡蒂科找到你吗？”

“哦，可以的。我有几节课要教，然后我们在单位里有几个热点案件，所以我会在那里。如果没空，我也会尽快忙完来找你。”

“不错。你有什么特别想让我做的吗？”

“有啊。”鲍勃停顿了一下，重重地叹了口气，“我们就这么做吧。因为他们要到明天才开始调查现场，这可能意味着他们要到第二天才会进行尸检。”

“可能吧。”

“我认为，你最好别那么着急，直到他们把尸体放到太平间。务必关注所有细节，并记录下来。我知道你善于记笔记，所以，当你觉得你有足够的时间与我交谈的时候，给我打个电话，我们会看看是否有什么变化。你认为这与丹尼的案件有关吗？”

“显然没人能确定，但似乎两者有相同的特征。”

“好吧，几天后我再和你谈，除非有什么大事发生。你知道怎么找到我。”

“是的。”

37

杀人成瘾的秘密

自从我和鲍勃·莱斯勒交谈以来，已经好几天了，我知道我必须向他汇报新的消息。这个消息并不好，但他需要知道，这是一个令人毛骨悚然的全国性案件。

“你好，我是行为科学组的莱斯勒。”

“鲍勃，我是奥马哈办事处的彼得。”

“嘿，彼得，怎么样？”

“我不知道从哪儿说起。尸体是克里斯·瓦尔登的，这不奇怪。他们在离发现丹尼·乔的尸体 8 ~ 10 英里的地方发现了瓦尔登的尸体。这个地区是乡村，放眼望去，田野里只有一些散乱的树木和野草，以及四处奔跑的兔子。我想偶尔也会有郊狼。但实际上，这与第一具尸体被丢弃在路边的地方并没有多大的不同。”

“有野兽伤害尸体了吗？”

“没有，奇怪吧。但还有其他一些怪异的事情，我就姑且坚持这种想法，等我浏览完笔记再说吧。克里斯显然就是在那里被杀的。他的衣服和书包散落在了距离他的尸体只有几尺远的地方。可能是凶手随手扔的吧，满地都是。克里斯只穿了一条内裤。他看上去好像死于背部两处刀伤之一，案件开始变得有趣起来。”

“这是怎么回事？”

“那家伙又砍了他几刀。砍在他的胸部和腹部。我们无法确定歹徒的具体作案手段。这代表什么，每个人都有自己的理论，或者觉得凶手留下了某种信息。”

“对凶手而言，这可能有意义，”鲍勃说，“尸体上的伤痕图案是杀死前还是杀死后做的呢？”

“从血液流失的情况来看，这看起来像是死后的伤口。”

“有趣。我觉得更像是一种癖好。这是嗜血成性的迹象吗？”

“还不知道。”

“那么，进度如何呢？”

“有个好消息，我们已经完成了嫌疑人面部合成图。这家伙看起来才不到二十岁的样子。仅此而已。”

“这是一个开始。希望他们已经把这事告诉了媒体。”

“噢，是的！报纸的头版头条和各个电视台的头条新闻各类报道铺天盖地，希望可以带来一些线索，谁知道呢。”

“希望吧，”鲍勃说，“告诉我多一点关于肢解男孩尸体的事情。”

“就像我说的，关于伤痕图案，每个人都有自己的说法。有人说，这是大麻烟叶，所以肯定与毒品有关。有人想起了古老的神话，坚信这是来自撒旦信徒的攻击，甚至认为是一种礼拜仪式。鲍勃，现在是业余侦探推理时间。有些说法太荒唐了。但我想，他们都在思考。县治安官说，这与著名的‘地狱天使’有关，我们需要把这些说法汇总起来。”

“真是向九天之外迈出了一大步啊。”

“是的，特别是当你看合成图的时候。一个干净清秀的小孩，肯定不是飞车族。“很多人都在关注他们所提出的一些想法，”我说，“到目前为止，查克·肯普夫的想法是我听到的唯一明智的想法。他认为，那家伙在克里斯的胸部雕刻的图案看起来更像是童子军的标记。但这里的每个人都处于那样的状态，试图抓住某根救命稻草，鲍勃。如果他们开始对天主教神父进行攻击，我不会感到惊讶，因为在一些州，他们对男童进行性骚扰。”

“你怎么看？”

“我认为我们不是在和一个兼有天使与魔鬼双重人格的家伙打交道。我敢肯定。事实并没有指向那个方向。什么是地狱天使要做的，开车赶去堵住并抓住那个孩子？有点牵强附会了。我可能更倾向于查克所说的，但我们真的不明白，你也可能不明白，如果你能来看看就好了。你能来吗？”

“我想可以。我预计星期五早上会坐飞机离开这里。也许中午的时候到奥马哈。”

“听起来不错”。

“嘿，彼得，帮我个忙。你能弄几张伤口照片连夜发给我吗？也许还有一些报告，如果你能把它们复制过来的话，就更好了。这样我在飞机上就有事做了。我讨厌坐飞机。”

“我也是。今晚我就能把它们汇总到一起。如果不能，明早肯定行，所以，你会在上飞机之前看到这些资料。你到达目的地之前，我还会收集一些新的资料。”

“好。你现在还能想到什么吗？”

我看着我的笔记。“嗯，还有一件事。他们发现尸体离道路很远，大概三四十码。男孩的衣服散落在他的尸体附近，满地都是，所以，很明显，歹徒要么把他带到那里，要么让他走到那里。我猜他是走到那里的。听起来重要吗？”

“哦，是的，非常重要。歹徒杀死第一个男孩的时候，很可能处于恐慌状态，所以他尽快抛尸了。而这一次却很不一样。他从第一次作案中学到了经验，他想让尸体远离人们的视线。”

“所以，如果没有人找到尸体，他就可以继续杀人了？”

“这是我的猜测。肯定有一些别的东西，但是我可以保证一件事，就像我上次告诉他们的那样，这个家伙不会停下来。下一个会比这一个更快。”

“几个星期，而不是几个月？”

“这是我的猜测。过几天我们再见。”

但这一次，除了发现尸体的人之外，还有两个潜在的证人。谢丽尔·鲍姆加特纳开车驶向那天早晨克里斯步行去上学时被绑架的街上。那天晚上和第二天，她看到电视上的新闻报道后，对丈夫说：“我可能看到了什么。”她后来告诉警察，她是怎么开车沿街行驶的，注意到路边停着一辆棕色的车，看起来就像两个人在车里挣扎。“现在我想起来了，我想，其中一个车上的人就是那个失踪的小男孩。”

一名侦查人员试图让她更详尽地描述这辆车的细节，但她说："我对汽车不太了解。我不确定那是福特还是雪佛兰，抑或是别的什么车。我只知道它不是一辆标准尺寸的车，但也不是一辆小型汽车，介于两者之间吧。"

她还记得另一件事，就是司机的车门敞开着。"天气又冷风又大，我的第一个念头就是'关上那扇该死的门，外面很冷'。8 点半刚过，我正要去上班，所以没多想。我以为是有人送儿子上学，在学校附近下车。"

那天早上，贝基·特拉帕尼在教堂参加礼拜回来，开车路过波尼小学，这就是克里斯·瓦尔登离家去上学的地方。"我注意到一个大男孩和一个小男孩走在一起，觉得只是哥哥和弟弟一起走路，我真的没有想这件事。但是，当我听到这个消息的时候，我想可以打电话来看看我所看到的是否能提供一些线索。很抱歉，我只记得这么多了。"

两天后，贝基·特拉帕尼和谢丽尔·鲍姆加特纳在圣安东尼奥接受了心理医生和资深特工的催眠。他们坐飞机来到了圣安东尼奥，看看在催眠状态下是否能提供一些关于那个大男孩的更多信息，比如，更详细地描述他的长相，或更多地描述停在路边的汽车的细节。

两位女士都尽了最大的努力，但两次询问都没有得到具体的有价值信息。虽然特工和警官们都很失望，因为催眠在其他案件中可以奏效。他们开始倾向于推测那个未知嫌疑人是年轻的男性，就像鲍勃·莱斯勒在几个月前告诉他们的那样。

鲍勃也在同一个星期五来到镇上，对我提供给他的一大堆信息表示感激。我们又看了几个信息，但没有什么大事。那天下午晚些时候，我们去了警察局，会见了主要侦查人员和高级警官。

"我百分之百确定我们在和同一个人打交道，"鲍勃告诉他们，"他绑架这两个男孩的作案手段没有改变，在我看来，他对自己所冒的风险视而不见，尤其是杀害第二个男孩的时候。当时是在光天化日之下，周围都是人，可能有目击者。**但他深深陷入了自己的幻想中，杀人的冲动使他不堪重负，以至于他并没有真正地计划好作案流程。他的冲动比其他任何感受都更强烈，所以，我认为，我们在寻找一个更年轻的嫌疑人，可能不超过**

20岁，事实似乎就是如此。”

“受害者是随机挑选的，我相信他唯一的标准是，他们都是年幼的小个子男孩。这里有几个原因，但最重要的是，他知道他可以控制那两个小男孩。所以，如果我们按照常规思维来解释，他可能比较矮小。我觉得，他的身高在5英尺7英寸到5英尺10英寸之间（1.70米到1.78米），绝对不会超过这个高度。”

鲍勃接着说，凶手有一项工作或业余爱好，使他可以接触到这个年龄的男孩。“他有可能认识这两个男孩，但我怀疑这一点。如果你能找到两个男孩之间的联系，就可以把我们引向他家的前门。我不知道他们在做什么，也许他们一起打棒球或踢足球。我会考虑这种可能性。”

“我再补充一点，我会在纸上记下我的心理侧写内容，但不管你们做什么，都不要把它泄露给媒体。我不想让社区人民恐慌，让你们去疯狂追逐凶手。这些杀戮事件之间已经间隔几个月了，我可以向你们保证，这个家伙每时每刻都沉浸在对自己所做的事情以及他将来想做的事情的幻想之中，而这个将来并不遥远。这个人杀人上瘾了。此时此刻，他在享受着一箭双雕的感觉，他想要尽快感受到同样的兴奋。是的，这有点像毒品，但这家伙不需要毒品，他对自己的幻想生活很有兴趣。你得到的越多，你想要的就越多。他会试图在几个星期之内干同样的勾当。”

38

凶手再次作案

▶ 星期三早晨 6 点。

那天早上，这个杀手结束了值夜班的工作，来到基地的食堂吃早餐，当时，他又饿又气。他一个人坐着，慢慢地吃着东西，愤怒的情绪继续高涨着，其他的事情他一律不想。

几个星期以来，他一直内心不平，因为他听说，县治安官在当地的报纸上称他为“懦夫”，还嘲讽他“有本事你就不要以大欺小啊”。那天晚上，他决定在值班时向县治安官证明他不是一个懦夫。他会选择一个与自己差不多身材的人，因为他急需用钱，而小孩子不会随身携带太多钱。

早饭后，他回到营房里的宿舍。他的储物柜里藏着一根绳子、一些牛皮胶布，还有他用来杀死那两个男孩的刀。他把这些东西放进了一个小皮包里，脱去制服，穿上了几件便服，因为那天很冷，那天晚上还下了雪，所以，他一定要穿得很暖和。

这几天，他自己的车正在维修店接受一些小修补。他钻进了一辆雪佛兰汽车，这是维修店暂借给他的车。尽管天气寒冷，雪佛兰汽车还是顺利启动了，他开车向基地的大门驶去。他不确定他要去哪里，但他一会儿就会弄清楚。他开到了贝尔维尤，然后左转上了钱德勒路，向西开去。当他来到 36 号街时，他从包里取出了刀，放在他旁边的座位上。然后，他在 36 号街上左转。

▶ 上午 8 点一刻。

詹妮弗·金是奥尔德斯格特街卫理公会派教堂的幼儿园园长，这座教堂坐落在36号街和格林大街的西南角。那天早上，她的学生们8点半才会到达教室，所以她有一点儿时间在教室里做些准备工作。当她把窗帘拉回到前窗时，看到一辆白色的车慢慢地穿过了教堂大楼的前面，但她什么也没想。她想，昨晚下了雪，任何有一点点理智的人都应该慢慢开车。

凶手注意到了一个中年妇女正朝窗外看。他开到街区的尽头，然后在37号街的十字路口调转车头往回开。他又开车回到了格林大街，心想，我需要钱，我敢打赌，教堂里的那个女人身上有点钱。他没有注意到，实际上，詹妮弗站在了幼儿园的窗口。他认为，这是教堂建筑的一部分，凡是与教堂有关的人都可能揣着大量现金。当他第二次开车路过的时候，注意到那个女人朝窗外望着他，于是，他伸出手把绳子从包里拉了出来。

詹妮弗看到那辆车又来了，心里觉得很奇怪，那个看上去很年轻的男人似乎在盯着她看。她脑子里闪过了一瞬间的念头——这个男子看起来有点像那个杀死那两个小男孩的凶手的画像。最近4个月以来，这名男子已经让贝尔维尤和奥马哈南部的其他地区陷入瘫痪状态。

他又在36号街和格林大街上掉了个头，然后再次向西驶去，这时，他直接开进了那扇窗前的砾石停车场。那个女人还站在那儿，透过大型落地窗向他望着。他不知道她是谁，也不在乎她是谁，但她身上肯定会有一些钱，他非常需要一笔钱。他停了下来，用手拿起刀子，紧紧地握住刀柄。他决定不携带那根绳子。

詹尼弗透过汽车的防风罩可以清楚地看到这个人，现在她确信他就是那个杀人凶手。他为什么要开车进来？他不可能是提前送孩子来幼儿园的家长。车里没有其他人跟他在一起。他来这里做什么？她的脑海中闪现了一个念头。他可能知道这是一个幼儿园。如果他就是那个杀人凶手，也许他想杀一个孩子。但这里还没有孩子。

她看见司机的门开着。年轻人下了车，然后快步走向学校的前门。她看了看车牌号，开始在脑海里反复念叨这些数字。她知道他就是那个杀人狂魔。詹妮弗后来将那次遭遇描述为“我生命中最可怕的5分钟”。

他在窗口停了一下，望着她，用手示意她走到门口来。她的心怦怦直跳。她把门打开了一个小缝儿，只听见他说："你能告诉我 48 号街怎么走吗？"她后来回忆说，他的声音很小，似乎在颤抖。他给她的第一印象是，他像一个失去母亲的小男孩。他看起来和她一样紧张害怕。

她的心跳在加速，她试着保持冷静，并给他指明了 48 号街的方向。然后，他问道："我可以用你的电话吗？"

"这里没有电话，"她说谎了，无论如何，她都不想让他进来。她下意识地避开了离门只有 3 英尺远的电话。

他迅速推了推门，喊道："进屋去，不然我就杀了你！"她看到了他手里闪闪发光的金属，确定那是一把刀。一时冲动，她打开了门，从那个年轻人的身边冲了出去，这时，他还站在门外呢。

她唯一的本能就是逃跑，一定要尽快逃离。她沿着砾石车道奔向大路，却在一片积雪上滑倒了。当她挣扎着重新站起来继续奔跑时，她的关节和膝盖撞到了人行道上。她能听见寒风呼啸，吹过街道、穿过树林，灼伤了她的身体，让她备受折磨。但是，她突然听到了来自身后的声音，使她立即忘记了寒风和她所感受到的痛苦。

汽车的发动机重新启动，轮胎突然加速，车轮滚过的街道上扬起了一阵沙尘。"他要过来碾压我呢，"她一边想一边爬到人行道上，跌跌撞撞地站了起来，飞快地跑向牧师的家。

牧师的妻子黛安·琳赛正在厨房为自己和丈夫准备早餐，这时，她听到前门被撞开的声音，詹妮弗的声音在尖叫："他想杀死我！"突然间，黛安惊慌失措地跑进客厅，看见詹妮弗站在那里，反复念叨着一连串的数字和字母。

黛安看到詹妮弗手上的血，她的衣服湿了，雪泥从身前滴了下来。"天哪，詹妮弗！发生了什么事？"

"他想杀死我……就是他……"詹妮弗喋喋不休地说着一连串的数字和字母，黛安很快就明白了这是一个车牌号。"拿一支铅笔，记下这个数字，"她不断地重复着，"他有一把刀……他想杀死我。"

那天早上，牧师比尔·琳赛正在楼上准备去教堂布道，突然听到了骚乱的声音。他跑下楼梯，走进厨房，看见他的妻子和詹妮弗站在那里。很明显，詹妮弗吓坏了，一定是出事了。她平时沉着冷静，现在却不停地哭喊，可谓歇斯底里，她身前的衣服湿透了，头发也凌乱不堪。

他把胳膊搭在她的肩膀上，试图让她平静下来："詹妮弗，发生什么事情了？"

"他袭击了我。就是那个杀了那些小男孩的凶手。"

"他在哪里？"牧师问道。

"我不知道。他坐在一辆白色汽车里。他有一把刀。他来到了学校。"

"你没事吧？"

"可能没事吧。他还在外面吗？"她尖叫着，指着房子和街道的前面。

"给县治安官打电话，"牧师一边嘱咐妻子，一边快步走向前窗，向外望去，"外面没有人。"

▶ 上午 8 点 35 分。

琳赛牧师小心翼翼地沿着街道走着，看看是否有人在教堂幼儿园附近徘徊，或者更重要的是，那个人是不是还在教堂大楼里面。当他打开门时，他看见一对母子在房间里。"詹妮弗老师在哪里？"小男孩的母亲问道。

"她遇到一些麻烦了，"他回答，"你能把詹妮弗的外套和东西拿到我家去吗？"

"怎么了？"小男孩的母亲问道。她可以看出牧师很紧张，肯定是出事了。她无法想象是什么祸事，但她希望詹妮弗没有受伤害，她把詹妮弗当作自己的好朋友。

"我不是很确定，但我想有人袭击了詹妮弗。"

"哦，上帝，"她弱弱地问了一句，"她还好吗？我可以做点什么呢？"

"你只要拿走这些……，"当他开始说话的时候，他看到一辆县治安官的车开到了车道上。"你去把这些东西拿到我家里吧。詹妮弗和黛安都在屋子里，我几分钟后就到。"

▶ 上午 9 点 05 分。

当詹妮弗·金走出学校大门并逃向牧师家的时候，表现出了良好的本能。但她想错了一件事，凶手并没有试图用车撞倒她。当她从他身边跑出去的时候，他和她一样害怕。他陷入了极度恐慌，连忙跳上了车，试图尽快离开。他开着车在街道上狂奔，在 36 号街左转，转弯时几乎没有减速就上了钱德勒路。

现在，他又回到了基地的安全地带。他知道自己犯了个错，太粗心大意了，会有被抓到的危险。不过，现在他感到安全了，他知道，基地没有人知道他去了哪里，也不知道他想做什么。他很有信心，他很快就离开了教堂，没有人知道发生了什么事。当然，那个女人那么害怕，可能也认不出他或那辆车吧。希望不被认出来。

当他躺在床上，盖上被子入睡时，他最后的念头是，他得想办法下次更加小心点儿。一定会有下一次的。

39

睡眼迷离的嫌疑犯

▶ 当天上午 10 点 10 分。

完全由于巧合，或者由于上天的眷顾，主要调查机构的 3 名主要侦查人员决定于当天上午 9 点在贝尔维尤警察局见面。他们是萨皮县侦探指挥官斯坦·贾米森中尉、贝尔维尤警察局的乔治·阿斯科队长和奥马哈 FBI 办公室的特工查克·肯普夫，一直在浏览上周的一些新报告，试着看能否找到一些有用的线索。自从第二个男孩的尸体被发现以来，专案组就一直在日夜不停地工作，但到目前为止，几乎没什么进展。

那天上午，队长办公室的 3 名侦查人员都在听取警方和县治安官的无线电通信，主要是因为办公室里有一位发言人。然后，他们听到了在奥尔德斯盖特教堂可能遭遇抢劫未遂的首次报警消息。虽然有人试图抢劫教堂听起来很奇怪，但他们的注意力并没有被吸引，直到后来他们听到了嫌疑犯的长相描述。“受害者认为，嫌疑人的长相像是杀害了那两个小男孩的凶手的合成图。”

巡逻队副官对那个年轻人做了描述。“他是一个白人男性，20 岁出头，个子在 5 英尺 5 英寸到 5 英尺 7 英寸（1.67 ~ 1.73 米）之间，深色头发，身材矮小。”侦查人员互相看了看，也注意到了嫌疑人的身材。这位副官接着描述了一辆白色汽车和嫌疑犯的衣服。他让调度员去浏览一个车牌号，并补充说，“受害人认为，嫌疑人是要持刀行凶。”

肯普夫站了起来。“该死的，”他说，“汽车的颜色似乎不匹配，但其他一切特征都一样。”

“尤其是对那家伙的描述，”贾米森应道，“而且，他们看到了一个汽车牌照，那家伙显然有一把刀。”

“斯坦，你能不能找个副手，让他来这里？”肯普夫问道。

“当然。”贾米森用移动便携式收音机向他的副手发送了无线电信息。

“看看我们得到了什么，这也许是个好主意，”肯普夫说，“没有办法知道这件事与之前的案件是否相关联，但奇怪的事情已经发生了。”

他还不知道。

▶ 上午 11 点 05 分。

犯罪嫌疑人的车辆开了回来，在通往奥法特空军基地的正门北面的一个汽车维修和销售门店进行了登记，这里离贝尔维尤的警察大楼只有一步之遥。“我们去那边，看看有什么收获，”阿斯科说，“我认识这个地方的主人好几年了，他肯定不符合嫌疑人的长相描述。”

他们挤进了阿斯科的车里，来到了汽车维修和销售门店，这里距离车道不到一分钟的车程。案件进展开始迅速。

“这个来自基地的孩子周一把那辆车带来了。”老板指着停车场上一辆棕色的雪佛兰新星，“他说发动机的风扇发出了奇怪的声音，但我还没有时间去修理那辆车。所以，我借给他一辆我们用来供顾客暂用的车。”

“白色的汽车吗？”阿斯科问道。

“是白色的。”三个侦查人员同时互相看了看。贾米森从调度中心浏览了雪佛兰新星的车牌号，然后回到缅因州的波特兰市，来到约翰·朱伯特登记车牌号的地方。

“登记的是缅因州？”肯普夫看上去很困惑。

“是啊，”阿斯科向基地挥手示意，回答道，“驻扎在这里的很多人都把他们的车登记在自己的州。”

贾米森说：“我要打电话给我的办公室，看看他有没有内布拉斯加州的驾照。”

贾米森打电话的时候，阿斯科和肯普夫在停车场与他们的巡逻队副官交换了意见。“杰斯·路易斯，我们这里可能有事情发生，”肯普夫说。

“我打电话给基地安全部门，让他们看看是否能找出他现在的位置，”阿斯科建议道，“我们和他们打的交道够多了，所以我很了解那群家伙。”

“我可以想象，”肯普夫咯咯地笑着，看着店主，“你确定这家伙是驻扎在这里的吗？”

“是的，我肯定。他星期一穿着制服来到这里。我记得制服上带有两个肩章。”

阿斯科挂断了电话。“我接通了基地的安全部门，并解释了我们知道的事情。一名警官将在前门与我们会合。”

“好，我们离开这里吧。”贾米森看了看店主，“非常感谢你的帮助。”

他们告诉店主，如果那家伙回来了，请告诉他，他的车还没修好，但千万不要说警察来过。

“没问题。”

▶上午 11 点 50 分。

侦查人员收集了他们可以收集到的所有信息，其中包括一份对朱伯特的汽车修理估价的副本。然后，他们将车开到了离奥法特基地的正门不到两个街区的地方。一名警官在门里面的一个小旮旯里与他们碰了面。

“这家伙是一个飞行员，今天早上 6 点就下班了。如果他现在在那里，他就住在 400 号兵营，”这名警官说，“你们要开车跟着我，还是要坐我的车？”

“我们开车跟着你。”阿斯科答道。

他们把车非法停在了一座红砖营房的外面。“我叫了几个来自安全与调查办公室（简称 OSI）的人过来，以防万一，”这位警官解释说，“他们应该随时可能到达。他们找到了朱伯特的室友，他们可以把我们带进房间，如果房间被锁住。”

“好主意。”肯普夫看着贾米森和阿斯科。“我讨厌踹门，”他轻笑着说。

几分钟后，两名身穿深蓝色西装的 OSI 特工来到了现场，朱伯特的室友把他们带到了楼上的房间。这位警官敲了一下门，然后又敲了一下，一次比一次动静大。“把门打开，”他对那个室友说。

一进屋，他们发现一个黑头发的年轻人躺在床上，还睡得很熟。

“朱伯特！”警官喊道，“你醒醒！”

那个年轻的飞行员睁开了眼睛，揉了揉眼睛，显得很困惑，也许在想为什么他的房间会被一个他不认识的警官检查。“你们是谁？”他问道。

“请你从被窝里钻出来，穿上你的衣服。”

肯普夫从地上捡起一条裤子和一件衬衫，把它们扔到了床上。“我是FBI 特工查克·肯普夫。这是来自萨皮县的斯坦·贾米森中尉和来自贝尔维尤警察局的乔治·阿斯科队长。我们想跟你谈谈今天早上在奥尔德斯盖特学校袭击一名妇女的事情。”

朱伯特似乎很困惑。“我不知道阿尔德斯盖特学校。”他很可能是在说真话，因为他以为自己是在教堂进行抢劫。

一名 OSI 特工从自己的钱包里抽出一张卡片，开始对着朱伯特阅读“米兰达规则”。“你明白我说的吗？”

当他把衬衫扣好，把衣角塞进裤子里的时候，仍然显得很困惑。

“同样的衣服，”阿斯科说。

“我也注意到了，”贾米森说。肯普夫点了点头，这三个人都记起了他们在电台里听到的描述，“我们以后会拿到那些物证的。”

OSI 特工把“米兰达规则”卡片放回了钱包，然后问朱伯特：“你介意我们搜查你的房间吗？”

朱伯特环顾了一下四周，然后回答说：“不介意，请便。”

肯普夫看着 OSI 特工：“我们检查这个地方的时候，他们离开吧？”

贾米森在朱伯特的床下发现了一个黑色的挎包，打开它，抽出一根绳子。“看我发现了什么，”他听起来兴高采烈，“我们找到这个玩意儿啦！”

三名侦查人员都知道，用来绑男孩的绳子有一种非常独特的颜色和风格，他们花了几个月的时间试图弄清楚它是从哪里来的，他们真是大开眼界了。当贾米森把绳子放在床上的时候，一股如释重负的暖流涌遍了他们的全身。

“里面有一把刀和一些牛皮胶布，但我们还是不要动它们了，”贾米森说，“可能是一些不错的证据。”

侦查人员在击掌时脸上露出了灿烂的笑容。肯普夫后来说：“这可能是我有生以来最美妙的感觉了。”

他们决定把白色汽车拖到基地的一个大型机库中，然后在那里申请到一张搜查令。朱伯特的车，仍然在停车场，将被拖到县治安官办公室，车会一直留在县治安官办公室，直到他们能申请到第二张搜查令，在车辆和后备厢的内部进行取证测试。

40

绝不是恶魔的嘴脸

▶ 下午 1 点 15 分。

约翰・朱伯特平静地坐在阿斯科的车后面，独自沉思着，弯着腰，背后扣着手铐。他被一名 OSI 特工密切监视着，而主要的侦查人员结束了对房间的搜查，等待着一辆空军拖车的到来。当所有的工作都完成后，他们找到的证据被放在了阿斯科的汽车后备厢里，查克・肯普夫和他们的嫌疑犯一起爬到了后座上。

侦查人员给老板们打电话，老板们都在焦急地等待着侦查人员到达贝尔维尤警察局。逮捕的消息传开了，许多其他专案组的警官也跑去了车站，没有别的理由，只是看看他们苦苦寻觅了几个月的嫌疑犯。不知何故，消息也传到了媒体上，媒体已经派记者甚至主播到电视台去报道最新的突发新闻。这无疑是奥马哈地区在数年里经历过的最重大的案件。

当他们带着朱伯特穿过车站的后门和走廊时，警察、探员和副手们，更不用说工作人员了，他们都被这个矮小的年轻人惊呆了，他根本不符合他们心中想象的凶残怪物的样子。“他太年轻了，看上去并不会伤害人。”一个女人说道。朱伯特一点儿都不像他们所期望的那样。他看起来不像一个精神变态的怪物，更不用说杀人机器了。你瞧，他低着头走路，眼睛盯着前面的地板。

阿斯科上尉推开了房间的门，示意朱伯特进来。警察局局长、县治安官和 FBI 特工主管助理已经同意让他们的三名首席侦查员对朱伯特进行审问了。

坐在一张桌子前，查克・肯普夫再次告诉朱伯特，他有权保持沉默。“你明白吗，约翰？”

“明白。”朱伯特低声说着，眼睛继续盯着地板。

“约翰，你能告诉我们，昨晚你在哪里吗？”

“我在工作。”

“在奥福特基地？”

“是的，先生”。

“你能告诉我们，你为什么借了那辆车吗？”

“我的车子在修理店修理，所以他们让我暂用那辆车。”

“好吧，约翰，那我再问你，今天早上你在奥尔德斯盖特学校做了什么？”

“你指的是教堂吗？”

“是的，”肯普夫答道，“这是一所附带幼儿园的教堂。”

朱伯特的叹息清晰可闻：“我只能告诉你，我需要钱。我必须支付我的车钱，我没有钱。”

“那你打算做什么呢，抢那位女士的钱？”

朱伯特点了点头。

“我需要你说点什么，约翰。”

“是的……我想抢劫那位女士。”

然后，肯普夫把审问的方向转为朱伯特的背景，他来自哪里，他在空军服役多长时间，他什么时候来的奥法特基地，他在基地的职责是什么。这可能是一个很好的时机来放松对房间里每个人来说都是非常紧张的气氛。

贾米森说：“我们为什么不稍稍休息一下呢？约翰，你想喝点什么吗？”

朱伯特点了点头，贾米森离开房间去找饮料。肯普夫和阿斯科紧随其后，三人迅速挤作一团讨论下一步策略。

“他现在很被动，”肯普夫说，“当我们回去的时候，让我去掉他的手铐。我们可以让氛围尽可能地放松。我想他现在已经准备好告诉我们一切了。”

“这是个好主意，查克，”贾米森说，“我们现在不需要动用武力。蜂蜜比醋更能吸引苍蝇。让我们把醋挪开，直到我们需要它。”

回到房间后，贾米森把饮料递给了朱伯特，并带头审讯他：“约翰，让我问你一个问题：你知道最近几个月，这里有两个男孩被谋杀的事件吗？

朱伯特看着贾米森，犹豫了一下："我在报纸上读到过。"

接着，贾米森拿出绳子，说："约翰，让我给你看一样东西，"他把绳子展示给了朱伯特，"你还认得这根绳子吗？"

"认得，先生"。

"其中一个男孩被这种绳子绑住了，约翰。我们在世界各地寻找它，最后在你的包里发现了这根绳子。"

"那种绳子并不少见，"朱伯特说。

"你从哪儿弄来的？"

"是我的童子军团长唐·希普曼先生给我的。我们一直用它来练习打结。"

在接下来的半小时里，朱伯特谈到了他和童子军团的牵连。肯普夫回忆说，这几乎和鲍勃·莱斯勒说的一模一样。事实上，莱斯勒所说的关于这家伙的一切都得到了验证。

到这时，审问已经持续了将近两个小时。侦查人员希望多休息一会儿，阿斯科问朱伯特是否饿了，他回答说："有一点儿饿。"

他们派了一名警官给他买了一个大汉堡和一些炸薯条。

肯普夫稍后会描述，当他们回到房间继续询问朱伯特时发生的事情。"在我的询问或审讯中发生的最不寻常的事情就在我眼前展开，"肯普夫说，"我们决定开始关注男童谋杀案的细节。朱伯特开始在椅子上前后摇晃，他上下看了看，用手捂住脸，然后又把手放在腿间，说：'我为什么要杀那些男孩？'正在我确信我们可以问出点什么来的时候，这句脱口而出的话却让我们三个人都深感震惊。"

肯普夫告诉朱伯特："约翰，这就是我们来这里的原因。你为什么不和我们谈谈呢？

"我现在还不能。我得先和特里谈谈。"

侦查人员知道，他说的是特里·卡特，童子军团中的一个男孩。阿斯科离开了房间，让另一名警官给特里的父母打电话。"看看他们能不能把特里带到这里来。记得解释清楚请他来的原因，并告诉他的父母，我们会绝对确保特里的安全。"

▶ 下午 6 点 20 分。

特里·卡特和他的父母一起来了，在侦查人员向他的父母解释发生的事情之后，特里被带进了房间。

"你们确定他会安全吗？"卡特太太问道。

"别担心。我们中有一个警官会和他在一起，"肯普夫解释道，"他有话要对特里说，然后，我们很确定，他会告诉我们关于男童谋杀案的一切。我们不确定他会告诉特里什么，但我们猜想，他只是想挽回面子，与特里消除恩怨并握手言和。"

阿斯科护送特里·卡特进入审讯室。"嗨，约翰。"特里打招呼。

朱伯特看着阿斯科："我能和他单独谈谈吗？"

阿斯科摇了摇头。"对不起，约翰。只要特里和你在一起，我就得待在这里。"

朱伯特点了点头。"我明白了，"他转向特里·卡特，说，"特里，我只是想让你知道，我犯了案，我遇到了很多麻烦。但是，不管别人怎么说，你永远不会有危险。我绝对不会伤害你的。"

那个金发小男孩只是站在那里听着，没有流露出任何情绪，似乎茫然地不知该说些什么。"只要记住我对你说的话，"朱伯特说着，站起身来，伸出双臂去拥抱特里。当特里离开房间时，朱伯特重复了一遍"对不起"。

特里一离开，朱伯特就对阿斯科说："谢谢你。现在我已经准备好了。"

41
精准的心理侧写

▶1 月 13 日，星期五。

我并不迷信。从来都不迷信，也永远不会迷信。1 月 13 号，星期五，对我而言，只是寻常日子中的一天而已。直到我女儿对我说："爸爸，今天是 13 号星期五。不要在梯子下走，也不要让黑猫在你面前跑，那样会倒霉的。这规矩你知道的。"

"真的吗？"我回答说，"我从来没想过这个，但我会尽量小心。谢谢你的提醒，罗妮，今天可能会发生一些事情。"但这一天还真是不幸运啊。

我去奥马哈的那几周是屈指可数的几周。我原本打算在几周后返回匡蒂科，参加人质谈判专家的培训，已经把我的日程安排得很满。在一起案子中，有 13 家公司和个人被起诉，几名银行抢劫犯在监狱里等待着听证会、提案和判决，再加上一周一次往返于锡达拉皮兹和得梅因之间的奔波，我很高兴看到星期五来临而且不太关心在这个月的哪一天。好吧，也许只是因为我女儿的提醒让我开始有点儿关心。

▶上午 9 点 15 分。

向查克·肯普夫汇报，这个念头已经在我脑海里闪过好几次了，但我总是担心这担心那的。如果不是接到了他的电话，我可能会在周五回家之前打电话给他。

"我是彼得，鲍勃·莱斯勒先生。你还好吗？"

"很好，鲍勃。很高兴听到你的声音。有什么事吗？"好像我不知道他为什么要打电话给我似的。

“我只是想打个电话，看看奥马哈的案子有没有什么进展。”

“我什么消息也没听到，自从我回来之后，就一直忙得焦头烂额。”

“你在忙什么呢？”

“简单来说，我们有13家公司和个人在一起校车价格垄断案中被起诉了，律师们真的快把我逼疯啦。”

“我听说了。他们很可能会这样做。很高兴我再也不用跟他们打交道了。”

“鲍勃，你会在奥马哈待一段时间吗？”

“应该吧。今天上午我在FBI国家学院有一节课，但据我所知，今天下午我有空。”

“好吧，我看看自己能不能迎头赶上查克·肯普夫。如果有什么事情发生，我会再打给你。如果我不给你打电话，那你就当啥事都没有发生。如果我听到什么消息，一定会回头去核对一下的。”

找到肯普夫，比我预想的要多花一点力气。我尝试了我们的奥马哈总部、萨皮县、贝尔维尤警察局，最终被告知，他可能在萨皮县检察官办公室。我不知道他会在那里做什么，他为什么不在联邦检察官办公室呢，但我最终找到了他。我找到他后，他说：“我得晚些时候再给你回电话。我们现在要对这家伙提出控告。”

“哪个家伙？”

“朱伯特。”

“哪个朱伯特？”

“约翰·朱伯特。你没听说吗？”

“听说什么？”

“我们逮捕了这个杀害那些男童的凶手。”

此时此刻的我，感情很脆弱，仿佛一根稻草就可以击倒我。“你别拿我开玩笑了。”

“不，我是认真的。你会在办公室吗？”

“我现在就在办公室。”

“我稍后会给你回电话，告诉你所有的细节，”肯普夫说，“我们应该可以在几小时内完成。”

“天哪！这是个天大的好消息。我等候佳音。”

我立刻给莱斯勒回了电话：“鲍勃，他们找到了那个家伙。”

“你在跟我开玩笑呢。”

“除非肯普夫跟我开玩笑。我不知道任何细节，但我找到了查克，他说，他们现在正在向地方检察官起诉那个家伙。我不确定他们什么时候找到他的，或者怎么找到他的，但查克稍后会打电话给我。你会在那里待到多晚？”

“大概 6 点前。”

“那我 5 点前打给你，我非常盼望接到查克的电话，如果他给我打电话，我会马上给你打。”

▶ 下午 2 点 45 分。

因为期待着查克的电话，我坐在自己的办公桌前，什么也不做，只看手机。那是 13 号星期五！

但是，俗话说得好：“心急吃不了热豆腐。”于是，我决定忙碌起来，一边等待，一边做一些实际的工作。基本上只是消磨时间，但也在努力提高效率。我一直在想，到底发生了什么事？他们是怎么找到他的？他最后自首了吗？那份心理侧写报告会有什么帮助吗？他是谁？他们是怎么抓住他的？

电话铃一响，我就拿起了听筒。

“彼得，我是查克。”

“嗯，我想我得恭喜你了，”我说，“你不告诉我，我什么也不知道。我们被困在了这荒无人烟的地方。他们一直对我们保密，一直给我们讲废话，毫不夸张地说，废话就像雨后春笋般地涌现。”

“很抱歉，我没有给你打电话，最近几天我一直在赶时间，几乎没睡。”

“没什么，我很高兴有好事发生了。直接告诉我独家新闻吧。”

查克喋喋不休地说出了周三发生的一切，即他在基地的兵营里逮捕朱伯特的经过。“一旦我们让他开口，他就对我们说出了一切。我的意思是一切相关的事情，应有尽有，然后还做了一些补充。很多我们不知道的事情。他们还在打印他的招供笔录。我们录下了他们整个谈话的记录。老板派我去全职做这个工作，他们把我所有的其他工作都转移给了其他队员。看起来我足以做好这份漫长而艰难的工作。”

“那么，下一步是什么？”

“不确定，现在主要是律师的问题，你知道这是怎么一回事。他的律师放弃了最初的露面，直到他能重新审视指控。我们今天下午做了很多事情，所以，我猜他下个星期初次出庭。”

“媒体上的闹剧？”

“哦，天哪，简直不敢相信。我们找到他的那晚，他们整夜都在贝尔维尤警察局安营扎寨，只是等着有人跟他说话。

“谁会跟他们说话？”

“我们让县治安官对付他们，帕特先生向他们讲述了母牛如何快速吃卷心菜的趣事。他是一个沉默寡言的人。”

“但至少他们有一个关于十点新闻的故事，对吧？”

“是的，他们当时很开心，这就是他们想要的。简单的几句话和表情，余下的他们会自己编造。”

我看出事情已经接近尾声了。“我知道，你现在接收了太多信息，如果我能在自己的工作议程中删除一些东西，我下星期要到奥马哈去递交一些报告。哦，我忘了告诉你，鲍勃·莱斯勒给我打电话了，所以，当我们完成任务时，我会给他回个电话。”

“我很感激。我需要打的电话越少，我的生活会变得越好。”

“确实。最后一点，你知道这份心理侧写报告有多精确吗？”

“我知道。我觉得莱斯勒没有任何失误，除了那个家伙的身高。

“他是个大块头吗？”

“完全不是。莱斯勒说，他认为那家伙的身高大约是5英尺8英寸（1.77

米）。朱伯特是 5 英尺 6 英寸（1.71 米）。可以说，是个小矮人。”

“就这样？”

“就这样。其他的描述都与他匹配，就像紧身衬衫一样匹配。

“所以，这份心理侧写报告有帮助吗？”

“这是一个很难回答的问题。当星期三一切都发生的时候，我联想到了鲍勃所说的一些话。我觉得，我们当时非常确定我们找到了对的人，但我认为，鲍勃的心理侧写报告起到了画龙点睛的作用。你明白我的意思吗？”

“意思是心理侧写报告使你确定找的人是对的？”

“没错。当你和鲍勃通话的时候，告诉他，我们真的很感激他为我们所做的一切。还有你，谢谢了。”

“好的。我可能会在一两周内见到你。”

42

凶手的作案史

▶ 大约 3 年后……

有些案子似乎永远不会消失，事实证明，朱伯特案也是其中之一，但以一种更可怕的方式，任何人都无法预测。如果有人认为，朱伯特在奥马哈的杀戮完成了他的犯罪史，那就离真相更远了。

鲍勃·莱斯勒在参加朱伯特案调查的几年后，在弗吉尼亚州匡蒂科的FBI 国家学院的一次专题会议上讲了一堂心理侧写课程。莱斯勒回顾了事实，展示了受害者的伤口，还解释了导致他研究心理侧写的因素，当然这是准确无误的心理侧写。在这堂课上，来自缅因州波特兰的一名警官注意到，这与在他的司法管辖区几年前发生的一起谋杀案相似。在与莱斯勒交谈，并得知朱伯特在波特兰的生活情况之后，这位警官与奥马哈的侦查人员取得了联系。

随着缅因州调查工作的展开，发现约翰·朱伯特与一系列类似的犯罪事件有关，这些犯罪行为发生在他生活在波特兰期间的青少年时期。一天下午，一个 9 岁的小女孩莎拉·坎蒂在自家的院子里踢足球。她在靠近人行道的地方捡起球后站了起来，突然感到背部一阵剧痛。这个时候，人行道上一个骑着十速自行车的男孩与她擦肩而过，但她没有在意他，只是觉得自己的背部好像着火了一样。莎拉歇斯底里地大哭着跑进了家里，她的父母发现她的背上有一个圆形的小伤口在流血。

很快，警察就到了，他们在人行道旁的草地上发现了一支铅笔。莎拉可以描述那个骑自行车的男孩的长相细节，警察在这一地区搜寻，却没有找到那个男孩。伤口处没有发现指纹，当时也没有目击者。

但是，警方后来得知，莎拉并不是约翰·朱伯特的第一个受害者。

一个 8 岁的小男孩遭到了一个年龄稍大的男孩的袭击，就在莎拉被刺伤的前一个月，他们对大男孩的长相描述相符。虽然小男孩没有被刺伤，但后来在调查中发现的事实显示，朱伯特掐住了小男孩的喉咙，把他逼到了银行附近的墙边。小男孩奋力挥舞着手臂，与袭击者斗争，结果成功逃脱，穿过街道跑掉了。后来，又有人向警方报告了相似情形，警方对该地区进行了搜查，但多年来一直无法确定袭击者的身份。

就在莎拉·坎蒂事件发生近两个月后，27 岁的薇琪·戈夫在缅因大学校园附近散步。薇琪当时在上夜校，在一月的一个寒夜，她前往学校去上课。走着走着，她注意到一个年轻男子向她走来，但没理由认为有什么不对劲的地方。他很瘦，很矮，可能有 5 英尺 5 英寸（1.67 米）或 5 英尺 6 英寸（1.71 米）高。他和她走在人行道上，她继续往学校走去。

几秒钟后，她报警说："我听到有人在人行道上跟在我后面跑。我转过身去看看是谁，是那个刚从我身边经过的男孩。那时他正在踱步，我记得我说过：'今晚很冷，不是吗？'"他什么也没说，只是加快了脚步，走在她前面，在他拐弯的时候，她看不见他了。她觉得这有点奇怪，但也没担心自己的安全。她说："我一直朝学校走去。接下来，我听到身后有脚步声，在我还没能回过头来看看是谁的时候，我感觉到有一只戴着手套的手捂住了我的嘴。然后，我感到背部一阵剧痛。"当痛苦像野火一样蔓延时，她的力量突然被激发了，她向学校跑去，最终求助成功。

薇琪·戈夫向警方详细地描述了那个刺伤她的年轻男孩的模样。因为她近距离清楚地看到了他的面部特写，所以，警方可以画出那个年轻男子的合成图，然后分发给了学院里所有的警官和企业。可惜线索毫无进展，这个案子一直被搁置着。

一个月后，一个 9 岁的小男孩在小镇附近的山上遇到了一个大男孩。那个年纪大一点的男孩几年后被确认身份，他就是约翰·朱伯特。当时，朱伯特从上衣口袋里掏出了一把像是雕刻刀的匕首，迅速地朝小男孩的喉咙猛砍了下去，但小男孩还是挣脱了，往家跑去。到家后，发现脖子上被深深地割了一刀，鲜血直流。他在附近的医院接受了治疗，并在当晚缝了针。再一次，警察局接到了关于那个大男孩长相的详细描述，但那天晚上并没有找到这个袭击者。再一次，这个案子被搁浅了。

尽管所有的袭击事件都发生在波特兰街道上朱伯特家方圆两英里之内，但是没有人怀疑他。“他太小了，看起来像个唱诗班的小男孩，”几年之后，一个邻居告诉侦查人员，“我们听说了所有这些事情，但约翰是我们最不想怀疑的人。他是一个如此安静的小家伙，并不与人来往。”

另一个邻居回忆说，朱伯特积极参加童子军。“我想，他已经达到了童子军的最高级别鹰级。据我所知，这通常意味着一个人在很小的时候就已经完成了一些相当有意义的事情，而很少有人会认为，他会到处跑着要杀死小男孩。我们知道的真是太少了。”

邻居和老师都不知道，**潜伏在这个看似负责又善良的小男孩内心深处的是一种黑暗的看不见的愤怒，这股怒气在一个困惑的年轻人的内心沸腾，他很快就会变成一个恶毒而暴力的杀人狂魔。**

6个月过去了，袭击事件已经停止了。那年8月，新英格兰的秋天即将来临，空气中散发着动人的魅力，给这个地方带来了无与伦比的美丽景色。在距波特兰市区几英里的地方，有一个“后湾”，它坐落在一个绿树成荫的乡村中，勉强算是城郊。这个地区很受慢跑者的欢迎，有许多小径蜿蜒穿过令人愉悦的树林和高高的草丛。即使是在夜间，也会看到许多人在小路上一起慢跑的景象。

就在那个8月的一个凉爽的夜晚，6名目击者回忆说，他们看到了一个11岁的小男孩瑞奇·斯泰森穿着“美国制造”的运动衫和短裤在慢跑。他们回忆说，他在巴克斯特大道附近，时间大约在9点钟。瑞奇的样子并不难记，因为他长着红头发，脸上还有雀斑。所有的目击者都记得看见另一个年轻人跟着瑞奇，骑着一辆十速自行车。他们对这个年轻人的描述有些不同，但证人们确信，他在16～20岁之间，而且体格非常瘦小。那个年轻男孩长着一头浓密的深色头发，胡子刮得干干净净，没有什么特别的东西可以将他和那天晚上小路上的其他任何人区分开来。没有理由感到惊慌或担心，因为自行车骑手在该地区经常被视为慢跑者。

第七名目击者回忆说，看到一个长相类似的年轻男子骑着一辆十速自行车，飞快地朝相反的方向骑着，在同一条小路上，有人看到瑞奇在慢跑。目击者回忆说，骑在自行车上的那个年轻人至少回头看了一眼，但目击者也说，他没有看到一个小男孩在这个地区慢跑。他记得那是晚上 9 点左右。

第二天早上，7 点之后不久，一个路人在 295 号州际公路附近的行人天桥下发现了瑞奇·斯泰森的尸体。这个男孩右侧躺着，右臂伸到了头上，血淋淋的左手抵住了胃部。鲜血已经浸透了运动衫的前部，裤子的一部分被拉到了臀部。

波特兰警方的侦查人员在小男孩的胸部发现了一处 3 英寸的刺伤，发现他的左小腿有几处明显的伤口。最终，警方确认了一名嫌疑人并逮捕了他，但该男子被排除犯罪嫌疑，斯泰森案件仍留在悬而未决的案件簿上。

几年之后，在 FBI 学院的课堂上，莱斯勒会指出："波特兰的侦查人员不知道，他们的嫌疑犯远在 1500 英里外的得克萨斯州圣安东尼奥市。在加入空军后，他在那里参加了新兵训练营。我确信他离开波特兰是因为斯泰森谋杀案。在新兵训练营后不久，他去密西西比接受了额外的训练，然后被派去了奥马哈附近的奥法特空军基地。"

43

成全自己恶心别人的奇葩

吉姆·惠伦的毒品调查工作产生了10项定罪，并衍生出另一项窃听案件，艾奥瓦州、明尼苏达州和伊利诺伊州的更多人将会面临指控。我的校车价格垄断案在艾奥瓦州道奇堡接受了陪审团审理，在那里，14家公司和个人在一场持续两周的审判中被判有罪。然后这个案子就像病毒一样蔓延开了。反垄断办公室的律师们能够将艾奥瓦州和内布拉斯加州的侵权行为与南达科他州、明尼苏达州和北达科他州的侵权行为联系起来。我最终在三大州的大陪审团面前做证，结果又有20宗起诉和定罪案件。反垄断办公室给我们的特工主管发了一封热情洋溢的信，而我收到了另一份资历递增（QSI）证书。这是五年来的第三份QSI证书。我已经远远领先我的FBI学院同学了。

尽管所有这些进展都很重要，但我们的办公室正在经历一系列的转变。吉姆·惠伦在锡达拉皮兹工作了将近15年之后，决定申请调离。吉姆从俄克拉荷马大学法学院毕业后，就进了联邦调查局。他在华盛顿FBI总部的法律部门工作了一段时间，不到6个月就离开了，我很遗憾看到他离开。他曾是一名优秀的常驻高级特工，而我却暂时摆脱不了这份工作。

有3名新特工被分配到了我们办公室，完全独立地运作，很少有问题或难题。三人当中有一人叫迈克·达德利，他已经接管了惠伦的毒品专案组，并将其提升到另一个级别。迈克以前是威斯康星州的地方检察官，我刚让他加快处理文书工作，他就旗开得胜。

比尔·劳顿和凯西·基恩很快就开始行动起来了，他们也各自做得很好。我们的办公室里还有一位高级特工，他表面上是被派去处理外国的反情报案件，但没有人真正知道他做了什么。后来，我们大多数人发现，他实际上什么也没做。对我们其余的人来说，这无关紧要，因为我们有很多与刑事相关的案件，包括一系列的银行抢劫案。我们在18个月里遇到了24起案件，除了一个案子悬而未决之外，其他的案子都破了。比尔和凯西在实现这一目标方面无疑是至关重要的。迈克·达德利非常关心他的毒品专案组，我们很少见到他。我们中没有人置疑他的工作。

因为办公室里有比尔和凯西，所以我可以抽出身来全力去调查一些可能发展成大案子的案子，或者专注于临时教授心理侧写课程或人质谈判学校课程。然后，我们遇到了一起我参与过的最奇怪的案子。密尔沃基办事处的麦迪逊特工处已经确认了一系列所谓的“巨婴名单”。其中一名变态者曾试图在麦迪逊绑架一个婴儿，被捕后，他提供了自己在全国范围内大量同伙的通信名单。显然，其中一些人是儿童性骚扰者，所以这个问题很容易理解。

即使你认定自己已经见识了一切，你也一定会大吃一惊。对我来说，这无疑是一个全新的开始：人们似乎被困在了人生的婴儿期，努力成为一个“婴儿”。这是这个国家的一种亚文化。他们有自己的新闻通信系统，甚至还有一个地下市场来迎合他们的变态反应。“妈妈们”实质上是一种不同类型的妓女，可以把这些人当婴儿一般对待，还提供各式各样的婴儿商品，如特殊的尿布、“巨婴食品”等，还有许多其他的东西，以满足他们的一切需要。我们的麦迪逊办公室提供了几条新闻，我几乎不相信我读到的内容。“妈妈们”在广告中宣传他们的商品和服务，该网络的成员将提供有用的信息给他们的巨婴同伴。我记得我看到了一份燕麦片和红糖混合的食谱，放入微波炉中加热后给那些想要“臭臭的尿布”的人。这已经够恶心的了，但还有更多的恶心事。

我在执法部门工作了15年，还接受过很多培训，我不认为自己缺乏经验。但我从未听说过这种异常行为。更糟的是，我至少有一个相关组织在锡达拉皮兹，可能还有一个在我们管辖区域的边远地区。

有一次，我和比尔·劳顿谈了这件事，他立即对这件事产生了兴趣。他说：“这件事我们必须得抓紧调查。”

“真让我恶心。”我回答。

“除了这些家伙可能是儿童性骚扰者之外，”比尔说，“这是我听过的最有趣的事。”

“嗯，我想也是，所以，思考一下，我们可以用从麦迪逊那里找到的线索做什么。”

据他们的新闻通信系统报道，我们的锡达拉皮兹“巨婴”是威廉·德沃雷，我们在小镇的西南部有一个确认的地址。我们去警察局和县治安官办公室检查了公共设施和记录，那些部门都有他和他父母住在一起的记录。虽然当地的特工机构有他参与各种犯罪的记录，但大多数是未成年时期的，如醉酒驾驶、对父母实施家庭暴力。然而，有一次逮捕记录更值得注意。4 年前，他因闯入离家不远的房子而被捕。他显然是醉了，被困在了屋里，什么也没拿走。但是，因为他有过不良历史，被判处 5 年监禁。推算一下时间，现在德沃雷已经 25 岁了，还在假释中。

我最喜欢的一件事就是发现犯罪嫌疑人被判缓刑或假释。这意味着，他们已经同意假释官或缓刑官的条件。所以，他们自己和他们的住所都可以随时接受搜查。然而，因为德沃雷和他的父母住在一起，我们便有了一个有趣的新问题：既然他和他的父母住在一起，我们假设房子的大部分都是公共区域。那么，除非我们有搜查令，否则我们的搜索范围是有限的。我们需要想一些别的办法。

“我们要做什么呢？”当我们回到办公室时，比尔问我。

“我不确定。让我再想想，看看能不能想出解决办法。找到足够的理由来获得搜查令是不容易的事。”我们在锡达拉皮兹的联邦治安法官有点拘泥于细节，几乎没有人会轻而易举地拿到搜查令。

44

“巨婴比利”的那点事儿

▶ 第二天早上 8 点 15 分。

第二天早上，我就想出了一个办法。在距离锡达拉皮兹 20 英里的地方是艾奥瓦州监狱分类中心。在艾奥瓦州，每一个被定罪并判刑的人都必须在该中心进行 30 天的评估，然后，他们将决定把这个人送到哪个机构。

“我们去那里吧，”第二天早上我对比尔说，“这可能是在浪费时间，但我总是发现，检查这种小事情往往会变成更大的事情。”

▶ 上午 10 点。

这个中心的监狱长真是太随和了。他对德沃雷很了解，因为“他在这里花了太多时间。他在这里和阿纳莫萨（艾奥瓦州一个较大的监狱）之间来回走动。”他看着我们，翻了翻白眼，“我不知道我这么说是否合适，但他绝对是个讨厌鬼。”

“为什么呢？”我问。

“那个狗娘养的蠢蛋是那些监狱里的‘律师’。他并不愚蠢，尽管他是我们这里遇到过的最大的变态。他会提出一个又一个动议，几乎逼得我们发疯，不得不把他告上法庭。为什么法庭甚至愿意听这些狗屁话呢，我真搞不懂。”

“他提了什么动议？”比尔问道。他拥有佛罗里达大学的法律学位，所以有一个强大的法律背景。

“我把它们都放在档案里了，”监狱长说，“如果你们想看的话，我会让你们看一下这些文件。这需要一些时间。”

“我们有的是时间，”我说，“我们对这个家伙有点担心。”

“你们应该担心。”

监狱长给我们提供了一间屋子和一堆大约1英尺高的文件。“好吧，”我对比尔说，“我们来工作吧。”

我对德沃雷被监禁的机构保存的详细记录感到惊讶。比尔和我煞费苦心地浏览了档案中的每一份文件。那天，我们说的最频繁的一句话就是“彼得，看看这个”或“比尔，你不会相信这个的”。我们疯狂地记笔记，复印了很多文件。

我们在所有的监狱档案中寻找可能的作案动机，结果发现有问题。这些文件显示了有关德沃雷的记录，**他经常和室友谈论他的怪癖，要么觉得自己是婴儿，要么觉得自己对他们有性吸引力。他的法庭文件更露骨，要求别人叫他“巨婴比利”，并要求以婴儿食品为自己的饮食**。这一点很重要，但对我们来说，更重要的是，他要求每个月都要法庭提供《母与子》杂志，并提供婴儿床供他睡觉，而不是他在牢房里的床。

这是富有成效的一天，我们离开时感谢了监狱长。在回家的路上，我一边在380号州际公路上向北行驶，一边向比尔提了一个建议：“我们有很多东西，需要坐下来整合一下。你说，我们拿着一打百威啤酒到我家来怎么样？”

比尔从来不是一个拒绝喝啤酒的人。“我很愿意。玛丽·安愿意吗？”

“也许不愿意，但我们有一些工作要做，这是个不错的借口。”

▶下午6点。

我们在我家的谈话引起了凯瑞和罗妮的注意，当时他们17岁。“爸爸，发生什么事了？”凯瑞问道。

“不好解释，儿子，”我回答，“可以说，我们正在研究的这个家伙是个非常反常的变态，我们需要看看他到底在搞什么鬼。如果他在猥亵儿童的话，那一定是我们关心的问题。”

凯瑞，这个后来在艾奥瓦大学获得了法律学位的小家伙，说，“但是为什么FBI要介入此事呢？”

“我们还不确定，”我解释说，“希望我们能得到一张搜查令，看看是否涉及联邦违法行为。”

“你想记录下来吗？”我后来问比尔。

“不，你记录了这么多，我想你更合适做记录。我们为什么不合作写书面证词呢？”

“好主意，”我们已经喝光了一打啤酒，而且已经很晚了，“让我们睡一觉再说吧，明天在办公室见。这需要一些创造性的写作和思考，但请想一想，如果我们一起想办法，那就能完成它。你怎么看？”

“我认为我们可以得到法律的支持。明早见。”

▶ 第二天上午 7 点 45 分。

我和比尔把自己关在联邦大厦地下室的一个房间里，这是我在校车价格垄断案期间用过的屋子。这项工作似乎要花很长时间，但最后，我们起草了一份搜查令的书面证词，我觉得有很多可能的作案动机，我确信它具有说服力。我打电话给我们的联邦执法官，预约明天早上见他。

▶ 上午 9 点半。

约翰·贾维斯是艾奥瓦州北部地区联邦法院的法官。多年来，他看过我的很多书面证词，我觉得我非常信任他。他知道我是一个很好的特工，不仅如此，他还知道我是诚实的人，只会向他汇报我在法庭上或在书面证词中所说的事实。我曾多次在他面前做证，我觉得，他也很尊重我。但是，当他浏览书面证词时，却以怀疑的眼光看着我。

“内容有点儿太少了，彼得，”他说，“我不确定在这个案子上我们是否有联邦司法管辖权。”

“我知道，约翰，”除了在法庭上，我们多年来一直直呼对方的名字。在法庭上我会尊称他“法官”或“法官大人”。“我还不完全确定，但我的感觉是，我们很有可能会涉及跨州的儿童色情交易，而且我认为，我在书面证词中已经说得很清楚了。”

“嗯，我想你的感觉可能是对的。你的书面证词从来没有出过错，但我怀疑这份证词有不妥之处。”

“我认为自己没有错。”

他签署了搜查令，我们高兴地离开了。

▶ 周五上午 9 点半。

第二天早上，我们准备在“巨婴比利”的房子里进行搜查。我从锡达拉皮兹警察局和林恩县治安官那里得到了性犯罪搜查小队。那天早上我们在警察局见面，我解释了我们在做什么，希望能完成什么。“这家伙是个变态，”我说，“我们需要在他的房子里找到足够的东西来证明他真是个变态。我不知道他是否对锡达拉皮兹的孩子们有猥亵的行为，但这种可能性确实存在。我想我们需要让他离开这些街道。”

我继续解释当时的情况。“这次搜查的风险并不高。我们和监狱长谈过了，这家伙很被动。我们不需要反恐特警组先动用闪光弹之类的武器来强行闯入。我要走到门口去敲门。如果他开门，很好。如果他的父母来开门，我会向他们解释情况，我认为不会有什么问题。所以，不要担心，不要拔出枪在门口乱跑，不要期待一场大枪战。这不是那种类型的案件，我们也没有任何证据表明他持枪或有暴力倾向。他显然只想当一个婴儿。”

我告诉搜查小队的每一个人，包括比尔·劳顿和凯西·基恩，希望他们每个人都能专注于房子里的某一特定房间，并彻底搜查。“我认为，这只是一起证据案件，所以不要浪费时间和空间，只要去寻找与调查相关的证据即可。”

▶ 上午 10 点 05 分。

我们到达了“巨婴比利”的家，安静地把车停在了街道上。没有“警灯和警笛”或“高风险”的标志。我把车停在了房子前面，走到前门，由两名 FBI 特工、4 名警员和副手负责掩护我。比利的母亲开门了。我解释了情况，给她看了搜查令。她表现得就像平常在家一样，没有丝毫的抵抗和争吵。比利的父亲坐在沙发上看电视。我让他的母亲坐下来，告诉他们，我们想要做什么，这时，其他警官和特工也从前门进来了。

“我们有房子的搜查令，”我说，“它不会牵涉你们，但确实涉及您的儿子。我们将在整栋房子里寻找证据，所以，如果你能放松下来和我们合作，我会很感激的，我们会尽快完成搜查的。你明白我们要做什么吗？”

“明白，警官。”他的母亲麻木地说。就像他们习惯了警察和 FBI 每周的早上出现在门口一样。他们继续坐在沙发上，没有任何反抗或争吵。显然，他们很了解自己的儿子。这是我执行过的最不寻常的搜查令。通常情况下，房子里的人都准备好了，要么战斗，要么大喊大叫。这些都没有发生在“巨婴比利”的家。

我给搜查小队各自分配了任务，指定凯西·基恩去确保在房子里所有找到的相关物品的安全。那是一栋两层楼的房子，所以，我让比尔·劳顿上楼去搜查，然后派警官和副手们搜查这座房子里的其他房间。“请仔细搜查，”我恳求道，“记住，我们不是在寻找大象，而是在寻找蚂蚁。”

当我坐在客厅里试图和比利的父母谈话时，我听到屋里某处传来一阵阵大笑声。我不想让这对父母难堪，于是去看发生了什么事。最后，我到了楼梯的尽头，抬头看了看。比尔·劳顿站在台阶的顶端，凝视着一堵矮墙。

“比尔，你到底在干什么？”我问。

他挥了挥手，示意我上楼。“你得看看这个！”他小声说。

我悄悄地爬上了楼梯，望着那堵矮墙。有一个年轻人坐在楼上房间的一个角落里，除了一件尿布，他一丝不挂。他嘴里衔着一个奶瓶，似乎在吮吸着奶嘴。他正在电视上看一盘关于分娩的录像带，完全没有注意到我们。我忍俊不禁，用胳膊捂住了嘴。

“好吧，你这个笨蛋！快去搜查那该死的地方。”

比尔走进房间，说：“FBI，我们有搜查证。”“巨婴比利”回头看了他一眼，继续吮吸他的奶瓶。

▶ 下周一上午 10 点。

按照法律程序，我和比尔去见了执法官，归还搜查令。当搜查令发放的时候，在合理的情况下，要求特工和警察尽快向发证法官汇报发现的内容，必须在 10 天内汇报。

“那么，事情进展如何？”贾维斯法官问道。

我和比尔都笑了起来。执法官和许多法官一样，是一个非常严肃的人，但看到我们俩都在他面前崩溃，也忍俊不禁：“好吧，彼得，来吧。告诉我怎么回事。”

我实在控制不了自己。“约翰，我认为在我的整个职业生涯中，不会发现比这更有趣的事情了。那家伙坐在电视机前看关于分娩的视频。这足以让我感到恶心，但他还穿着尿布，吸着奶瓶。坦白地说，我很惊讶他没有掐掉自己的小鸡鸡。”比尔·劳顿笑出声来。

“你别拿我开玩笑了。”

“不，先生，”我试图进入一种更严肃的状态，但这很难，“我们发现了很多东西，我想你会发现，你授权搜查令是对的。”

“好吧，告诉我你们发现了什么。”

我递给他一份字迹工整的书面证据，这是凯西·基恩早已准备好的报告。他阅读了这份文件。好几次，他抬起头来看了看凯西的工整笔迹，然后继续阅读。“那么，你们发现了多少张婴儿照片呢？”

“我不确定，约翰，”我回答说，“我们说的是‘无数’，但我猜，我们发现了 200 多张露出私密部位的婴儿照片。”

“他到底是从哪儿弄来的这些照片？”他问道。

“我们现在还不知道，但我们会查清楚的。总之，这家伙的房间里有大量的儿童色情图片。”

“他的父母知道吗？”

“我对此表示怀疑。他们一家三口似乎只是一条河流中的三条鱼。”

“那么，我们要起诉这个家伙吗，还是怎么办？”

“不确定。我们还有很多工作要做。”

在接下来的几个星期里，我指派了比尔·劳顿竭尽全力去核实照片中婴儿的身份。这是一项不可能完成的任务。比尔向全国范围内的 59 个 FBI 办事处提供了照片，但是没有得到任何肯定的答复。没有人知道这些照片是从哪里来的。案件结束后，我把报告和照片的复印件寄给了匡蒂科的行为科学组。几天后，我接到了特工肯·朗宁的电话。肯是我在洛杉矶认识的研究儿童犯罪的 FBI 专家。几年前，在我们最初的心理侧写课上，他给我们做了精彩的演示。

“彼得，这东西真不错！”他对我说。

“很奇怪的案子，肯。”我回答。

“我从来没听说过这些家伙。”

“对我来说，这也是一个新的开始。”

“我很感激，”肯说，“我将把它融入我在 FBI 国家学院的演示中，看看全国范围内有没有人听说过这些人物。真是一群变态。我还以为，我活这么大年纪，什么都见过了！”

“我有同感。”

因为我们无法辨认这些照片中的任何一个婴儿，美国锡达拉皮兹检察官办公室拒绝起诉比利。然而，地方当局有几条似乎适用的法令，他们向他提出了多项重罪指控。经过多次法律纠纷和故作姿态之后，“巨婴比利”被允许对一项重罪进行抗辩，但因为他在假释期间犯下了罪行，又一次被判入狱。

在本案最后有相当奇怪的转折，当比尔·劳顿审阅成员名单时，对我报出了几个艾奥瓦人的名字，看看我是否认识其中的任何一个人。有个名字让我吓了一跳，因为他不仅有一个不寻常的名字，还在他居住的县当上了治安官副手。我们讨论了解决方案，决定把信息交给那个县治安官。我怀疑这位副手是否在某种程度上是个卧底，不过不知道结果怎样。

45

乡间小路和僵尸女孩

中西部的冬天早晨天寒地冻，但大自然母亲做的每一件事似乎都有目的。在朝阳开始从地平线升起之前，它的温暖光线已经减弱了来自星星的光芒，温度降到了一天的最低点。这个早晨下着小雪，气温在零度左右徘徊。

艾夫特·道森走出他的农舍，走到带顶的门廊上，立刻感受到了寒冷的空气和刺骨的寒风直接往鼻孔里钻，就像往常一样。生活在艾奥瓦州的连绵起伏的山峦中，让道森患上了鼻窦炎，同时也给了他一个有价值的独特天赋。他不需要温度计就能知道温度在零度以上还是以下。这一切归功于立即涌进鼻子的冷空气和他快速的吸气。他有时会想，这是不是寒冷国家的人们进化的另一个阶段，但他知道，他的鼻子可以在寒冷的天气里告诉他那一刻的温度——误差在几度之内。

在星期五早上 6 点之前，道森走出了门廊，慢慢地大步走向他的老福特 F-150 敞篷小货车，那辆车总是停在他农场的房子旁边，农场面积达 160 英亩，自从 30 多年前他的老父亲去世之后，这个农场就一直归他所有和开垦。在房子附近有一个四开间的农具房和用竿支撑的牲口棚，但是，道森选择在冬天把他的拖拉机和农场设备停放在那里，而不是把他的敞篷小货车停在那里。这些是他用来谋生的农具，需要得到保护，免受严寒和大雪的侵袭。如果农具生了锈，就会罢工的。他的敞篷小货车只是用来把他带到镇上，打打杂，跑跑腿，运载他需要的东西，使农场正常运作。

鹅毛大雪不停地飘落。大片的雪花把湿气带到大地上，大地如饥似渴地等待着即将到来的春天和雨水，到那时，庄稼将会接受道森和大自然的培植和滋润。但在艾奥瓦州的寒冷冬天里，道森并不喜欢快速走动。没有理由这样做。他知道这是一种浪费精力的行为，在冬天他很少急于做任何事或去任何地方。这不是他的天性，因为农夫的特点之一就是耐心，主要是对天气有耐心。再说，反正冬天也没什么事可做。

道森转过头，短暂地凝视着一望无垠的玉米地，玉米地被厚厚的白色毯子覆盖着，那是过去几个月的暴风雪的产物。在那些下雪的早晨，视线所及之处的地面上都是白皑皑的积雪。玉米地并不广阔，一眼望去甚至没有抵达地平线。今天早上，天空呈现柔和的白色，低垂的云层遮蔽了大部分的地平线。再加上落下的雪，道森在任何方向都看不到 200 码之外的地方，于是他明白，在这天中大部分时间里，这场雪会一直下，也许甚至会延续到第二天。

大雪和寒冷都在不断地提醒着人们，大自然拥有着对艾奥瓦州的统治权。由于持续的低温，积雪几乎不会融化。相反，它会在薄层上堆积，直到春天，这标志着古老而耗时的融化过程。这种恶性循环几乎每年都在上演，除非发生一场轻微的干旱——这种情况很少发生在美国的这一地区，这里通常被称为“美国的粮仓”。即便作为在他父亲农场工作的一个年轻人，道森也为自己的贡献感到自豪，他知道自己种植的谷物，无论是玉米还是大豆，都有助于养育他的国家和其他国家的人民。大自然会为他的土地提供急需的水分，他会通过种植庄稼和尽其所能地供养世界人民的善举来回馈社会。对艾夫特·道森来说，这是一种相当简单、单纯的生活，也是他所知道的唯一的生活方式。需要时，他会辛勤劳作，主要是在春季、夏季和秋季，这是种植、照料和最终收获他在那几个月里精心照料的作物的时间。他过着一种没有压力的生活，除了秋天的时候，他那巨大的深绿夹杂黄色的约翰·迪尔收割机会忙碌地收割玉米，那些日子他会在天亮前开始工作，通常持续到深夜，而且一周七天都在劳动。但在周六下午，他偶尔会去看一场艾奥瓦州的电视橄榄球赛。或者有时亲自去现场观看比赛——如果他能买到他和他妻子乔治亚的票。但这通常要花上大半天的时间，所以更明智的做法是在电视上观看比赛。他避免成为所谓的“CBM 农民”，这意味着“玉米 + 豆子 + 去迈阿密”，因为他在用竿支撑的牲口棚后部的大猪圈里养了 30 多头猪。他要照料这一小群猪，让它们吃饱喝足，所以，他在冬季也有些忙。

艾夫特·道森与自己的庄稼地联结紧密，就像大多数人忙于自己的日常工作一样。在冬天，他的正常生活意味着早上五点半起床。接着收听锡达拉皮兹的广播电台，了解农贸市场和天气预报，然后在6点左右前往西布兰奇，与当地合作社和周边农场的朋友们会面。每天都有15 ~ 20个农民在他们最喜欢的餐厅里聚会，这是镇上仅有的两家餐馆之一。他们享用了一顿丰盛的早餐，有煎蛋、香肠和饼干、炸土豆条、粗条培根或香肠馅饼（或者两者都有），还有成堆的烤面包和草莓果冻。当然，还有关于天气的主流话题。政治、鹰眼篮球队和足球，甚至他们吃的食物，都是仅次于天气和市场的话题。在这个州的这个区域，胆固醇好像从未被发现或听说过，或者他们也不在乎，因为在寒冷的冬天，和朋友坐在一起，对许多农民来说是一天中最美好的时光。当他们在9点左右吃完早餐后，就去做各式各样的工作。今天早上，道森要在西布兰奇合作社停下来，带走50磅一袋的颗粒状猪饲料。他可以运走更多的东西，但这可能意味着他不太需要每天进城，而他非常享受进城。

道森盯着小货车的引擎盖，快速地判断着积雪的深度，他感觉大概1小时或更早一点就会开始下雪。积雪大约1英寸厚，他一边想，一边用手抵着司机的侧窗和门把手，扫走了薄薄的一层积雪。他打开了未锁的门，滑到了座位上。道森从来没有锁过他的小货车，没有理由这么做。他住的地方从来没有发生过什么事，它在一条偏僻的乡间小路上，在北锡达县的蒂普顿以北10英里处。整个县和周边地区都是农业区，而农民所经营的大部分产业集中在蒂普顿。西布兰奇是一个拥有2000人的繁荣社区，如果他们不能在那里找到自己需要的东西，那么，他们就会前往艾奥瓦州的西部，在80号州际公路以西和以南大约20英里处。大多数住在西布兰奇的人会在农业和当地企业工作，有些人甚至每天早出晚归，去艾奥瓦市里上班。

那辆老旧的农用货车慢慢地呻吟着、抱怨着，最后，它终于屈服了，咆哮着开动起来。冬天的早晨总是这样，这几天可能要换新电池。道森调整了镜子，把暖气调到最高，感觉冰冷的空气从仪表盘的通风口处冲进了他的面部和鼻孔。他打开雨刷，然后从货车上走出来，刷掉了引擎盖上的积雪。最后，他开始感觉到发动机的热量向金属上方辐射时的一丝暖意。望着天空，他几乎凭直觉就知道，雪会一直下，今天大部分时间都会陪伴在他左右。他在这个州生活了一辈子，所以非常了解这种暴风雪的天气。

道森下了货车，朝猪圈走去。他拿起一根棒球棍，敲打着在水槽顶部一夜形成的冰。作为晨间活动的一部分，猪开始吃槽里的食物，享受着清爽的凉水。他抓起半袋子的猪饲料，把剩下的食物倒在了两个干燥的槽里，猪们争先恐后地在餐桌上占座位。当货车预热的时候，他喜欢给猪吃点东西，当他从城里回来时，他会给猪更多的食物。

回到货车上时，发动机和乘客舱都已经预热到足够的温度，他觉得自己准备好启程去西布兰奇了。他把车开到泥泞不堪的车道上，又开到同样泥泞的乡村道路上。在这个冰冷的早晨，农用卡车的行驶几乎不是个问题，因为雪和冰的覆盖提供了相当平稳的行驶。

他向右转到公路上，再朝南走，就像大多数早晨一样，他的脑子里满是梅因的 KDSM 广播电台。猪肉、玉米和大豆的价格在交易中略有上升。然后是广告，吹捧先锋玉米种子和农达肥料的优点，最大限度保护农作物免受根虫的侵袭。他漫无目的地开了大约 5 英里，速度不超过 35 英里 / 每小时。他并不着急，因为小伙子们会在那里待上好几个小时，而且，总是会有多余的桌椅，总是能加入人群。

在接近十字路口的时候，道森稍微放慢了速度，但他能看出，在他到达那里之前，不会有任何车辆从任何方向驶来。当他继续往南开的时候，他看到前面的道路上躺着一个相当大的物体。他想，那可能是一只被车撞到的鹿。他放慢速度，想避开它，绕着它走。但是，当他走近时，他看出那不是一只鹿，似乎是一个人的身体。天哪，这个人在马路上躺着干什么？他把货车停在了尸体北边大约 10 英尺的地方。

道森跑着离开了货车，把车停在了公园里，下车后慢慢地靠近尸体。他的靴子印迹是雪地里唯一的脚印。这个场景告诉他，那个人早上没有出去散步，可能是滑倒在了冰上或雪地上。他走到尸体的一侧，看出是一个女人，身上盖着一件男人的外套，外套也被雪覆盖了一部分。他通过简单地观察得知，尸体已经躺在路上至少 1 小时，甚至可能更长时间了。对他来说，这毫无意义。为什么一个死人会躺在乡村公路的中央，在荒无一人的地方？她喝醉了，在路上昏倒了吗？如果是的话，她是怎么到达这里的？从西布兰奇走到这里太远了，有 5 英里呢。也许她开车到的这里，但是，她的车呢？这一切都说不通，每一个可能的场景都在他的大脑中穿梭着。

也许她还活着。他俯下身，感觉到毯子外面有一只手。“冻僵了！”他大声地说。她不可能还活着，他想。“我得打电话给别人，”他低声说着，并不想让人听到他在说什么。但我该怎么做呢？如果我走了，可能有人会开车过来，如果没有注意到她，就会从她身上碾压过去。他知道这不太可能，却不知如何是好。我应该把她抱起来放在货车的底板上吗？然后，他注意到，似乎有血液凝固和冻结在了她的深棕色头发上。哦，天哪！有人枪杀了她。我得叫县治安官来这里。

当他试图弄清楚该怎么做，思考着打电话给警察局的时候，他听到一辆货车从北方驶来的声音。他跑到自己的货车后面，朝那辆车疯狂地挥手。他很快意识到，这是他的一个农民朋友，名叫迪恩·莫里森，正在进城去吃早饭。迪恩的货车慢慢地停在了他的身边。

“艾夫特，”迪恩降低了车窗，说道，“你的货车坏了吗？还是怎么了？你站在这马路中间干什么呢？”

“我的货车前面有一具尸体！”艾夫特几乎要大喊大叫了。

“什么，你确定吗？你是不是把人给撞了？”

“不，我开过去的时候，她就躺在那里了。你得打电话给警察局。现在！马上！到那农舍去给他们打个电话。快点，该死的！我想，有人开枪打死了她。”

“是一个女人？”

“是的，一个女人。到那边去给他们打个电话吧。快点儿。我会守在这里。”

“好吧。你确定是女人吗？是枪杀吗？”

“是的，我敢肯定，该死的！”道森的声音表现出不耐烦和恼怒。“我猜她被枪杀了，我不知道。快去那该死的房子，打电话给县治安官，就现在！”

迪恩把他的货车倒过来，发动了引擎，汽车尾部的轮胎疯狂地喷出雪和尘土。艾夫特慢慢地向货车前面走去，然后把货车掉过头来，朝着最近的农舍开去。他把手放在货车的引擎盖上取暖，然后把双手揉在一起，调整了头上的带有先锋玉米种子图案的草帽，把两只手都塞进了大衣口袋里。他不知道该怎么办，但不知怎的，他觉得有必要留在外面陪伴尸体。让她一个人待着似乎不太对。她在这里多久了？其他的想法继续冲击着他的大脑。**也许她是自杀。就是这样的。一定是有人把她赶出来了，她就自杀了。或者，也许她是在散步。她徒步走了很长的路。但是，枪在哪里呢？可能在她的尸体下面。但是，如果她是自杀的话，怎么会打中自己的后脑勺呢？**他不知道发生了什么事，但他知道县治安官很快就会过来，并把一切查个水落石出。

几分钟后，道森看到了迪恩的货车沿着公路向他飞奔而来。货车慢了下来，停在了紧急停车道上。迪恩走了过来，他们立刻听到这块贫瘠的土地上传来了警报的哀鸣声。

“他们正在路上，”迪恩说，“到底发生什么事了？”

“我不知道，”道森回答，“我们等等看，也许会知道真相。”

“好吧。想在我的货车里等吗？”

“不，我想我们得和她待在一起。”他们静静地站着，看着路上躺着的尸体，这时，警报声越来越近了。

“来吧，艾夫特，”迪恩恳求道，“这里比地狱还要冷。让我们进到我的货车里，保持温暖。我们现在也无能为力啊，她已经死了。”

“好吧，就一会儿。”他走到那个年轻女人的尸体前，重新整理了那件遮住她后背的外套。

“我想确保她不会太冷。”他说。

那天早上，这两个农民没能吃到早餐。

46

不一样的农夫进城故事

巧合的是，就在这个年轻女子的尸体被发现之前的两天，我在锡达拉皮兹参加了一个为期一天的心理侧写培训班。在参加这个培训班的人当中，有一位来自艾奥瓦州刑事犯罪侦查小组（简称 DCI）的老朋友，特工里克·哈特菲尔德。

在一个寒冷的二月清晨，里克在办公室给我打电话。“彼得，我想我可能需要你帮忙处理一起谋杀案。”

“发生了什么事，里克？”我问。

“你听说过那个女孩的尸体吗？那天在西布兰奇北部发现的。”

我想了一下，然后想起了前一天在报纸上读到的一则新闻。“你是指那个在乡间小路上被一个农民发现的尸体吗？”

“是的。就是这个。”

“那么，这个案子进展怎样呢？”

“这两天我们一直在调查这个案子，我们陷入了困境。”

“怎么回事？”

“我们先和她家里的每个人都谈过了，他们都有不在场证明。他们说，受害者的尸体被发现的前一天晚上 10 点左右，她说去便利店买一盒香烟。”

“走路还是开车？”

“走路。便利店离她家只有一个街区的距离。”

“也许是有人在她回家的路上绑架了她？”

“我不知道。这不是那种事情会发生的地方，但你永远无法确定。我的直觉告诉我，这牵涉到那个家庭中的某个人，但他们都说自己当时在家，在她离开后，没人去任何地方。所以，现在我在寻找一个未知的嫌疑犯。”

“告诉我，我怎样才能帮到你。”我说。

里克回答说：“你接受了心理侧写的全部课程培训，所以，我认为你可能会看到一些我们可能会错过的东西。”

“明白了。你现在在哪里？”

“在锡达县警察局。”

“锡达县吗？我以为西布兰奇在约翰逊县呢。”

里克解释说，小镇几乎一分为二，一半在一个县，另一半在另一个县。“她的尸体被发现的那条路属于锡达县。”

“哦，我不知道。你多久之后能到？”

“我需要多久之后到？”

“我要花大约 1 小时来处理得梅因联邦检察官的危机，然后我就会下乡去找你。”

“那太好了，几个小时后再见。”

西布兰奇，赫伯特·胡佛总统的出生地、总统图书馆所在地，在锡达拉皮兹的东南部，足足 45 分钟的车程。这并不是旅游陷阱，但是有很多游客绕过 80 号州际公路去参观图书馆。我怀疑，这可能增加了陌生人杀人的可能性，也就是说，这个女孩可能是被一个来镇上的游客带走的，并被带出了县城，遭到了性侵。

当我到达的时候，县治安官肯·怀特马什和里克·哈特菲尔德，以及达文波特办公室的另一位 DCI 特工已经在小会议室里等候了。在桌子上摊开了尸体被发现的犯罪现场的很多照片，以及尸体解剖照片和报告。

19 岁的海瑟是受害者。里克解释道：“一个农夫正在进城的路上，看到了路上的尸体。他停下来仔细观察，然后他的一个朋友来了。因为他们确信那个女子已经死了，他让他的朋友开车到一个农舍去给县治安官打电话。”

我翻了翻照片，问道：“看起来，她被杀的第一现场是那里还是别的什么地方？”

“毫无疑问，她就是在那里被杀的。除此之外，没有其他迹象。”县治安官怀特马什说。

“看这些照片，似乎她头部中枪了两次。验尸官是否取回了子弹？”

“是的，”里克说，“它们在这里。”他举起一个塑料证据袋，里面有两颗小子弹。这些子弹都在袋子里，子弹鼻都被压扁了。看来子弹在穿过头骨时遇到了一些阻力，然后用足够的力量进入大脑杀死受害者。

“看起来像 22 口径的手枪吗？”我问。

“我们很确定就是 22 口径的手枪，但我明天要把子弹送到实验室，我们就会完全确定了。”然后，里克举起了第二个带拉链的袋子。

“你在捣鼓些什么？”

“这三颗子弹是在她体内发现的。她的背部中枪三次，头部中了两枪。看起来是一样的枪，但实验室会告诉我们精确答案的。”

“她家里有人买了 22 口径的手枪吗？”这是一个很明显的问题，但我不得不问。

“我们还不知道。我们还得找他们谈谈。”

“你打算什么时候找他们谈？”

“我们今天下午和你见面后就会找时间。”

我开始观看和思考，而不是提问题。从行为的角度来看，我的脑海里立刻浮现出几件事。“嘿，伙计们，我脑子里有几个小理论。这似乎是一场过度谋杀。你认为最先发射的是头部的子弹还是背部的子弹呢？”

“我不太确定，”里克回答，“医生说，头部的两枪和背部的三枪都是致命的。”

在联邦调查局的心理侧写课程中，罗伊 · 海瑟伍德举办过一期关于与愤怒有关的杀人案分析课程。他展示了很多案子，其中包括受害者被过度谋杀的例子，而我退出课程的主要原因也是愤怒。我记得罗伊说过：“如果你发现有无数次刺伤受害者的伤口，或者极端殴打脸部或头部的情况，你很可能是在寻找一个认识受害者并且非常了解他们的人。要做这么多伤害，需要有很多愤怒情绪，这通常会显示出受害者和杀手之间的亲密关系。”罗伊接着解释说，愤怒可能是专门针对受害者的，或者凶手可能是出于对所有女性的愤怒，甚至可能不认识这个受害者。

“有任何性侵的迹象吗？”我问。

“没有，医生彻底检查过了，”怀特马什说，“他确信没有发生性侵。”

“所以，她不是被不认识的人绑架，然后被带到这里实施被性侵。我们可以消除这种可能性吗？”

“我认为可以这样说。”里克回答。

“县治安官，你怎么想？”我问。

“我觉得有道理。”

我看了几张照片，那是受害者的尸体被发现的地方。“我可能走过这条路，但我不记得了。交通堵塞严重吗？”我问县治安官。

“那当然不是州际公路之类的，这是肯定的。但是，这个县城北部地区的农民常常走这条道。他们总是需要进城买点东西，也许是去商店买些工具。或者只是一群人来城里吃早餐和聊聊天。”

看着这些照片，我说：“我可以之后开车去那里，但现在我得说，凶手很有可能希望有人发现尸体。”

里克耸了耸肩：“很难说，我不知道你的思路。”

“让我再抛出一个想法，”我对那3名警官说，“你们可能会觉得这听起来有点异乎寻常，在常人的预料之外，但我记得，鲍勃·莱斯勒在我们的一些培训课程中谈论过类似的案子。关键点是，如果凶手离开了他们知道会被发现的尸体，就像这个女孩的情况，可能是另一种行为线索。”

里克一脸疑惑：“你这话是什么意思？”

“这很微妙，但你想想看，在她被谋杀后，凶手会下意识地希望她的尸体被发现，并进行一场体面的基督教葬礼。另外，如果我们的凶手不认识那个女孩，他就不会那么在意了。我想，他会更倾向于把她的尸体扔进他的车里，然后带去一个几个月都找不到尸体的地方。于是，她就成了失踪人口，没有人会知道她去哪儿了。”

“该死的，”县治安官说，“我从来没有想到过。”

“我也是，”里克说。

我咽下最后一口咖啡。“还有我，我也是，我不想让你们这帮家伙觉得我跟你们格格不入，就像外星人一样。”

“你已经是一个外星人啦！”里克笑了，县治安官也笑了。里克的搭档几乎什么都没说，我以为他是新来的菜鸟特工，只是为了学习而已。

“谢谢，我也爱你们。但是，让我们想一下。她穿着一件外套，但她身上披的是别人的外套，对吗？”

“正确。”怀特马什点了点头。

“这能告诉我们什么吗？”

“凶手想盖住她的伤口，这样伤口就不会那么明显了？”

里克在分析凶手的行为，我想他自己也知道。我没有反驳他，说“不，不是这样的”。我更委婉地向他们提出了另一个想法。“悔恨怎么样？他认识她，他杀了她之后，感觉很难过。所以他想掩盖他所做的事情，让自己与现实绝缘，假设这是我们在谈论的‘他’，我相信是这样的。他把她盖住，以免她受凉。这又是一种非常微妙的潜意识。我们的潜意识和我们选择做的事情有很大的关系，有时候我们就是情不自禁。你们觉得呢？”

里克看了看县治安官，揉了揉下巴，然后看着我：“这是一个正确的理论吗？但这当然是有道理的。我不知道我们能不能证明这一点，我们只有和那个杀了她的人对话之后才能明白。”

“你说得对。但我的想法是，这是另一个行为线索，告诉我们，我们不是在寻找一个陌生人。凶手一定是一个很了解她的人，甚至和她有过一段感情。”

“说实话，我想不出别的原因了，”怀特马什说，“这几乎让可能的嫌疑人的数量减少了很多。要么是家里的某个人，要么是其他认识她的人。”县治安官朝着办公室窗户外面看了一会儿，然后把目光转向里克和我。“以前我们从未想过。”

“嗯，这不是我可以去法庭做证的那种肯定，”我说，“但它可能会让我们对凶手的想法有一些了解。她的家庭状况怎样？”

“他家有 5 个人。她的母亲，她的继父，还有一个弟弟和一个妹妹。据我回忆，弟弟 16 岁，妹妹大约 12 岁。”怀特马什回答。

“她的母亲和继父结婚多久了？”

“大概两年吧。”里克说。

“所以，没有一个孩子是她继父的？”

“哦，我想我知道你心中的凶手是谁了。”县治安官似乎灵机一动，突然蹦出个主意来。

“我不得不说，要么是母亲，要么是继父。除非你有理由怀疑她的弟弟。”我补充道。

“不，不可能是她弟弟。据我所知，他是个好孩子，从来没有惹过任何麻烦，他一直住在这里。”

“我不想在这里跟你们讲统计概率，但是，全国大部分的谋杀都是在互相认识的人之间发生的。所以，据统计，至少，凶手是家庭成员的概率要高得多。”

里克喝了一大口咖啡。“彼得，我们已经采访了他们 4 个人。他们都说，她离开后，自己没离开过家。”

“也许有人在说谎?

“也许是时候坐下来多花些时间在她的家人身上了。”怀特马什提议道。

“似乎应该这样，”我回答，“但在我们这么做之前，让我先从匡蒂科找一个人回来。我只是想确认一下，我没有手忙脚乱。我们需要把这个案子处理好，我们只有一次机会。”

47

无良继父的滔天罪行

我打电话给行为科学组的时候，鲍勃·莱斯勒是我最想与之讨论这个案子的人，但是他不在办公室。于是我找了罗伊·海瑟伍德。

“彼得，你过得如何？”罗伊问道。

“很好，罗伊。嘿，听着，寒暄就免了吧，我和你讨论一些想法。我在艾奥瓦州的一个小镇上的警察局，他们在几天前遇到了一起谋杀案，如果你有几分钟的话，我想和你一起确认几件事。”

“当然，没问题。”罗伊回答。

我解释了我们已经了解的事实，回顾了我在浏览报告和图片中所提出的理论。

“对我来说，这听起来很合理，彼得，”他说，“根据你之前告诉我的，我真的想不出任何可以补充的东西。凶手听起来就像是家里的某个人，或者是和她很亲近的人。我的猜测可能是她的继父，但这更像是一种直觉。”

“我也是这么想的。好吧，我们从这里开始吧。谢谢，罗伊，我真的很感激。”

“乐意效劳，”罗伊咯咯地笑了，“我也很高兴看到你回来后一直关注着我。很高兴能有一些像你这样的人并肩作战，可以减轻我们的压力。”

我回到会议室，县治安官和两个DCI特工在那儿等着。“匡蒂科有两个我很信任的人。我刚和其中一个人谈过，听起来他同意我们的想法。你们感觉怎么样？”这三个人都点了点头，我们又制定了一个策略去找整个家庭的人面谈。

“我要请一个副手过来，”肯·怀特马什说，“让他们进来吧。”

“我们先和孩子们谈谈，”里克说，“然后和她的母亲谈谈，最后找她的继父谈谈。我们可以提供一个测谎仪，我大概可以在周一让操作员过来。”

“听起来不错，”我说，“这是你的案子。你想让我列席旁听吗？”

“是的，我愿意，”县治安官说，“也许你可以通过他们的说话方式获得一些信息。”

“可以，”我回应道，“我们可以评估每一次面谈后得到的信息，然后看看下一步该做什么。”

两个孩子都坚定地说，他们看到姐姐离开了，但没有注意到那天晚上还有谁离开了家。他们都在看电视，就像他们的母亲和继父一样。

母亲卡琳·罗斯就像电影海报里的“垃圾拖车”一样。她身材矮小，穿着宽松的衣服，也不化妆。她把头发梳成马尾辫，牙齿看上去一点都不齐，就像威利·纳尔逊音乐会的第一排一样。我们花了一段时间终于让她承认，在海瑟离开家后，她丈夫出去抽了一支烟。

“他离开了多久？”里克问。

“我不确定，”她回答，“我没注意他，也许半个小时。”

“你不觉得这比抽根烟要花的时间长吗？”我问。

“我想是吧。我们都只是坐在电视机前看电视，我真的没怎么注意他。”

“可能是半个多小时吗？”里克问得好，因为如果他开车带着受害者去兜风的话，这个时间框架绝对完美。

“我不知道，可能是吧。”

我感觉她的智商不足，真想叫她一声“榆（愚）树姐”。

“他回家的时候说什么了吗？或者，有不寻常的行为吗？”里克继续说。

“我不记得他说过什么。他没有表现得奇怪。他平时说话也不多。”

我们开了一个小型会议，然后把她领出了房间。怀特马什很兴奋地看到我们终于有了一点有用的信息。

“不可思议，看来我们找到宝了，”我说，“假如他开车的话，他就有足够的时间往返了。”

“看来是这样，”里克同意我的说法，“你想怎样询问他？唱红脸还是唱白脸？”

“谁唱红脸，谁唱白脸？”我问。

“我就扮演那个坏警察吧，”里克回答，“我擅长。”

“太好了，我不擅长。”

德尔伯特·罗斯比他的妻子更像生活在社会最低阶层的人。他身高不超过5英尺5英寸（1.67米），体重接近300磅（136千克），就像个土豆煎饼。他穿着一件大小不合身的汗衫，那是一件巨大的夏威夷衬衫，洗得不太干净，比他的裤子还脏。他有短短的深色头发，圆圆的脸庞，还有大约5天没刮的长胡须，真是完美的邋遢造型。如果这一切还不够龌龊的话，他的体臭就像他上次刮胡子后没有洗过澡一样。

里克提醒了他的权利之后，我开始要求他告诉我们，他在谋杀案发生当天做了什么。最后，算上一天的相关时间，我要求他重新计算晚上的时间。

“我们只是坐着看了一整晚的电视节目。”德尔伯特说。

“告诉我们，当海瑟离开的时候，发生了什么？”我用平静的声调说。

“什么？”

“她说了她要去哪里吗？”

“是的，她去买些香烟。”

“你跟着她吗？”

“不，我待在家里。”

“你妻子说，你出去抽了一根烟。你还记得吗？”

“她撒谎。我保证，我一直待在家里。”

我们在这个明显的谎言上反复推敲，最后我看了看里克，说：“我马上回来，我要先去上厕所，然后再把这浑蛋揍得两眼发黑。他让我恶心。”然后我走出了房间，不知道我离开的时候像红脸还是白脸。

怀特马什和另一位DCI特工正在通过双向镜观察，他们能听到整个对话。我加入了他们的行列，看着里克想立马动粗的样子。他在罗斯后面踱来踱去，提问题的声音越来越响亮。我让他坚持了大约10分钟，然后走回了房间。

我坐在德尔伯特·罗斯的对面，盯着他看。“你为什么对我们撒谎，德尔伯特？”

“谁说我在撒谎？”

“我和里克都说你在撒谎。但你知道吗？也许我们都错了。”我把目光投向那破旧的桌面，平静地说：“德尔伯特，要我说，你看起来是个很不错的人。”这是我曾经说过的最大的谎言。“这是我多年来在执法部门发现的秘密。有些人有点像是有人格分裂，一个是好人格，另一个是坏人格。这一点儿也不稀奇。我想知道这是不是我们要讨论的问题。我认为跟我说话的德尔伯特不会杀了海瑟。”我又说了一个谎言，“但我想知道的是，是不是还有另一个德尔伯特，也许是坏德尔伯特。你怎么看？”

他先盯着我，然后看着里克，接着又看着我。“你说得对。好德尔伯特从来不会这样做，但坏德尔伯特可能会这样做。”我知道，此时此刻，我们把他推向了忏悔者的悬崖。

“德尔伯特，”我说，“我们要离开房间几分钟，我想让你想想我们刚才说的。”

在房间外面，每个人都能看到审讯氛围是如何突然转变的。

“我听说过好警察和坏警察的故事，”县治安官说，“但是这个关于好嫌疑犯和坏嫌疑犯的主意，对我来说很新奇。”

“每隔一段时间，我就会想出一个好主意，”我说，“这一个主意可能会奏效。”

当我们回到房间时，罗斯坐在那里，双手捂着脸哭泣。从那时起，一切都很顺利。罗斯告诉我们，他在和海瑟的母亲结婚前一年就和海瑟开始了性关系。这种关系一直持续到她死亡之夜的一个月前。“她开始告诉我，她有一个男朋友，她想和我分手。”他很生气，跟她争吵了好几次，但她不肯让步。

德尔伯特说，在海瑟去世的那天晚上，“她去商店买了一包香烟。大约 5 分钟后，我告诉卡琳，我要出去抽根烟。我们不在家抽烟，所以没什么特别的。我认为卡琳甚至没有听到我的声音，她甚至可能没有注意到我什么时候起身走的。我钻进我的货车，驱车直奔商店。海瑟刚刚出来，停下来点燃一支烟，于是，我把车停在她旁边的停车场。我叫她上车，好开车送她回家。”

“这是你真正想做的吗？”里克问。

“不是。我想和她谈谈，所以我开车去了乡下。我不想停止我们的关系，但她想停止。我们反复争论。最后，我开车在路上行驶了几英里，她警告我让她下车，我们又争吵起来。我告诉她，天气太冷了，不适合步行，但她还是下车了，并开始步行。我跟了她一会儿，但她还是继续走着。我按喇叭，她向我竖中指爆粗话，这真的让我很生气。”

德尔伯特接着说，他终于停下了货车，从座椅下掏出了他的22口径半自动手枪。“我是真的很生气。我下了车，对她大吼大叫，她又冲我弹了个响指挑衅我。于是，我跑到她跟前，朝着她的脑袋开了几枪，她就倒在了路上。她躺在那里的时候，我又朝她背后开了枪。我真的不记得有多少次了。我想她已经死了，所以我回到车里，试着去想我刚刚做了什么，以及我将要做什么。我从货车上抓起我的外套，下车去给她盖上了，但我不知道自己为什么要这么做。我一定是在想，天气太冷了，即使我知道她已经死了，还是不想让她着凉。然后，我就惊慌失措起来，像闪电一样地逃回了家。差不多就是这样了。”

我们有几个后续问题，一个问题是枪在哪里。“它还在我的货车里。”他签署了一份允许我们搜索的协议，我们从货车上取回了手枪，就在他说的地方。

从那里开始，侦查人员进行了一系列后续工作。罗斯最初被指控犯有一级谋杀罪，后来他通过认罪被判处犯有二级谋杀罪，于是成功避免了毒气室，最后被判长期监禁。

我希望“巨婴比利”成为他的狱友。这才是我心中正义的归宿！

48

特工群里的恶作剧

一位名叫丽贝卡·韦斯特的英国作家曾这样写道：“引发灾难的总是一个人的美德，而不是恶习。”FBI 也有类似的说法，但是是更简单的一句话：“一切善举都要招致惩罚。”当然，伟大的哲学家和词曲作者鲍勃·迪伦曾经写过一首歌曲，叫《变革的时代》。所有这些都可以与一场缺憾的风暴联系起来，因为一个新的案子就在眼前。

作为一个天生的乐天派，我从来不把自己从父亲那里学来的人生哲学挂在嘴上，但有一句让我铭记在心——“如果你努力工作，好事就会发生”。这曾经是我人生中最重要的座右铭，现在依然如此。

改变是不可避免的，在我驻扎特工处的 11 年里，锡达拉皮兹常驻特工处肯定发生了变化。多年来，吉姆·惠伦和我都努力工作，把生命注入了一个毫无生机的二人办公室，在未来的岁月里，还会保持这样的人员编制。在大量的多重罪行案件诉讼中，我们清楚地看到，艾奥瓦州东部有很多事情要做。新特工被分配到这里，吉姆离开后，我继续开发大案子，从小烦恼中获得更多的自由。迈克·达德利仿佛是一台工作机器，继续对毒品案件进行起诉和定罪。

多年来，锡达拉皮兹和达文波特的常驻特工处一直由得梅因的一名特工主管负责监督。在大多数情况下，这很管用。但是，随着越来越多的工作直接涉及锡达拉皮兹所管辖的地区，我们在奥马哈总部的办公室决定，我们在艾奥瓦州东部也需要一个主管。我对这个提议没有异议，但后来发现，这是一场正在酝酿中的灾难的一部分。

令人惊讶的是，由于奥马哈发生的一系列事件，我们的外地办事处发生了一些变化。一名刚从学院毕业的新特工被派往了奥马哈。虽然他绝不是分配给该部门的第一个少数种族特工，但奥马哈的一些高级特工认为，他是他们在外地办事处见过的最无能的特工。在一年的时间内，每一个人都通过霸凌他得到了满足，但更糟糕的是，一些特工开始了一个系统的骚扰。这在本质上并不是真正的种族问题，直到有一件事发生，事情才有了新的发展。

这两个主要的骚扰人，我不想提及他们的名字，有一天晚上，他们决定给新特工摆在桌子上的一张全家福“润润色”。第二天早上，当他到达办公室时，他看到妻子、两个孩子和他自己的脸都变成了动物脸。这可能是这两个男人在他们的职业生涯中所做的最不光彩的事情。他们后来表示，这并非种族歧视，但其影响却显而易见。

在这最后一次事件之后，这个成为攻击目标的特工投诉了种族歧视。他拥有法律学位，将骚扰记录保存下来，并将每件事详细描述成一份冗长的诉状。这种类型的严重投诉通常会直接导致FBI总部的立即介入。一组侦查人员被派往奥马哈，不久，大家开始行动起来了。我们的特工主管和特工主管助理被重新分配，但没有降级。当然，这意味着我们在奥马哈有了一个新的特工主管和主管助理。他们很快被派到了奥马哈，并得到了联邦调查局局长的明确授权：“清理那间办公室。”

但此时，骚扰行动的主要煽动者和他的目标已经从奥马哈调离了。局里的“天才”灵光一闪，他俩都被分配到了芝加哥办事处。不用说，在芝加哥，骚扰还在继续。这个愤愤不平的特工决定将FBI告上法庭，并最终接受了超过百万美元的价格在庭外和解。

我们不断听到在锡达拉皮兹的谣言，说特工主管助理是主要的狗腿子，他要追随的是奥马哈办公室的每个人，不包括后勤人员。这一切对我或我所做的事情丝毫没有影响。我有很多事情要做，有几个新特工要训练，还有大量的案件在起诉流程中。

后来，就像得梅因的一位联邦助理检察官说的，“事实上，我们可以给一个无辜的人定罪”。

此时，我应该已经知道，待在办公室里并不是一个特别聪明的举动。

如果不是合法的“危机事件”，比如，不得不去匡蒂科进行另一项服务，也会有人打电话，带来一些新的疯狂的消息。这一次是我的主管鲍勃·康纳从得梅因打来了电话。

“彼得，很高兴找到了你。”

“嘿，鲍勃，你怎么了？”

“还行，如果你能为我们做点什么，那就更好了。”

“告诉我是什么事，我想，我们会解决的。”

“事情是这样的，”他说，“我们有一个线人，经营了一家公司，但他进的货都是一些祖传的旧首饰。可以说，他是一个垃圾经销商。几天前，有几个野蛮人带着一吨珠宝来到他的店里，可能是偷来的。珠宝有很多，放在了一个小箱子里。他看了看，觉得大概值 30 万美元。他没有告诉他们，但他说，有很多好东西。”

“明白了，但我怎么才能介入呢？”

“其实很简单。除了你，我在这个州没有一个人做过卧底，而且我可能也没有像你这样会胡扯的人。”

“我想我会把这当作一种赞美。”

“是的，而且我觉得你知道，你是我最好的朋友之一。”

“谢谢。请告诉我，我能做些什么来帮忙。”

“我们的线人给了他们 1 万美元，但他们告诉他，他们需要的远不止这些。”

“比如？”

“接近 3 万美元。”

“很多钱。”我说。

“你说得对，是很多钱。我们想，我们可以用 3 万美元左右买到它。”

“一旦他们当面交易，我们就可以进行逮捕了？”

“没错。”

“你需要我做什么？”

“线人告诉那些人，他不会给他们超过 1 万美元，但他认识一个在奥马哈的人，或许可以和他谈谈。”

“就是我吗？”

“是的。你怎么看？”

“有关于那些坏蛋的背景吗？”

“我有两个人在研究这件事。到目前为止，还没出过意外。我想，我们今晚就能搞定了。”

“你们确定珠宝是盗来的吗？”

“他告诉我们的线人，这是俄亥俄州一场保险骗局的一部分，而且是赃物。”

“这意味着，它们是盗来的。”

“没错。”

“告诉我，你想让我做什么。”

鲍勃·康纳说：“我的想法是，如果今晚你能来这里，我们可以想办法和这些人联系。我们知道他们住在哪里，我们的线人有他们的电话号码。他曾经告诉他们，他会告诉在奥马哈的朋友，如果朋友有兴趣，会给他们打电话。”

“我或许很感兴趣……而且我来自奥马哈。”

“我觉得这听起来确实很有趣。”

“我也这么认为。”

“你需要我做什么？”

“你今晚能过来吗？”

“当然。我这里有一些文书工作要写完，我可以在中途决定一些其他的事情。所以，让我们想一想。我三四个小时就能到你那里。我把手头的事做完，然后在家里收拾一些衣服，就可以上路了。两个小时的车程，告诉我在哪里见你。

“你快到的时候给我打个电话。我们中有几个人会留在办公室里，所以，我猜我们会在这里见面。”

“好吧，几小时后见。”

“谢谢你，彼得。我就知道我能指望上你。”

49

有惊无险的卧底经历

到了第二天早上，我们已经有了一个计划，我们有来自得梅因常驻特工处和艾奥瓦州刑事调查部门的大量候补特工，还有一辆不像警车的汽车，可以让我开着去汽车旅馆。我们的线人昨天晚上给那些坏蛋打电话，约定中午在得梅因的凯悦酒店见面。我们也让线人提供一只珠宝商专用放大镜和其他一些工具，让我看起来合法。

“当我还是警察的时候，我做了大量的卧底工作，”我告诉鲍勃，“没有人会准时出现。为什么我不去参加一个下午的活动，给他们一句废话，说我在奥马哈的交通堵塞中度过了一段艰难的时光，或诸如此类的事？他们会等待。如果我们看起来太焦虑，就表示我们是‘警察’。他们哪儿也不会去。他们有一些产品需要出售，想赚钱。”

“好主意。”

下午 3 点左右，我把车停在了停车场，然后漫不经心地走进酒店休息室。我在吧台旁坐下，点了一杯生啤酒。我试着保持漫不经心的样子，没有环顾四周。但过了几分钟，一个看起来贼眉鼠眼的瘦小的家伙走了过来，拍了拍我的肩膀。

“你是彼得吗？”

我把头转向右边：“是的，我就是彼得。”

他给自己起了个假名字，我们后来确定他的真名是托马斯·里达。如果没猜错的话，他身高大约有 5 英尺 8 英寸（1.77 米），体重顶多 150 磅（68 千克）。不知怎么，我把他当成了来自东海岸的意大利人。深色背头梳得光溜，一副想要成为黑手党的家伙的样子，穿着黑色衬衫，领口敞着，脖子上挂着一条金项链。因为我的身高大约 6 英尺 2 英寸（1.89 米），体重超过 200 磅（90 千克），所以，我不太担心是否会发生肢体冲突，除非他有枪。

“到我们的桌子那边去。我有个家伙，我想让你们见个面。”他小声说。我扭头朝后望去，慢慢地从凳子上起身。

他把我介绍给了一个人，那个人坐在客厅那边的一个黑暗角落里的一张桌子旁。我们后来得知，这家伙就是迈克尔・奥康纳，他们都是来自拉斯韦加斯的骗子。我们坐了一会儿，聊了几分钟，然后里达说：“我们去我的房间吧。”我喝完啤酒，跟着他上了电梯，来到了四楼。

我知道大厅对面的房间里有特工，我身上有一根电线，以便他们能听到我们的谈话。我只是希望电线不要失效。里达打开了 419 号房间，奥康纳走进了 417 号房间。“他把东西都弄进去了，”里达说，“你有钱吗？”

“也许我有，也许我没有，”我回答，“我还没看到任何有钱的理由呢。”事实上，我身上没带现金，钱在我车上藏着。我不会被宰，这是我们计划的一部分。

过了一会儿，奥康纳带着一个小皮箱走进了房间。他把皮箱放在了我旁边的床上，打开了它。里面几乎塞满了珠宝。

“天啊，”我惊呼，“你们这里真的有很多东西。”

“是的，看一看吧。”里达说这话时声音显得很紧张。

我拿出了自己的放大镜，开始检查珠宝。我对价格比凯马特大卖场里卖得更贵的珠宝完全不了解，花了一些时间一边和他们交谈，一边假装自己了解看到了什么。许多珠宝仍然贴着价格标签，有的显示价值近 2000 美元。大部分的项链和戒指都在 500 美元的范围内，或者更便宜。

奥康纳并没有说太多，因为里达似乎扮演着一个重要角色。“你觉得怎么样？”我检查了大约一打珠宝之后，他问道。

“我没想法，除非我检查完这些东西。”我一个接一个地抽出来，仔细检查每一件珠宝，然后把它放在床上。我用珠宝商的放大镜观看了一段时间，里达紧张地在房间里踱来踱去。奥康纳舒服地坐在对面的床上，什么也不说，只是紧盯着我。

当我差不多检查完了公文包里所有东西的时候，里达几乎在地板上磨了一个洞。他让我有点紧张，于是我说：“好吧，让我们看看我们能做些什么。如果我们可以协商出一个像样的价格，我可能会有一些兴趣。”

“我要5万美元，”里达很快回答。

“做梦去吧，”我说，“这玩意儿很紧缺，是吗？”

“嗯，貌似。”

“难道可以说‘貌似怀孕’吗？‘貌似’是他妈的什么意思？我可不是缩头乌龟。”我不想听起来急躁不安，急着要同意他的价格，否则整个房间里的人都会尖叫“警察”。事实上，如果我们不能达成我喜欢的价格，我就准备走出房间。

奥康纳终于开口说话了。“当然，这玩意儿太紧缺了。它们至少值30万的零售价。给我们一个电话号码。”他的声音低沉而沙哑，仿佛是一个终生吸烟者。“如果你不想要，那好，我们应该可以让这批货尽快脱手。”

我说：“我要砍价到2万，这是最终报价。”不是这样的，但我们正在谈判，我知道我有一个小小的上升空间。”

“4万。”里达回击。

“别惦记了，”我从床上起来，朝门口走去，“我才是那个冒着风险在我店里推销一堆赃物的人。你们一旦脱手，就可以逃脱惩罚，可以上路了。警察拦住了我，找到了这些东西，我又得做困兽之斗好几年。”

我们来回踱步，突然我站在了他们面前。我花了一些时间才把价格降到3万。我知道我的卧底车后备厢里有这么多钱。

我揉了揉下巴，看了看公文包，就好像做出了一个严肃的决定。“好吧，3万，就这么定了。我们要怎么做呢？”

“你带钱了吗？”奥康纳咆哮道。

“你在开玩笑吧。钱在我的车里。我去拿，马上回来。”

“我看行，”里达看起来很高兴，“我们哪儿都不去，就守在这里。”

我知道，我有很多特工在看着和听着，于是，我故意拖延时间在大厅里散步。我刚上了电梯，就开始告诉大家发生了什么事。“我要到车上去拿钱。不知道下一步是什么，但希望你们能听到所有的内容。一切都好，我一点儿也没觉得受到威胁，但谁知道，当我拿出3万美元的时候会发生什么呢？”我很自信，他们在听，而且我的话已经传到了需要的地方。我确定，大厅对面房间里的人是拥有一切线索的人。如果情况变得很糟糕，我有个暗号可以说，旅馆的门后面跟着一堆特工。我们可以自我保护。

当我回来的时候，里达一个人在房间里。“另一个人在哪里？”我问。

“他在隔壁房间里。我们要做这笔交易，然后离开这个城市。”他欺骗了我，我却没有准备好。“你对钻石有多大的兴趣，或者你知道谁会感兴趣？”这激起了我的好奇心，因为我知道我们有一个人在锡达拉皮兹，据说他多年来一直在保护着偷来的钻石。

我假装自己在思考。“我认识一个人，他可能感兴趣，但他不在奥马哈。我和那家伙做了一些生意，但最近没怎么卖钻石。”

“我的车里有一些钻石，藏在一个小袋子里。你想看看吗？”我同意了，我想我们有可能追回更多被盗的财产，事实上，我分不清钻石、锆石和花岗岩、卵石之间的区别。

“这些东西怎么办？”我问。

“不会花很长时间。我们可以把它放在房间里，马上回来。”他打开了一个梳妆台的抽屉，“我们可以看一看，然后把珠宝藏在这里。如果你感兴趣，或者你认为那个人可能感兴趣，我们可以随时给他打电话。你刚才说他在哪里了吗？”

“我没说，但如果我认为他感兴趣的话，我就能联系上他。”他合上小皮箱，把珠宝放在抽屉里。我也把钱放在了抽屉里。

“不要带着这么多钱在停车场里走来走去。”他说着，开始了《老千计状元才》的把戏。我不知道他们在隔壁房间的墙上挖了个洞。当我们关上门，离开了房间，奥康纳和另一个我没有见过的骗子就会拉开抽屉的背面，把珠宝和钱取出来。所以，现在他们有了所有的东西，包括3万美元的购买资金。

当里达和我走近他的车时，奥康纳和一个我们后来确认名叫克拉伦斯·坎宁安的人走出了他们的房间，乘电梯下来了。他们走出了前门，进入一辆停在前面的汽车里。当他们从停车场里出来的时候，有人做出了一个很好的决定，让他们把车开到路边。我没有看到这些，因为我在里达的车里，停在离前门尽可能远的地方。他们有一个漂亮的小骗局，并且可能在遇到我们之前已经运行过好几次了。显然，他们的目标是让我尽可能远离房间，让奥康纳和坎宁安有足够的时间带着金钱和商品到他们的车里，然后在某处会面，瓜分战利品。

我们看了我认为是钻石的东西之后，就准备返回房间。当我们接近房间时，特工们从大厅对面的房间里跳出来，扑向我们俩，尖叫着“FBI！FBI！趴下，趴在地上！”

里达像个被困住的猪一样号叫着，他不停地发牢骚和抱怨，还一再声称自己是无辜的。他指了指我，说我才是那个罪魁祸首。我被戴上了手铐，带到了一辆警车里，里达被送进了另一辆车。我不知道他们是否还拘留了其他的人。

大约在得梅因的联邦法庭进行审判的一个月前，我们发现，这些珠宝实际上是从拉斯韦加斯一家珠宝商的车里偷来的。我们让线人检查了钻石，结果是假的。这是一种骗局，但我从未同意购买或引荐它们。从我在客厅里见到两个骗子的那一刻起，整个场景中就出现一些不对劲儿的东西了。我的原则是“如果某样东西看起来不对劲儿，它就不是真货”，从整个会面开始的那一刻起，我就处于戒备状态，而且从来没有关闭过那种状态。

在审判前，3名被告的辩护律师提交了一份又一份简短的陈述词，说联邦调查局没有权力逮捕被告人，因为在他们被捕的时候，我们无法证明财产是被偷的。这个论点似乎有理，但我们很幸运地有一个遵纪守法的保守法官来处理此案。他否认了所有的提议，但鼓励我们尽职调查，找出那些珠宝被偷的地方，以及从谁那里偷来的。幸运的是，我们最终完成了任务。

在很大程度上，因为有一个有胆识的顶呱呱的联邦检察官助理，所以我们对这个案子进行了审判后，所有这3名被告人都被判有罪。在陪审团的脑海里，这是一种“大满贯”，但对我们来说，这有点儿危险。你永远不知道，一旦陪审团仔细研究，会发生什么。

后来，我了解到，该案被上诉到联邦上诉法院，这是第一次也是唯一一次发生在我身上的事情。虽然我不需要做证，但在明尼苏达州圣保罗的法庭上，联邦检察官助理向法院陈述了政府的观点，并愉悦地听取了双方的不同意见。由 3 名法官组成的小组一致决定维持原判。被告人的律师在向美国最高法院提起上诉时吸引了不少眼球，但他们的当事人显然没有足够的财力把事情搞到这个地步。

在后来的几年里，我们常笑称“你因拥有赃物而被捕。噢，顺便说一下，我们不知道这财产是不是被盗了。”托马斯·里达和他的小偷同伙们受到了联邦机构的教训。如果他们继续研究更“高明”的新骗局，我不会感到惊讶。

50

迟到多年的记者来电

“你在 FBI 处理过的最有趣的案子是什么？”或者“你遇到过的最奇怪的案子是什么？”。对此，我会有点儿小伤感，但如果每次我被问到这些问题时，我都会得到 100 美元，并且把它们全部用作投资，那么此时我会非常富有。

我总是很难回答这些类型的问题，因为试图确定现在或以前什么对我来说很有趣，可能不会让一般人觉得有趣。我有一堆案子，有多项指控和定罪，我觉得很有趣。另外，我发现，我处理过的一些谋杀和性侵案件更令人着迷。这可不像把 25 分硬币放进糖果机里，案子就会从我嘴里吐出来一样。

但在 2009 年，一切都改变了。我已经从联邦调查局退休 9 年左右，在科罗拉多的一所大型社区学院全职教授刑事司法课程。有一天，我在办公时间，正在为第二天的课做准备，我的电话铃响了。看来我还没学会少花点儿时间在办公室里。

我拿起话筒，像往常一样打招呼：“您好，我是彼得·克里斯迈特。”

一个声音很年轻的女人在电话里迟疑地问道：“您好，先生。您就是那个名叫彼得·克里斯迈特的 FBI 特工吗？是同一个人吗？”

我想，我立刻进入了一种戒备状态，部分原因是没有办法知道这个电话将涉及什么。事实上，自从我退休以后，就从来没有遇到过这样的问题。

“是的，我就是。”

“克里斯迈特先生，我是《奥马哈世界先驱报》的记者。”她向我报上了自己的名字，但我不记得是什么了。“我正在写一个关于一起谋杀案的故事，受害者是一个名叫海伦·威尔逊的老妇人。你还记得这个案子吗？”

我思考了片刻，回忆起了这个案子。“是在内布拉斯加州贝雅特丽齐遇害的老妇人吗？”坦白地说，我不懂为什么有人会打电话给我，说起我多年前处理过的一件案子。我以为这个案子几年前就解决了，或者已经成为悬案，但我不知道。这些年来，我想过几次到底发生了什么。

“是的，先生，这正是我要说的案子。”

“我大体上记得这个案子。”这个回答非常诚实，此处的“大体上”用得很恰当。

“克里斯迈特先生，根据我目前的研究，您对凶手做了一份心理侧写报告，您还记得吗？”

“是的，我做了一个初步的心理侧写报告，然后把我所有的东西都送到了匡蒂科。后来的事我就不记得了，但似乎他们跟进案子了，做了一个比我给他们的初步信息更加全面的心理侧写报告，对吗？”

“是的，先生。我想问的是，您还支持当时的心理侧写报告吗？”

我可能有点结结巴巴：“我敢肯定我会支持。如果我当时做了报告，应该是因为很好地了解这个案子了。这些年过去了，我不记得当时说的每字每句了，但我肯定会支持我当时说的话。”

我可能多多少少想凭感觉碰碰运气。虽然我大体上记得这个案子，但我并没有立即回忆起那些让我对侦查人员和他们的警察局长做报告的细节。晴天霹雳似的，我的大脑完全不在状态，在某种意义上说，这是一个我还没准备好，也永远不会以此来考验我的学生的突击测验。

“你知道自从你不再参与此案之后，发生了什么吗？”她问道。

此时，我猜想自己成了诉讼的对象，或者发生了更糟的事。也许他们要起诉我向侦查人员提供虚假信息。我一点儿头绪都没有。一大堆想法在我的脑海中飞速穿过。

“不知道，”我回答说，“我记得我去过贝雅特丽齐几次之后就给警察局打了电话，但后来我又卷入了其他事情，几乎都忘了这件事。每隔一段时间，它就会突然出现在我的脑海里，但只不过是稍纵即逝的想法而已。我不知道发生了什么事，但我猜是不是出了什么事儿。”

“是的，先生，确实出了点事儿。1989 年，有 6 个人因谋杀和性侵而被捕。”

“6 个人！不，你一定是在开玩笑。”我很怀疑。不可能有 6 个人在那个女人的小公寓里犯了这个罪。如果 6 个人一起涌进那个女人的公寓里，那么，现场看起来就会像是内布拉斯加的橄榄球队一同破门而入一样。犯罪现场绝对成了灾区。事实上，正如我所回忆的，那里相当整洁。“这是不是一种电视节目，看你能骗到多少人，得到他们的反应？‘真心话大冒险’之类的游戏吗？这件谋杀案不可能有 6 个人参与。我的一个好朋友唆使你玩这个把戏的，是不是？”

“不，先生，我是认真的，”她说话的语气很严肃，“其中有 5 人被判较轻的罪名和较短的刑期，1 人坚称自己是清白的，并与陪审团进行了好几个回合的较量。他输了，他在 1990 年被判终身监禁。”

我还在试着厘清自己的思路。“这一定是个笑话。我相信有一个人被定罪了，也许他就是干坏事的那个人，但是，其他 5 个人是从哪里冒出来的呢？”

“这是我们正在研究的故事的一部分。共同诉讼人现在撤回了他们的证词，他们都说自己在听证席上撒了谎。他们已经做了 DNA 检测，匹配的人非常符合你的心理侧写画像。”

“就是他们定罪的那个人吗？”

“不，这就是整个故事的意义所在。当晚收集的 DNA 将两名涉嫌强奸和谋杀的男子排除在外。那个在陪审团审判中被判刑的人不是那个作案的人。他们正在考虑释放另一名涉嫌参与此案的人。”

“他是那个同意认罪的人吗？”

“没错。”

“好吧，我明白了，但是，DNA 匹配的那个家伙到底怎么了？”

“他死于艾滋病。”

“我的天哪。这是我在执法部门多年来听到的最令人发狂的事。”

“他们就是这么说的。”

“你能给我你的电话号码，好让我给你回电话吗？我需要消化所有这些信息。”

“好的，先生，”她给了我她的名字和电话号码，“让我给你发送几条链接，你可以在给我回电话之前先看看这个故事。”

“那样会比较好。如果我听起来好像哑口无言，那是因为我确实如此。我从来没听说过这样的事，所以我要花点时间来处理这些问题。过几天我再打给你，好不好？”

“好的，先生。那太好了。”

51

上司口中的最佳侧写师

贝雅特丽齐是一个典型的中西部小型农业社区，位于内布拉斯加州东南部的大布卢河上。贝雅特丽齐位于州议会大厦以南约 40 英里处，与现代的距离是一个虚拟的永恒。但这正是他们所喜欢它的原因。在过去的 40 年中，贝雅特丽齐的人口在 1 万到 1.2 万之间波动，在 80 年代中期，更接近后一个数字。

和许多中西部的城镇一样，贝雅特丽齐是一个安静的地方，相对来说是犯罪率较低的地方，在这种地方，大多数人认识彼此，相安无事。但在 1983 年的夏天，恐惧笼罩了贝雅特丽齐。有人在跟踪老年妇女，闯入她们的家中，试图对她们进行性侵。

第一次性侵事件发生在 6 月 27 日。一个 73 岁的老妇人在自己的公寓里一边织毛衣一边看电视节目。她碰巧抬起头，看到一个身材瘦高的男人站在她的面前。他的脸上戴着一顶鸭舌帽，帽子上有两个洞，露出眼睛看人。他立即用手捂住了她的嘴，拔出刀子抵住她的喉咙，然后伸手去扯开她的睡袍，试图强压在她身上。她挣扎起来，踢了他的腹股沟，把他推开了。他痛苦地尖叫着逃离了。这场斗争给她的拇指上留下了很深的伤口。她报了警，警察来取了她的证词，但嫌疑人的身份无法确定。

8 月 9 日，一位 82 岁的老妇人在家中，突然一个年轻人出现在她的客厅里。她形容他留着齐肩的金色头发，脸上蒙着一块陶布面具，面具下面露出了他的金色头发。他双手抓住并开始掐她的脖子，但她尖叫着、踢打着，挥舞着手臂，直到他仓皇逃出门去。

第三次袭击时间发生在两周后的凌晨 12 点 40 分。一名 71 岁的老妇人举报说，她正在卧室里熟睡，突然灯亮了。她被惊醒，听到一个男人说：

“如果你大喊大叫，我就杀了你。”那人跳到床上，用刀子抵住她的喉咙。她可以看到那个男人头上有一块像抹布一样的东西。老妇人不顾那个男人的威胁，尖叫着把他推开了，在这个过程中，她的喉咙和双手都被割破了。她告诉警察，她成功地站了起来，跑出了房子，但他还是打到了她的脸。她描述，袭击她的人是一个年轻苗条的白人男性，留着长长的金发。

然后，出于某种原因，袭击事件戛然而止。几个月来，什么事都没有发生，这个社区又恢复了常态。

直到 1985 年 2 月 5 日。

那天早上，海伦·威尔逊的妹妹来到海伦的公寓询问她的情况，因为妹妹没有接到姐姐每天早上打来的报平安的电话。妹妹在市中心公寓的地板上发现了姐姐的尸体，一块针织软毛毯裹住了她的脸。她立即报警，一名警官在几分钟内赶到。几分钟后，包括警察局局长在内的其他警官都出现在了公寓里。

没有人能记得上一次发生在贝雅特丽齐的谋杀案。侦查人员很快发现这个老妇人被强奸了，尸检结果显示她的胸骨、手臂和肋骨都骨折了。她脸上有多处擦伤，右手上有自卫的伤口，很可能是从她厨房取来的牛排刀造成的伤口。尸检结果显示，她死于窒息，可能是因肺炎而加速了死亡。威尔逊太太是一位寡妇，去世的时候已经 68 岁了。

大约一个星期后，晚上 9 点左右，我在家的时候，电话铃响了。我拿起了话筒，因为在晚上的那个时候，它一直归我专用。

“彼得，我是约翰·埃文斯。”约翰是我的特工主管助理。

“嗨，约翰。”我应道。然后，我马上又开始想我做错了什么。

“很抱歉打电话到你家里，但是我们这里又出事了，我需要你去内布拉斯加州的贝雅特丽齐。”

“那是哪里呀？”我从没听说过这个城镇。

“林肯郡南部。”

“哦，好的。那里发生了什么？”

“发生了凶杀案，我需要你帮做罪犯的心理侧写。”

“今晚？”

“如果你可以的话。”

“我明天要给这里的大陪审团做证，后天还要在得梅因做同样的事，真的抽不开身啊。”

“好吧，我需要你尽快到那儿。你今晚能给警察局局长打个电话吗？”

“当然，我也这么想。”我记下了电话号码，打了电话给警察局。警察局局长告诉我有关调查的事，并解释说他们的侦查工作停滞不前。

“我们一点儿都不知道是谁干的。”他说。

他解释了内布拉斯加州警方是如何指派一名侦查人员来帮助他们的，但他们仍然没有找到案子中可能的嫌疑人。“我们正在观察一群家伙，但是没有一个嫌疑人够得上我们的逮捕条件。”

我在中西部的经历告诉我，像贝雅特丽齐警察局这样的小机构，不太能处理稍复杂些的杀人案。这并没有一丁点儿责怪他们的意思，因为在小城镇，重大的犯罪案件不会经常发生。既然如此，他们的侦查人员很少有机会参加杀人案和其他复杂罪行的培训。对于小机构来说，这只是生活的一小部分，往往是由于缺乏资金而不能把许多警官送到学校学习这些技能。

对贝雅特丽齐来说，一场谋杀调查肯定符合大而复杂的定义。他们只是没有经过训练，没有经验，不知道下一步该做什么。所以他们打电话给奥马哈的联邦调查局，约翰·埃文斯可能告诉他们，他会派一个携带着能够预知未来的水晶球的特工，这个特工可以在几个小时内找到嫌疑犯。约翰只是不够敏锐，不知道这不是《辨声识曲》节目，我猜他认为，既然我是他的心理侧写师，我就可以马上帮他搞定。和联邦调查局的其他高级管理人员一样，约翰急于邀功，向人们展示 FBI 有多好。

我可以通过与警察局局长谈话得知很多线索，但在调查的那个阶段，一个线索也没有。最大的问题是没有足够的人手来处理这个案子。毫无疑问，他们认为犯罪心理侧写师可以把他们指向正确的嫌疑人。

我告诉局长关于大陪审团的难题，并解释说，我在得梅因的大陪审团面前露面后，马上就去了贝雅特丽齐。

“我们会为你准备好的，”他说，“我要让我的人把所有的报告都整合在一起。”

“我猜你也有犯罪现场的照片吧？”

“哦，是的。我们也马上把这些照片送过去。”

哦，天哪，我心里想，我在这儿干什么呢？他们期待救世主弥赛亚进入城里，并将手指指向确切嫌疑人的住宅。他们想要一个无所不知的超能力者来解决这个案子，而自己回到处理抢劫、盗窃、破坏财物和其他简单犯罪的更基本的例行程序。我有一种强烈的感觉，那就是他们在想：“请FBI心理侧写师先生到城里来，施展你的魔法，为我们搞定这个案子。”约翰·埃文斯可能会吹嘘，联邦调查局有最好的心理侧写师。我已经开始感觉到压力了。这不是一种期待的情景，我知道，从我进城的时候，人们对我就有很高的期望了。这正是我和丹尼·卡斯罗斯基在我们训练的头几个星期谈到的情况。

我还没有这么自信，认为自己没有足够的信心去亲自做心理侧写，但我也知道，他们会认为我就是那个人。我一到那里，他们就对我抱有期望。老话说得好：“专家就是那个携带着公文包的来自50多英里以外的人。”我知道我没有专业知识，但我希望自己能提供一些有价值的帮助。我确信他们也需要我的帮助。

52

苦苦挣扎的老妇人

两天后，我在得梅因的联邦检察官办公室打电话给警察局局长韦斯·斯科特。我在艾奥瓦州南部的大陪审团面前做证，花了一些时间和我的联邦检察官助理一起就我们在艾奥瓦州遇到的一起毒品案件做了一场旷日持久的调查。在一份密封的起诉书中控告12个人。在调查过程中，我起草并获得了联邦政府的授权，去窃听我们的主要犯罪嫌疑人的家庭电话。整个案件是一次巨大的惨败，由一个所谓的“三头”机构负责，这意味着没有人真正负责。每个人都有不同的做事方式，几乎不可能敲定下一步该怎么做。当我同意处理这个案子的时候，我做梦也没有想到我们之间会有那么多的问题。我们在联邦调查局、缉毒局和县治安官办公室之间发生了太多的冲突，我最终请求并被批准从锡达拉皮兹调到奥马哈。

“局长，差不多下午3点了，我想大概需要3个小时才能到那儿。你们可以在酒店与我碰面共进晚餐吗？也许我们可以花一些安静的时间来回顾一下所发生的事情。这对我来说是一个很好的机会，让我对所发生的事情有所了解。”

“我们6点左右见面。”他回答。

开车的路上比较轻松，给了我厘清大陪审团的证词的好机会。我希望我的头脑能够专注于未来的任务，尽管我不确定那会是什么。我一到达，斯科特局长和他的两个警官就在我打算入住的那个又小又旧的旅馆大厅里迎接我了。

“彼得，我们真的很高兴你能来这里。”斯科特手里拿着一大包文件，一进餐厅就把包递给了我。

“谢谢，局长，让我们吃点东西吧。”我瞥了一眼手中的报告，“我饿了，你们可能也饿了吧。”

我们互相告知姓名，还叫了晚餐，然后我请这三名警官总结他们在调查中获取的信息。他们解释了他们从目击者那里学到的东西（实际上什么都没有）、验尸官的报告，以及他们做的后续工作。我可以看出他们本来可以做很多事情，但没有。不过我也没说什么，直到有机会坐下来阅览这些报告。

然后，其中一个警察说：“我们有一个嫌疑犯。让我告诉你关于他的事。”

“哎呀，”我举起手，说道，“不要这样。我的工作方式是，我可以回顾你们所有的报告，看看犯罪现场和尸体解剖的照片。当我做完这些之后，我会试着告诉你们一些我的想法，可能对你们寻找嫌疑犯有帮助。这一切都只是初步的心理侧写。在心理侧写报告正式发布之前，必须交到匡蒂科接受审查。他们会给你们一份正式的心理侧写报告，我主要是来收集资料的。但是，基于你所知道的情况，我可能会提供一些有价值的信息。”

“哦，”局长看上去很惊讶，他说，“我以为，你也想知道我们的嫌疑犯的一切。”

“这么说吧，”我解释道，“我是人类，如果可以的话，我们都想走捷径。别让我太轻松了。我需要做我的工作，那就是看报告和犯罪现场的照片，以及你们给我的尸检信息。我不打算为你们解决这个问题，但我希望我能够给你们提供一些新的信息和线索去研究。你们的工作就是解决这个问题。如果我们说的内容符合你们要告诉我的那个人，那很好；如果不符合，我们会另当别论。你们同意吗？”

虽然这三个人看起来有点困惑，但我让他们给我几个小时的时间来浏览报告。“你们要留在这里吗，还是我们明早在车站碰面？我想，我得花上好几个小时才能仔细浏览完这些材料。”

斯科特局长看了看他的手表，我立刻想到他担心要给他的警官们加班费。我认为这个问题与我无关，所以站起来，朝我的房间走去。令人惊讶的是，他说：“我们就在客厅里等你。”

我花了大约 3 个小时，有条不紊地检视了所有的报告、尸检记录和犯罪现场照片。我忙着记笔记，然后，如果我发现一些与之前所说的不相符的内容，我会再核对一遍。我做了几页笔记，对没有后续跟进感到惊讶。在最初的几天里什么都没做，就好像他们在想这个案子会自行解决。但我知道，他们可能缺乏训练和经验，不知道下一步该怎么做。

当我回到客厅时，局长和他的警官们正焦急地等待着我回来，似乎准备好了要聆听我的要言。我拿着报告和笔记坐了下来，我们开始讨论一些我认为对他们有价值的行为线索，试图找出一个可行的嫌疑人。

“伙计们，毫无疑问，在我看来，在这个案子中，我们是在和同一个人打交道，”我说，“毫无疑问，他也是那个对其他女人实施了攻击的人。我可以把我的声誉押在这上面。”

“我们也一直认为是同一个人在作案，”局长说。

“让我给你们解释一下我为什么这么肯定。如果有第二个嫌疑人，从威尔逊太太的公寓里可以得到一些钱。她的钱包里有超过 1400 美元的现金，这也不难发现。没有任何洗劫行为，所以，这是一起性侵案，而不是抢劫案。你们觉得呢？”

警官们草草地记了笔记。斯科特局长说：“是的，我们也这么认为。”

“在我的‘一个嫌疑犯’结论中，还有一些其他的东西发挥了作用，凶手在作案对象的选择上非常具有‘个人特点’。如果你有一个和你一起进入公寓的同伙，你会在他看着的时候和一个年长的女人做爱吗？这是对凶手的侮辱，他永远不会原谅这样的玩笑。我想说的是，如果是一个年轻的女孩，那么，情况将会完全不同。但在这里，我们面对的是一位年长的女士，现实地说，她的魅力水平是不一样的。我想，你们可以看到我的思考方向。从行为的角度来看，这是相当微妙的，但我们可以用一些常识来分析人的思维方式，这很重要。

“没想到这一点。”局长说。

“还有几件事我需要考虑，但如果我们能相信其他的袭击与这件事有关，而且我相信事实就是这样，那么，只有一名嫌疑人牵涉其中。所以我相信你们只会找出一个嫌疑犯。”

“但是，为什么会有这样的时间间隔呢？”斯科特局长插嘴说。

“我不确定，”我答道，“钱会让他离开这个城市一段时间；也许他担心，你们会盯上他；也许他觉得，是时候逃离是非之地了。他甚至可能因涉嫌一件毫不相干的案件而在监狱里度过了一段时间。我有一个想法，上次的袭击事件后，你们可能想要阅览县监狱的预约报告。这是一个微乎其微的机会，但我认为可能是一个有用的线索，只是为了面面俱到。”

“好吧，如果我们这样做，我们要找的是什么呢？”斯科特问道。

“好问题。这家伙是个年轻的男性，20 岁出头。你们已经从早期的受害者那里得到了一些描述长相的信息。他又高又瘦，还有一头长长的金发。我想说，你可以把 25 岁以上的人都排除在外，嫌疑人的年龄段在 20 ~ 25 岁之间。当然还有你知道的长相描述，这应该会缩小事情的范围。”

局长看着他的下属警官们。“把它们写下来，这是我们需要研究的东西。”两个警官都点了点头。

“还有一件事。一条毛毯就可以盖住这起袭击案发生的地方。”

“意味着这家伙住得很近吗？”局长问道。

“毫无疑问，”我说，“这也应该有助于缩小范围，我认为这个人住在这四个地方的步行距离之内。他在威尔逊太太的住处待了相当长的一段时间，表明他对这个地区非常熟悉。”

“这是为什么呢？”其中一个警官问。

“这是一个相当微妙的心理问题，因为你们仔细想想，他在公寓里感到舒适，这很合理。原因有几个：其一，如果他听到了警笛，或者看到了警车，他就知道在大街小巷中最好的逃生路线是什么。他可以直接走出门外，下了楼梯，消失在夜幕中。”

“你说过有几个理由，”一个警官说。

“你说得对，有几个理由。我怀疑他要么以前来过公寓里，可能做一些修理工作，如抽水马桶等简单的事情。我不确定，但这是可能的，这是另一个可以检验的线索。”

“也把这些记下来吧。”斯科特局长说。

“另一件需要考虑的事情是，这可能不是他第一次尝试强奸。”

“那么，他可能有前科记录？”

“是的，他很可能有前科。”

我们又花了半个小时来讨论其他的可能性，然后我说：“时间越来越晚了，10点以后，我就变成僵尸或狼人了。我早上去车站和你们碰面，好吗？我今晚会再想想，但我在早上思维会变得更敏锐。我明天早上在这儿吃点东西，9点左右去见你们，可以吗？”

“好。”局长说着，我们都站了起来，然后就分开了。我的眼前依然是一大堆报告，我想等早上我的大脑完全运作的时候阅读它们。这通常是在一两杯咖啡之后。思考案件时我不喝蓝带啤酒。

53

多年以后再相见

第二天早上，他们给我开辟了一个地方，让我在警察局开展工作。我开始把我的一些想法打印出来给他们，这是一份初步的心理侧写报告。我再一次解释说，直到我把所有的东西都送回匡蒂科，才能成为官方资料。然后，行为科学组的一名特工将会对事实进行审查，并向他们提供一份报告。这是按规矩行事，我们这些人在这一领域从第一天开始就已经同意遵守这些规矩了。但是，就像我多年来做过的其他一些调查一样，当地警官不想再等上几个月来回答一些问题。他们渴望得到一些东西，但我害怕给他们的超出了我的能力范围。这是一个滑坡效应，一旦开始，便会导致更困难的结果。我当然不想和匡蒂科的行为科学组之间闹得很不愉快。

我打开了标有 FBI 官方档案号码的箱子，把所有的东西都打包好，送到了匡蒂科。我把我对这些事实的初步评估都打印出来，因为我知道它会帮助行为科学组中负责调查此案的特工。我尽可能多地给自己的意见做了解释和阐述，并向警察局局长提供了一个副本。那天下午我离开的时候，我觉得自己尽了最大的努力，并提供了一些可行的新线索供其考虑。我的工作不是骑着金轮车进城，用魔法或特异功能来解决这个问题。当我离开时，他们似乎非常感激我的帮助。回到锡达拉皮兹是一段漫长的车程，大约 6 小时后，当我把车停在车道上时，我感到脑子崩溃了。

在接下来的几个月里，我定期去和贝雅特丽齐的韦斯・斯科特联系，以便了解情况，收到了同样的回复。他们还没有指定嫌疑犯，或者根本没有怀疑对象。我很想问他，他们是否会对我提出的任何建议进行跟进，但这并不恰当。这是他们的案子，我的工作不是检查他们的工作。我在调查中的作用是相当有限的，我尽我所能地完成了任务，现在他们不得不承担重任，而且有能力承担重任。

大约三个月后，我把所有的东西都送到了匡蒂科，官方心理侧写报告发到了我的邮箱里。我浏览了一遍，把它看作再次打电话给局长的一个好理由，并告诉他，我会直接传真一份给他。事实上，我对犯罪的评估几乎没有增加。他们的评估是，犯罪是一个人单独行动，他们还增加了其他一些描述：

他是一个白人男性，十几岁或20岁出头。他以前是一个和蔼、安静、害羞的男孩，现在可能还可以用这些词汇来形容他。

他很瘦，中等身高，或者稍低于平均身高。

这个嫌疑人住在威尔逊太太的公寓附近，因为所有的类似袭击都发生在四个街区的范围之内。

此外，他可能会和他的母亲或另一位年长的女性亲戚住在一起。

他非常依赖他生命中的这个母亲的形象，他的一生中一直被她主宰着。他憎恨这种统治，并且在生活中与这个女人或另一个重要的女人发生了严重的冲突。

嫌疑人的自我形象很差，自尊心也很低。他和一个同龄的女人在一起会感到不舒服。

在学校里，他会被看成一个独来独往的人，或者至少是古怪的人。他不会参与任何活动，而且可能智力会略低于平均水平。

他一点儿也不注意个人卫生。他不是一个吸引女人的男人。

他的车，如果他有一辆车的话，可能会又破旧又邋遢，车里也不整洁，而且保养得不好。

他也有可能认识威尔逊太太，过去可能为她跑腿或工作。他以前在她的公寓里的可能性是不可低估的。

甚至有一种可能性，嫌疑人曾经住在这个公寓大楼里。

这名嫌疑人很可能在调查初期就接受了询问。

他可能伪装成一个关心社会的公民来接近警察，或者提供了一些信息，让警察把注意力从他身上转移开。

这个嫌疑人的动机是强奸，可能并不想杀死威尔逊太太。

这个嫌疑人可能会有性侵的前科记录。

因此，他可能会感到懊悔，并可能会去她的坟墓，努力让自己达到内心的平静，尽量减少自己所感受到的压力。

在接下来的几个月和几年里，我完全失去了与贝雅特丽齐的警官们的联系。我可能以为，如果一名嫌疑人被确认身份并被控谋杀，他们会打电话给我。贝雅特丽齐的电话一直没等到，我只好继续做其他的工作。但在很大程度上，我有很多事情要做，威尔逊案最终从我的记忆中消失了。我被调到了奥马哈，负责有组织犯罪和毒品案件，并最终得到了自己喜欢的工作，去了丹佛办事处的格兰姜欣常驻特工处。这不是我的第一个选择，但丹佛的办公室需要一个了解常驻特工处内部运作的人，我在锡达拉皮兹做了十年的此类工作。如果我拒绝了这次调派，再过三年，我也会再被来一次。我想回到科罗拉多，那是我成长的地方。我已经离开家乡二十七年了。该回家看看了。

格兰姜欣的一个案子让我获得了“1999年执法人员年度奖”。我乘飞机去了旧金山接受一个跨国组织的奖项，有近两千人参加了这个年度大会。在我看来，如果你想要出门闯闯，最好选择在自己处于巅峰的时候去闯荡。对约翰·埃尔维和其他一些运动员来说，这样选择是明智的。对我来说也是。

我私下揣摩了几次之后，把我的退休文件放了进去。我的老板们都很惊讶，因为如果我选择这样做的话，我可以在局里待四年。我在联邦调查局的最后一天是1999年12月31日。经过近三十年的执法工作，我已经准备好了。在某处必定还有某些事物等着我。

后来，那个期待中的事物终于出现了。科罗拉多州西北部一所小型社区学院的教学职位空缺了。自从我上大学后，教书是我一直想做的事，这就是机会，那时我退休才几个月。在那所大学任教三年之后，我又在该州另一边的一所更大的学校任教，这个结果比我预料中的好多了。

54

冤假错案不只是传说

对海伦·威尔逊谋杀案的调查被称为“内布拉斯加州现代历史上最严重的误判”。有些人甚至说成是美国历史上的。我在互联网上搜索到了这个案件的每一个故事之后，研究了近两年，阅读了大量的报纸文章，打了无数个电话，并且常常会思考怎么会发生这种事。一篇一篇的文章铺天盖地，讲述了一个令人恐惧的故事，讲述了几个阶层的无能，他们需要给某人定罪，缺乏正直，完全没有道德，形成了一股巨大的歪风邪气。它一定是美国执法史上最糟糕的案件之一。事实上，可能是最糟糕的案件。

让我困惑了好几年的问题是：这五个人怎么会对他们没做过的事认罪呢？他们的性格中有什么能让他们这样做呢？不仅是为了认罪，而且为了使这个问题更加恶化，他们向陪审团撒了谎，让陪审团定罪了第六个与谋杀案毫无关系的人。

在最后的分析中，文章将结果归结于执法部门的可疑调查，一个强硬的检察官的吹胡子瞪眼，以及一个冒充特工的心理学家的欺骗。据推测，他们的本意是好的，但不知怎么回事他们犯下如此巨大的错误。这不是托马斯·里达的案子，我们嘲笑和指责无辜的人——没有一个人是无辜的。这是一个真正的无辜的人被定罪的案件，与我多年参与执法时所信仰的一切背道而驰。

海伦·威尔逊案的第二次调查是在谋杀案发生近四年后进行的，当时一名县治安官副手再次采访了一名在案发时才 17 岁的年轻女子。她告诉这名副手，她认识一个名叫艾达·乔安·泰勒的女士，并“和她一起聚会了好几次”。她接着说，艾达·泰勒已经承认谋杀了威尔逊太太，当天早上 7 点半，她和泰勒站在海伦·威尔逊的公寓附近，发现了威尔逊太太的尸体。

这种断断续续的陈述最终导致了一场激烈的风波，也导致了对艾达·泰勒和其他五名被告人的指控。

从表面上看，艾达·泰勒的供词是不真实的，因为发生了一起谋杀兼强奸案。艾达·泰勒怎么能做到这两件事呢？在任何调查中都要有一定的常识，从一开始就缺乏，而且后来的情况变得更糟，简直糟透啦。

艾达·泰勒出生于这样的家庭：父亲坐牢，母亲自杀。她11岁时被放在了寄养中心，14岁结婚，17岁时被送进精神病院。在艾达被定罪后的评估中，一位精神科医生形容她“身体超重，有点衣冠不整，患有边缘型人格障碍”。在我对这个案子的研究中，我和有心理学背景以及所有必要学位的人讨论了边缘性人格障碍。虽然没有人能肯定，但有一种共识：这种类型的人很容易在询问中被操纵，当然也会受到权威人物的影响。或者，在另一个层面上，可能提供完全不真实的供词来美化她可怜的自尊心，或者是为了满足询问的人。所有人都在猜测，她是如何做到承认谋杀的。

不管怎么说，最初询问艾达·泰勒是为了找出另外五个嫌疑人的身份，他们都是在表面上参与谋杀海伦·威尔逊的人。另一名女性以及托马斯·温斯洛（最终也被起诉）的供词被带走。后两份供词似乎都增强了调查人员此前的想法。他们向地区检察官提交了自己的调查结果，并获得了逮捕令。几天之内，约瑟夫·怀特和艾达·泰勒被拘留。然后，因为连锁反应，多米诺骨牌倒下了。

怀特在亚拉巴马州被捕时接受了审问。他否认自己认识海伦·威尔逊，否认自己曾在她的公寓里，否认自己知道有关谋杀的任何事。侦查人员要求他提供头发和体液样本，并警告说：“样本可以说明你到过现场，你懂的。”

怀特显然并不担心，因为他知道他没去过那里。他回答说：“是的，它也能证明我不在那里。”在怀特被送回内布拉斯加州去面对最初的指控之前，他们采集了样本。

在北卡罗来纳被捕后，艾达·泰勒显得很困惑，怀特被拘留时也一样。两人都不明白，他们怎么可能因为他们没有犯的罪行而被逮捕。然而，怀特坚持认为自己是无辜的。另外，艾达·泰勒告诉负责逮捕的警官，那天晚上她一定在威尔逊的公寓里，“因为其他警官告诉我，我在那里”。艾达双手抱头痛哭，等到完全精疲力竭的时候，她再三告诉内布拉斯加州的警察，她不记得了。她接着告诉他们，她认为她的人格障碍使她不可能知道那天的事，尤其是有人告诉她，她当时在公寓里的情况下。

就像鲨鱼盘旋着疯狂捕食一样，两位侦查人员帮助艾达·泰勒找到了一个故事。艾达·泰勒在威尔逊去世的那天晚上，她和怀特到这位寡妇的平房里去打扫院子了。其中一名侦查人员告诉艾达·泰勒，怀特二月份不会在院子里干活。更不用说，海伦·威尔逊住在公寓大楼里，不会需要打扫院子，那幢楼根本没有院子。这些似乎都是重要的事实，但显而易见，在这个关键时刻，常识早已被搁置一边。

录像中断了 20 分钟，警官们在镜头之外对着她讲话。当他们回到询问现场时，一层楼的平房变成了一栋三层楼的砖房，一个夏天的晚上打扫院子的情景变成了一个寒冷刺骨的冬夜。事实上，那天晚上，海伦·威尔逊被杀时，气温骤降至零下七度。回忆中几乎没有讲述强奸和谋杀的故事，艾达显然被引到了普里姆罗斯的道路上，然后说怀特和另一个男孩刺伤了那个老妇人。威尔逊的死是由窒息引起的。所有这些都可称为：先开发一个理论，然后形成一套符合理论的事实。这不是警察工作所鼓励的。但是很明显，这个人的性格很脆弱、很敏感。

警官们对艾达·泰勒进行了口头审问，试图让她承认公寓内的“另一个男孩”就是托马斯·温斯洛，他后来也成了本案的被告人。令人惊讶的是，艾达并没有落入这个圈套，但她所做的那些事却有助于侦查人员构想拙劣的理论。有人沦陷了，在这个节骨眼上似乎沦陷的人越多越好。

当托马斯·温斯洛被捕时，他并没有为自己的清白做任何辩驳。他告诉侦查人员，在海伦·威尔逊被杀的当晚，他就在她的公寓里。他后来要收回那句话，可惜这是搬起石头砸自己的脚。艾达·泰勒曾告诉警察，温斯洛的未婚妻贝丝·约翰逊当晚就住在公寓里，现在变成了一个不速之客。合乎逻辑的结论似乎是，如果贝丝·约翰逊在那里，托马斯·温斯洛就肯定在那里。更妙的是，他承认了这一点，原因只有他自己知道，因为这显然是不真实的。试图收回所说的话就像试图改变已经发生的事一样，是根本不可能的。

温斯洛确实说过，他的故事有一部分是真实的，那部分是怀特和艾达在海伦·威尔逊的公寓里，当晚那个老妇人就被强奸和杀害了。他还说，他的女朋友贝丝·约翰逊在那里。被忽视的事实是，如果他说他不在那里，他怎么知道谁在那里？还包括他自己的女朋友。

温斯洛被冤枉了吗？他撒谎了吗？不管怎样，他错了。那天晚上，约翰逊有一个不在场的证明，这是不可能被打破的。虽然显然是温斯洛在说谎，但他所说的一切都被视为真实的。如果这个理论不符合事实，那就抛开事实，除了那些似乎与事实有关的事实。

在调查时，尽管有许多不一致的地方，侦查人员最多负责三名潜在被告人。当一场残酷的犯罪正在发生时，这些人是否在海伦·威尔逊的小公寓里似乎无关紧要。这一案件显然是为侦查小组而发生的，检察官对每一阶段的事态发展都了如指掌，他们兴奋的程度是显而易见的。不仅案件得到了“解决”，还有三名涉案人员被逮捕了。

在执法生涯早期，我了解到，“案子以逮捕而结束”的陈述未必与事实相符。调查是为了寻求真相，而逮捕只是这个过程的一部分。事情的真相最终是由很多不同的因素决定。第一是一个称职的检察官对事实的评估；第二是根据对可证实的事实的评价，决定提出指控。第三是初步的听证会，以确定是否有理由认为被告是可能犯罪的人。第四是审判——无论是在陪审团面前还是法官面前。当然，除非案件当事人选择认罪。这个国家的大多数刑事案件都是通过认罪来解决的。找出六个没有犯罪的犯罪嫌疑人，是不容易的。

与此同时，热心的侦查小组还没有彻底完成任务。一位名叫黛布拉·谢尔登的女人是海伦·威尔逊的侄孙女，但她直到20多岁才见到这位姑祖母。黛布拉是一个有精神障碍的人，她在贝雅特丽齐学区接受了特殊教育课程。她童年的大部分时间是在寄养中心长大的。在最初的逮捕之后，主要的侦查人员出现在黛布拉在林肯郡的房车里，让她做陈述。大意是，艾达·泰勒在信中承认杀害了她的姑祖母，但她已不再拥有那封信。几周后，侦查人员询问了黛布拉的丈夫克里夫，他因为在林肯郡的汽车旅馆抢劫案中扮演的角色，即将被判处 9 年监禁。克里夫·谢尔登指控艾达·泰勒、约瑟夫·怀特和托马斯·温斯洛参与了谋杀案。而且，似乎是事后的想法，他又指控了自己的妻子和一个叫詹姆斯·迪恩的年轻建筑工人。为什么会发生这样的事情，没有人知道，因为这份供词后来被认定完全是假的。也许克里夫·谢尔顿想在监狱里有熟人陪伴。

尽管如此，黛布拉·谢尔登很快就被捕了。她没有为自己开脱罪行，而是承认她和温斯洛、怀特和泰勒一起去了姑祖母家。她回忆起听到海伦·威尔逊的尖叫声，还记得她的姑祖母在袭击中受伤。她记得姑祖母的头在流血。简而言之，黛布拉彻底向侦查人员“坦白”了。到目前为止，这是他们得到的最好的供词。该供词是如何获得的，以及如何影响一个有精神障碍的人承认自己没有做的事情，还在争论之中。有人可能会认为，黛布拉·谢尔顿是被迫接受的信息，并迅速将其反馈给侦查人员。这个人可能猜对了。

詹姆斯·迪恩立即被捕了。他承认自己知道其他嫌疑人，但表示他没有卷入海伦·威尔逊的谋杀案。但两周后，当他得知自己没有通过测谎仪时，开始怀疑自己。之后，检察官、县治安官和迪恩的公派辩护律师同意找一个贝雅特丽齐的心理学家来评估迪恩。在报告中，这位心理学家说，迪恩明白测谎仪的结果“揭示了潜意识里的某些东西”，即“他在公寓里，但是，他的存在与他不在场的意识观念之间的矛盾是无法调和的”。（我已经读了 100 遍了，但还是不太清楚这句话是什么意思。）

这位心理学家接着得出了结论：詹姆斯·迪恩很可能目睹了海伦·威尔逊的死亡，但却压抑了自己的记忆。他推荐迪恩接受治疗，迪恩同意了，但他说，他想和其他人谈谈。这位心理学家碰巧是盖奇县警察局的一名兼职特工。

如果这一切还没有达到常人无法理解的困惑程度，那么，还会出现另一个有趣的转折。一些人认为，目前的调查是一种“乱伦关系”。海伦·威尔逊死后不久，一名心理学家曾与贝雅特丽齐警方合作。他对谋杀的评估使他相信，杀人案是由一个单独行动的人犯下的，这个人对年长的女人有相当大的愤怒。我没有意识到这一点，但在海伦·威尔逊死亡不久时，警方、心理学家和联邦调查局的一位看起来很能干的心理侧写师都认为此案中只有一名嫌疑人。但是，为什么要关注这个呢！这场调查就像滚雪球一样，滚下了陡峭的山坡。

艾达·泰勒在北卡罗来纳州被捕后，第一次回到贝雅特丽齐的时候，局势变得更加复杂了。四年前，警察使用的心理学家是她要见的第一个人。也许不是巧合，当她在内布拉斯加州生活的时候，他就是她的治疗师。他后来说：“我也想见她。我想看看她是否知道发生了什么，为了她，也是为了这个州（控方）。”他的证词似乎显示，他对她以及其他所有人的嫌疑提出了严肃的质疑。但是，“正义”继续向前推进着。

在黛布拉·谢尔登被捕后，这位心理学家还与她见面，评估她的行为能力。此时，谢尔登已在该案中认罪，但她说，她难以回忆起她的姑祖母被杀那晚的细节。

这位心理学家得出结论：黛布拉·谢尔顿“觉得有必要把事情做对”。她可能对她姑祖母被谋杀感到很难过，所以承认自己的参与似乎是正确的事。或许是她自己杀死了海伦·威尔逊。你或许不得不做出这个结论，但我认为我做不到。

最后一名嫌疑人因审讯黛布拉·谢尔登而出现。谋杀案发生时，凯西·冈萨雷斯住在海伦·威尔逊的公寓楼上。黛布拉·谢尔登相信她也参与其中。因为黛布拉说，凯西在科罗拉多州的丹佛市被定位并被捕。她告诉警方，她对海伦·威尔逊的谋杀案一无所知。然而，她同意回到盖奇县。她说：“我想回家告诉他们真相，真相会让我自由。”她继续否认参与谋杀，但被其他人认为她参与其中的供词挫败。她是如何卷入的，从来都不清楚，尤其是对她来说。但这对检察官和侦查小组来说，似乎并不重要。她也被拘留了。凯西·冈萨雷斯随后接受了同一位心理学家的访谈，她说，她什么都不记得了，也不明白为什么她的记忆会屏蔽掉那些她根本没有参与的东西。她接着说，“我认为我不在那里，但他们似乎有证据，否则他们不会逮捕我”。

这位心理学家总结说，这就是“说服法官的充分证据”。

这个案子得到了解决，几年后，凯西在一份供词中说，“他们发现了一群傻瓜。他们找不到案件的突破口，所以，他们找到了一群用完即可丢弃的人，就是我们”。

在1989年的那个时候，案了中有六名被告人，只有一个人有罪。海伦·威尔逊下葬4年后，侦查小组把这六个人都关进了监狱。

55

梦即现实

检察官在刑事案件中的作用与他所提供的证据同等重要。他看到一个多被告的案件时，就像狮子骄傲地看着一群斑马一样。狮子会挑出最易受伤的斑马，然后去追赶那只斑马，排除了那些可能抓不到的斑马。多年来，我参与了大量的被告案件，事实证明这是真的。我们只是去寻找“最薄弱的环节”：向他们解释，火车即将离开车站，他们只有一次机会上车。在检察官和侦查人员的术语中，有另一种说法，“如果你认罪，承认你所做的事，然后给我们交代一些其他人，你会获得好处”。有时这很奏效。在这个案子里就很奏效，因为六个人可能面临死刑。

但是，检察官的工作不仅是对犯罪嫌疑人进行定罪，也要确保被告人的权利得到保护。如果证据确凿地证明某人没有犯罪行为，检察官也有责任撤销对某人的指控。在这个案子中，这一责任的后半部分似乎没有多大意义。

到目前为止，显然已经有两个脆弱的人被拘留，如果不是三个。检察官在谋杀案中所能使用的主要手段是死刑的不祥威胁。这是一种可怕的幻象，令人生畏，可能会困扰你的思绪。德布拉·谢尔登和艾达·泰勒是侦查小组在这一时刻最明显的依靠。詹姆斯·迪恩也在这个短短的名单上。一切就这样开始了。

让两个能力勉强的女性相信她们可能是有罪的，但在这四年中压抑了对这一事件的记忆，在面对一个看起来很有能力、令人信服的心理学家的时候，也许并没有那么困难。有人碰巧是调查的一部分，在案件中有明显的利害关系。这些谈话的性质并不为人所知，也不可能向公众开放。然而，从所谓的调查中已经发生的事情推断出来并不困难。以“正义”之名，一群无辜的人却受到了惩罚。

在被拘留了六名被告后，检察官开始与他们的律师进行谈判。检察官随后说：“我想要表明，那些犯罪的人和在碰巧在那里的白痴之间的区别。”但检察官需要这些“白痴”中的一些人作为证人。除了一个血型匹配之外，他没有任何有用的物证可以认为六名嫌疑犯中有任何一名在受害人的公寓里。这个案子是建立在口头证词的基础上的，主要侦查员后来说，他没有兴趣用法医证据来证明这个案子。

这起案件严重依赖于目击者的证词，他们声称自己曾参与谋杀海伦·威尔逊。在说服这些证人做证时，检察官有一把大锤：处决的威胁。和所有县检察官一样，他知道，电椅死刑的可能性并不大，倾向于激励对方合作。意识到这一点，除了约瑟夫·怀特，其他人全面击败。怀特知道，自从他在亚拉巴马州被捕以来，他什么也没承认，也没有什么可承认的。他没做错什么。为什么要承认你没有做过的事情呢？

被告人的辩护律师提出了压制供词和各种证据的动议。他们当中的一些人试图撤回那些违背自己利益的供词。律师指出，存在对被告的精神和肉体胁迫和宽大处理的承诺。甚至检察官也不喜欢、不完全理解两位主要侦查员是如何审问艾达·泰勒的。他只知道她的供词或多或少符合事实，这显然已经足够好了。检察官们指出，录音带中出现了口供的中断，但公诉人不认为这违反了法律。他在法庭上出示了犯罪记录，显示艾达被告知了她的权利，放弃了这些权利，并说她在谈论犯罪时没有受到任何威胁。

在法庭上的争论之后，法官裁定：“未使用武力、恐惧、压迫或胁迫来对待被告人（艾达·泰勒）。”因此，她的供词可以作为法庭上的证据。法院的裁决使得多米诺骨牌坍塌得更快了。本案其余被告人的律师认为，继续进行下去是徒劳的。除了约瑟夫·怀特，他一直坚持自己的清白。似乎没有什么能迫使他认罪。

约瑟夫·怀特进了盖奇县监狱，被控一级谋杀罪，但他难以理解这个案子是怎么走到这一步的。几个月前，当他同意来内布拉斯加州时，他认为自己的清白很快就会浮出水面，警察肯定会看出他的指控者是在撒谎。

这整个过程是一个很大的错误。他等啊等。如果罪名成立，他知道自己可能会判电椅死刑，或者至少在狱中度过余生。但是，怀特相信法律程序。他读着书，日子慢慢地过去了。他也写短篇小说和诗歌。但在法庭上，约瑟夫·怀特的审判结果并不是很好。

法官驳回了怀特提出的每一个诉求，只有一个例外。他裁定，在怀特明确表示他想要一名律师之后，主要侦查员在亚拉巴马州的警察局继续审讯是违规的。这是一个小小的胜利。但仍然有一大群人排着队来指证他。

怀特说，他甚至不认识黛布拉·谢尔登，她已经承认协助并教唆二级谋杀。她告诉当局，她看到怀特殴打并强奸了她的姑祖母海伦·威尔逊。

下一个是詹姆斯·迪恩。起初，他说自己没有参与犯罪。但在他的测谎测试失败后，他惊慌失措。“我知道我在那个时候被骗了。”二十年后，迪恩会这样说。但当时，他开始认罪。他的第一次回忆是断断续续的，但他说，他和一群人一起闯入公寓，袭击了威尔逊太太。

县检察官参与了迪恩的几次审讯，他插嘴问道：“之前你否认在那里，你能告诉我原因吗？”

“嗯，我觉得我在睡梦中记起来了，”迪恩说，“我显然有某种潜意识的思维阻碍。我不知道那到底是什么。我不记得了，我想我说的是实话。”大约在同一时间，县检察官和迪恩的律师进行了认罪协商。

在适当的时候，在极度的压力下，迪恩把自己从一个不情愿的嫌疑犯变成了一个合作的话匣子。在两个月的时间里，他又向当局提交了五份供词，自他被捕以来总共提交了九份供词，每份供词都是不同的。这似乎不重要。迪恩必然会说：“日有所思，夜有所梦。”检方准备在庭审中使用他的供词。问题在于使用哪种供词。

迪恩在 1989 年 5 月 17 日看到的犯罪现场录像似乎对他没有什么大的影响。当迪恩看到威尔逊毫无生气的尸体时，他把头埋在检察官的大衣里，啜泣着说，他已经准备好了承认协助并教唆二级谋杀。在这样做的过程中，他同意“就杀害海伦·威尔逊的案件，与内布拉斯加州进行全面合作”。

认罪协商降低了对迪恩和谢尔顿可能的惩罚——从死亡降到了最高十

年监禁。

在被检察官和辩护律师主导的证词中，迪恩和谢尔顿都表示，他们回忆起谋杀的大部分内容都来自梦境。迪恩估计，睡觉的时候，他会唤起自己 90% 的记忆。但是，他们讲的故事对怀特来说是毁灭性的。他们说，一行六人——怀特、泰勒、谢尔顿、迪恩、汤姆·温斯洛和凯西·冈萨雷斯闯入公寓，准备抢劫这位老妇人。怀特和温斯洛轮流强奸了威尔逊太太。泰勒帮忙把她按下，用一个枕头蒙住了她的脸。犯罪意图表面上是抢劫，钱却没有被拿走，但这显然是无关紧要的。

“你记得自己真的在犯罪现场吗？”怀特的律师托尼·雷德曼在预审中问迪恩。

“嗯……如果你梦到你在现场做某件事时，你就真的在那里。”犯罪现场录像也记录了迪恩的记忆。他还提到了与自己律师的谈话，他们开发出了“公寓里发生的惨案现场”。他能够回忆起四年前的犯罪案件的细节，但却无法记住他前一天告诉当局的信息，让其他被告人的律师为他们的集体行为感到挠头。当被要求对约瑟夫·怀特进行特征描述时，他无法做到。

“即使我看见他，也不会认出他。”迪恩在证词中说。

面对其他同谋的证词，艾达·泰勒认罪了。她与控方的协议使她被判犯有二级谋杀罪，使她避免了成为内布拉斯加州死囚区的第一个女人。这也意味着她将为这个州做证。

然后轮到怀特了。1989 年 9 月 28 日，检察官向他提议认罪，承认犯有二级谋杀罪，获得 25 年监禁。怀特拒绝认罪。

几天后，凯西对协助和教唆二级谋杀罪的行为没有提出异议。该州现在有四个潜在的证人。怀特说，他们都是骗子。他知道自己是对的。现在他唯一的指望，就是陪审团同意自己的说法。

56

正义的沦陷

在六名被告人当中，有五人提出了令人惊讶的结果，他们提出认罪协议以换取减少的指控和减轻的判决。凯西·冈萨雷斯、詹姆斯·迪恩和黛布拉·谢尔顿都承认，他们曾协助并教唆二级谋杀，以换取十年刑期。在1994年被释放之前，这三人在监狱里服刑了五年半。托马斯·温斯洛承认强奸了威尔逊太太。他被判处10～50年的有期徒刑。艾达·乔安·泰勒承认，在温斯洛和约瑟夫·怀特强奸威尔逊太太的过程中，她一直捂住那个老妇人的脸。她被判了10～40年的有期徒刑。泰勒后来说，她的供词和证词是“洗脑”的结果，再加上被判死刑的威胁，她决定减少损失，请求减刑。电椅死刑的可怕威胁打破了她的心理平衡。

只有约瑟夫·怀特继续坚持自己的清白，选择在陪审团面前碰碰运气。1989年，在怀特的审判中，詹姆斯·迪恩、艾达·泰勒和黛布拉·谢尔顿做证说，这六个人就是在威尔逊太太的公寓里实施强奸和谋杀的人。泰勒做证说，当怀特强奸威尔逊太太时，她把那个老妇人闷死了。陪审团判定怀特犯有一级谋杀罪。他本可以被判处死刑，但陪审团选择了终身监禁的刑罚。

怀特的判决被上诉到更高的法院，但是这一努力没有成功。当怀特、托马斯·温斯洛和艾达·泰勒在监狱里煎熬数年之久的时候，怀特继续寻求通过DNA检测来重新检查证据。他知道如果这样做，就像1989年那样，他将被证明无罪。但他的呼吁被置若罔闻，直到2007年，那是他在内布拉斯加州州立监狱服刑17年之后。

最后，内布拉斯加州最高法院下令对部分证据进行DNA检测。所有六名被告人均被采集了体液样本，并与海伦·威尔逊的公寓中已知和未知的样本进行比较。在2008年夏天，相关证据被进行了检验。经过比较表明，毫无疑问，所有被告人都不可能参与犯罪。这说明“贝雅特丽齐六大罪犯”完全是清白的。等到所有的测试都完成了，法律动议被提交、审议、重新归档时，史密斯、温斯洛和泰勒都在狱中度过了18年。总而言之，六个人因为一项他们没有犯过的罪行而在监狱里度过了将近70年。

但随之而来的问题是：如果这六个人没有犯罪，是谁干的呢？

22岁的布鲁斯·艾伦·史密斯是俄克拉荷马州人，他最初被警方认定为十名潜在嫌疑犯之一。在谋杀案发生后几天，史密斯离开贝雅特丽齐，回到俄克拉荷马州。在调查的早期阶段，警官们找到了史密斯，并前往俄克拉荷马州审问了他，获得了他的血液、唾液和阴毛样本。俄克拉荷马州犯罪实验室将在威尔逊案发现场发现的血液和精液样本进行了对比。在谋杀案发生的年代，可用的测试技术并不先进，结果认定血型与史密斯的不匹配，所以他被排除在嫌疑犯之外。20世纪80年代的血液检测方法是采用血清技术。那种技术只能说明一个人与一种血型相配，无法排除世界上其他拥有相同血型的人，因此这是一门非常不精确的科学。DNA指纹分析的出现会改变这一切。不幸的是，在1985年，这种技术还没有发展到可以在刑事案件中起作用的地步。

侦查人员将会得知，在谋杀案发生当晚，史密斯在贝雅特丽齐酒吧喝了很多酒。然后，他被带到附近城镇的一个聚会上。根据聚会上人们的口供，有人要把史密斯驱赶出去。他不仅喝醉了，令人讨厌，还威胁要强奸一名参加聚会的女子。当他离开的时候，还继续扬言威胁说，他将会“报复”被驱逐出去的羞辱。他被赶回贝雅特丽齐，在距离海伦·威尔逊的公寓几个街区的地方下车了。时间大约是凌晨3点半。最后有人看见他朝海伦·威尔逊住的公寓方向走去。第二天一大早，史密斯走进附近的一家便利店。店员后来告诉警察，他看到了史密斯身上的血迹和史密斯穿的衣服。

1992年，史密斯在俄克拉荷马城死于艾滋病。那时，所有六名被告人都已被定罪，并被判入狱。自从案件“侦破”以来，史密斯就不再是嫌疑犯了。他把自己的罪行带进了坟墓。他知道自己做了什么，也可能知道有六个人做了他的替罪羊。

最后，正义的车轮开始转动。2008 年，在史密斯的血液中进行的 DNA 检测显示，与海伦·威尔逊的卧室里发现的一些血液正匹配，是她身体附近的一对内裤上的血迹，史密斯的 DNA 也与她体内发现的精液匹配。最后，史密斯被认定为谋杀的唯一嫌疑人，排除了其他任何人。警方还将获悉，史密斯于 1981 年因强奸罪被捕。然而，因为洪水摧毁了犯罪档案，所以不能确定他是否被定罪。来自俄克拉荷马州的记录显示，他因入室盗窃而在俄克拉荷马州监狱服刑了两年多，从 1987 年到 1989 年。

2009 年，一名内布拉斯加州的副检察长提到史密斯时，说："没有人怀疑他是凶手。"虽然检察长办公室很高兴地宣布，他们已经找到了海伦·威尔逊的真正凶手，但他们表示，他们对前检察官的不道德行为感到痛心，他的行为导致六名无辜的人被判有罪。他们在陈述中指出，这一记录清楚地表明，检察官和侦查人员"威胁"六名嫌疑人，并"提供证据让他们认罪"。

我告诉过奥马哈的记者，我"支持"自己的心理侧写的准确性，因此，我决定对布鲁斯·艾伦·斯密斯做一些研究，并与我在 1985 年做的笔记比较，笔记我还留着。

在我的评估中，几乎所有相关的内容都与官方的资料相符，下面是逐一详述：

1. 嫌疑犯是一个十几岁或二十出头的白人男孩。正确。史密斯犯这一罪行时 22 岁。

2. 这个罪行是由一个人犯下的。正确。

3. 他会被描述成一个和蔼、安静、害羞的年轻人。没错，除了他喝酒的时候。

4. 嫌疑人住在威尔逊的公寓附近。他曾经和一个年长的阿姨住在同一栋公寓里。

5. 他依赖于这个母亲的形象，一生中一直被她主宰。这也是正确的。他的姑妈是个要求很高、专横跋扈的女人，显然他们之间有相当大的冲突。

6. 他的自尊心很差，和同龄女人相处也不舒服。正确。他似乎无法维持与女人的关系。此外，艾滋病的问题可能预示着同性恋行为的倾向。

7. 他可能认识威尔逊太太，也许以前去过她的公寓。虽然没有得到证实，但他住在同一幢公寓楼里的事实表明，他以前也有过类似的经历。除此之外，在谋杀案发生的那天晚上，他显然清楚地知道他要闯进哪个公寓，而且知道会有一个受害者独自住在那里。

8. 可能在调查的早期就接受了询问。正确。

9. 可能已接近警方，或提供信息以使人们把注意力从他身上引开。显然不对，他在谋杀案发生后不久就离开了小镇。

10. 这名嫌疑犯由强奸动机驱使。那天晚上他的行动表明事实就是如此。（我的笔记也反映出，我认为他是一个愤怒—报复型强奸犯。罗伊·海瑟伍德因协助做出这一论断而获得好评。）

11. 他很可能有过性侵的记录。他于 1981 年因强奸罪被捕。

12. 可能已经去过她的坟墓。很可能没有，因为他很可能是在为威尔逊太太下葬之前离开这个城市的。

事实证明，上一页列出的其他性格特征也可能对侦查人员有指导意义。然而，一切都在他们的脑海里形成了，他们相信六个人所涉及的事实，这听起来好似极其不可能，简直令人震惊。在某种程度上，人们可能会更相信常识。但事实并非如此。

经过深思熟虑，我知道自己给侦查人员提供了准确的信息，应该可以帮助他们寻找凶手，我感到很满足。但我禁不住对这种看似是一个俗套的案子却陷入失控的恶性循环感到懊恼。

我仍然无法理解这一切是如何发生的，但我现在对那个问题有了答案：

“你处理过的最有趣（或最奇怪）的案件是什么？”

“我在一桩谋杀案中做了一份心理侧写报告，我确信是一名男性嫌疑犯单独作案。这份心理侧写报告是准确的，但是六个无辜的人，包括三名妇女，在监狱里度过了将近 70 年。”

“那是怎么发生的？”

“我也不太明白。”

后记

2013年7月，这本书的第一版出版了。我很乐意承认，我写这本书的主要动机是让公众知道我对40多年的执法生涯中听过的最严重的司法误判——海伦·威尔逊案的真实感受。

2014年6月，我为这本书添加了所谓的“后记”，但实际上更像是一个“附录”，或者简单的“更新”。为什么这么说呢？因为将近30年后，这个案子还没有得到解决。正义没有，也可能永远不会为海伦·威尔逊申冤，也可能永远不会为六个被冤枉的人平反昭雪。然而，此案现在已经不再归刑事法庭管辖，而进入了民事层面。这六名在监狱中服役70年的人还会再次上在法庭上，可能还有很多次。

让我来解释一下我想说的是什么，这对我来说是困难的，因为我每天都很难不去想这个案子。我将把它的要点列出来，因为这样会使我更容易地组织语言和解释案件，希望大家能理解。我知道侦探书需要叙述故事，但在这个案子中，我必须破个例，增加说明的成分：

·内布拉斯加州检察长在2008年重新展开调查。目标是把真正的杀手布鲁斯·史密斯和原来已经被定罪的六人绑在一起。但是，调查此案的专案组发现了确凿的证据，完全免除了被误判的六个人的罪。

·在调查结束后，内布拉斯加州检察长说："我毫不怀疑这六个人是完全无辜的。""贝雅特丽齐六大罪犯"的标签贴在了这个团队头上。

·由于定罪后又被免罪，他们由刑事被告人转为民事原告人，在美国地区法院起诉内布拉斯加州林肯办事处。盖奇县和内布拉斯加州在民事诉讼中也被提名为被告。侦查人员和起诉了这起案件的地区检察官（不再担任公职）也成为被告。

·2012年，艾达·乔安·泰勒获得州法律允许的最高限额：50万美元的赔偿金。詹姆斯·迪恩获得30万美元赔偿金。这笔钱是从内布拉斯加州误判和监禁法案中获得的。泰勒在监狱里待了将近20年的时间，而迪恩却只待了5年多。在六名被告人被证明无罪后，误判法案得以通过。这些赔偿金与联邦法院毫无关系。

·在法庭裁决中，那名法官写道，他对内布拉斯加州立法机构在这种情况下对损害赔偿金设定上限感到意外。他说："试图用价格衡量一个人的自由是非常艰难的。"

·对原案件的5000多页文件的后续调查和检查发现，盖奇县的侦查人员使用了可疑的审讯手段。县治安官副手伯德特·瑟西急于解决这个铁证悬案，他追捕了自己的头号嫌疑犯约瑟夫·怀特，而且要么错过了证据，要么忽视了支持他无罪的证据。（作者点评：形成一个理论，围绕这个理论建立一套事实。把那些不能证实这一理论的事实抛到九霄云外去吧。）

·调查显示，心理学家韦恩·普莱斯是一名县治安官副手，也是一名心理健康顾问，在那六人被捕之前，他曾为其中的两人提供治疗，并作为副手与其中五人会面。内布拉斯加州当局认为这是违反职业标准的。执法人员如此大胆地在警方和罪犯之间做周旋工作，也是非常不道德的。（作者点评：就算他们无罪，也要想办法证明出来。有罪或无罪不像定罪那么重要。）

·内布拉斯加州相关机构对这场指控的抗辩立场是，艾达和迪恩在法庭上提供了虚假证词，从而犯下了伪证罪。因此，他们对赔偿的要求予以拒绝。在考虑他们最初陈述的性质时，法院裁定这些陈述不是伪证。法院把侦查人员和地区检察官的每一步措施都夸大成为一场完全错误的调查。

·约瑟夫·怀特出狱后返回亚拉巴马州。2011 年，怀特在一家钢厂发生的工伤事故中丧生。他仍然是民事诉讼的当事人，任何赔偿金都将支付给他，变成他的遗产。他去世后，他从该州获得了 50 万美元的遗产。这只是误判法案的赔偿，并不是联邦民事诉讼的一部分。

·根据同样的法案，纽约州向托马斯·温斯洛和凯西·冈萨雷斯分别支付了 50 万美元。这也不是悬而未决的民事诉讼的一部分。黛布拉·谢尔登对内布拉斯加州索赔。她仍然是联邦民事诉讼的当事人。

·怀特的遗产，加上幸存的五人正在寻求的赔偿，至少达 1400 万美元，他们声称，在调查期间，他们的公民权利受到了侵犯。他们还声称，他们曾经被迫做出损害性的供词。这些导致了整整 70 年的非法拘禁。

2013 年 8 月，这本书的第一版出版大约一个月后，《奥马哈世界先驱报》的乔·达根联系了我。达根早已关注这本书，想写一篇文章介绍我在威尔逊案中的作用。我同意接受采访，我们在电话上聊了大约一个小时。采访结束后，2013 年 9 月 3 日，达根发表了一篇文章。他做了一份出色的工作，回顾了事实，并在文章中提出了最新的情况。我特别喜欢他发表的一项声明，我将直接引用于此:“克里斯迈特简要地回顾了 28 年前一桩谋杀案的曲折过程，这不可能是小说作家虚构出来的。这些故事足以让 FBI 老特工震惊不已。”

我给达根回了个电话，他把这篇文章的链接发邮件给了我。我们俩都笑着谈论最后的那句话:“……FBI 老特工。”当然，我责备了他用词不当，但他总结得很对。我从没想过我还能参与一个现在已经过去 30 年的案子。当我第一次被要求协助调查时，我 30 多岁了。我早已不是那个 30 多岁的小伙子了!

这篇文章发表几天后，我家的电话就响了。那个打电话的人是林肯郡的检察官，他告诉我，他代表民事诉讼中的一方当事人。他解释说，他读了报纸上的那篇文章，想知道我是否愿意为民事诉讼中原告做证。他说:“我不知道你还在（你在暗示我已经死了吗，我没那么老吧！）。”

我告诉他，我得考虑一下。在接下来的几天里，我觉得自己别无选择。

我所做的调查告诉我，侦查人员犯了一个巨大的错误，那就是接了一个四年的悬案，而不回头看看心理侧写报告。如果他们看了，就会发现我对谋杀案的描述，“只有一个嫌疑犯”这句话应该可以跃入他们的眼帘。你不能把一个悬案寄托在一些虚假信息上，也不能不回头看看几年前发生的事情就贸然行动。正是这次失败，最终导致了1989年发生的悲剧事件。

我儿子凯瑞是丹佛市的执业律师，我偶尔会在一些事情上征求他的意见。在这种情况下，我担心的是诽谤的可能性。凯瑞对这个案子很熟悉，我常常跟他说新进展，刷新了他的记忆。我从他那里得到的最有启发意义的评论就是“爸爸，有一种对诽谤的绝对防御，就是真相”。这给我带来了心理平衡，我打电话给林肯郡的检察官，告诉他我愿意做证。他告诉我，审判的日期定于2014年1月6日，地点是林肯郡的联邦法庭。然后，我可能对自己的决定不太满意，因为我知道内布拉斯加州的冬天是什么样子。但他说，他打算买一本书作为补偿。这让我很满意！

我收到了一份传票，并在《林肯星报》的网上文章中跟踪了事态的进展。当然，有人提议推迟审判，但美国地方法院法官理查德·科普夫让这位检察官痛下决心，并否认了这些提议。民事诉讼按原计划进行审理。

在审判一星期后，包括内布拉斯加州在内的几名被告和盖奇县前地方检察官被驳回起诉。我仍然不理解后者，但我没有听取证词和证据。审判继续进行，并提交给陪审团。2月6日，经过三天的商议，陪审团告知科普夫法官陷入了绝望的僵局。这是一种彻头彻尾的决裂，有六个人支持原告辩护，还有六个人坚信原告无法证明自己的观点。科普夫法官宣布为无效审判。

在法官做出裁决后不久，原告的律师说，他们将继续进行第二次审判。这次审判的日期还没有宣布，我已经知道了这篇文章的内容。我还没有收到传票。原告的一名律师打电话给我，说我还可能在第二次审判中被传唤去出庭做证。我的回答可能有些尖刻，我说，“如果你第一次给我打电话，你就不会遇到陪审团意见分歧的僵局了。”

那份傲慢的声明可能意味着，我不会第二次被传唤作为证人。我不知道我的证词是否会使天平倾斜，但当一个嫌疑犯变成六个嫌疑犯时，我觉得陪审团可能会关注“FBI老特工”的话了。

如果有人发现与这个案子一样长的其他案子，在网上找到我，并发邮件给我，我会很感激。我可能要考虑写另一个已经持续了将近30年却没有终点的案子了。对受害者或那些被错误指控、定罪和监禁的人来说，真正的“正义”几乎不存在。

北京市版权局出版境外图书合同登记号　图字：01-2018-3164

图书在版编目（CIP）数据

FBI特工日记：恶魔心理侧写 /（美）彼得·克里斯迈特（Peter M. Klismet, Jr.）著；陶尚芸译 .—北京：中国法制出版社，2018.11
书名原文：FBI diary: profiles of evil
ISBN 978-7-5093-9836-4

Ⅰ. ① F…　Ⅱ. ①彼… ②陶…　Ⅲ. ①犯罪心理学　Ⅳ. ① D917.2

中国版本图书馆 CIP 数据核字（2018）第 227261 号

策划编辑：杨　智（yangzhibnulaw@126.com）
责任编辑：杨　智　冯　运（fengyun1s@126.com）　　封面设计：后声文化　胡振宇

FBI 特工日记：恶魔心理侧写
FBI TEGONG RIJI: EMO XINLI CEXIE
著者 /［美］彼得·克里斯迈特
译者 / 陶尚芸
经销 / 新华书店
印刷 / 三河市紫恒印装有限公司
开本 / 710 毫米 ×1000 毫米　16 开　　印张 / 18　字数 / 257 千
版次 / 2018 年 11 月第 1 版　　2018 年 11 月第 1 次印刷

中国法制出版社出版
书号 ISBN 978-7-5093-9836-4　　定价：59.80 元

值班电话：010-66026508
北京西单横二条 2 号　邮政编码 100031　　传真：010-66031119
网址：http://www.zgfzs.com　　**编辑部电话：010-66054911**
市场营销部电话：010-66033393　　**邮购部电话：010-66033288**
（如有印装质量问题，请与本社印务部联系调换。电话：010-66032926）